U0112341

数字中国

从理想到现实

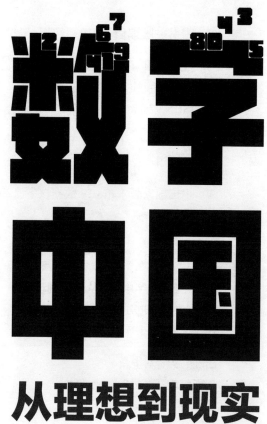

数字中国

从理想到现实

任初轩◎主编

人民日报出版社
北京

图书在版编目（CIP）数据

数字中国：从理想到现实 / 任初轩编 . — 北京：
人民日报出版社，2023.4

ISBN 978-7-5115-7767-2

Ⅰ. ①数… Ⅱ. ①任… Ⅲ. ①信息经济－经济发展－
研究－中国 Ⅳ. ① F492

中国国家版本馆 CIP 数据核字（2023）第 054911 号

书　　　名：数字中国：从理想到现实
　　　　　　 SHUZI ZHONGGUO: CONG LIXIANG DAO XIANSHI
作　　　者：任初轩

出　版　人：刘华新
责任编辑：蒋菊平　徐　澜
版式设计：九章文化

出版发行：人民日报出版社
社　　　址：北京金台西路 2 号
邮政编码：100733
发行热线：（010）65369527　65369846　65369509　65369510
邮购热线：（010）65369530　65363527
编辑热线：（010）65369528
网　　　址：www.peopledailypress.com
经　　　销：新华书店
印　　　刷：大厂回族自治县彩虹印刷有限公司
法律顾问：北京科宇律师事务所　010-83622312

开　　　本：710mm×1000mm　1/16
字　　　数：332 千字
印　　　张：24.25
版次印次：2023 年 7 月第 1 版　　2023 年 7 月第 1 次印刷

书　　　号：ISBN 978-7-5115-7767-2
定　　　价：58.00 元

中共中央 国务院印发
《数字中国建设整体布局规划》

新华社北京 2 月 27 日电 近日，中共中央、国务院印发了《数字中国建设整体布局规划》（以下简称《规划》），并发出通知，要求各地区各部门结合实际认真贯彻落实。

《规划》指出，建设数字中国是数字时代推进中国式现代化的重要引擎，是构筑国家竞争新优势的有力支撑。加快数字中国建设，对全面建设社会主义现代化国家、全面推进中华民族伟大复兴具有重要意义和深远影响。

《规划》强调，要坚持以习近平新时代中国特色社会主义思想特别是习近平总书记关于网络强国的重要思想为指导，深入贯彻党的二十大精神，坚持稳中求进工作总基调，完整、准确、全面贯彻新发展理念，加快构建新发展格局，着力推动高质量发展，统筹发展和安全，强化系统观念和底线思维，加强整体布局，按照夯实基础、赋能全局、强化能力、优化环境的战略路径，全面提升数字中国建设的整体性、系统性、协同性，促进数字经济和实体经济深度融合，以数字化驱动生产生活和治理方式变革，为以中国式现代化全面推进中华民族伟大复兴注入强大动力。

《规划》提出，到 2025 年，基本形成横向打通、纵向贯通、协调有力的一体化推进格局，数字中国建设取得重要进展。数字基础设施高效联通，数据资源规模和质量加快提升，数据要素价值有效释放，数字经济发展质量效益大幅增强，政务数字化智能化水平明显提升，数字文化建设跃上新台阶，数字社会精准化普惠化便捷化取得显著成效，数字生态文明建设取得积极进展，数字技术创新实现重大突破，应用创新全球领先，数字安全保障能力全面提升，数字治理体系更加完善，数字领域国际合作打开新局面。到2035年，数字化发展水平进入世界前列，数字中国建设取得重大成就。数字中国建设体系化布局更加科学完备，经济、政治、文化、社会、生态文明建设各领域数字化发展更加协调充分，有力支撑全面建设社会主义现代化国家。

《规划》明确，数字中国建设按照"2522"的整体框架进行布局，即夯实数字基础设施和数据资源体系"两大基础"，推进数字技术与经济、政治、文化、社会、生态文明建设"五位一体"深度融合，强化数字技术创新体系和数字安全屏障"两大能力"，优化数字化发展国内国际"两个环境"。

《规划》指出，要夯实数字中国建设基础。一是打通数字基础设施大动脉。加快5G网络与千兆光网协同建设，深入推进IPv6规模部署和应用，推进移动物联网全面发展，大力推进北斗规模应用。系统优化算力基础设施布局，促进东西部算力高效互补和协同联动，引导通用数据中心、超算中心、智能计算中心、边缘数据中心等合理梯次布局。整体提升应用基础设施水平，加强传统基础设施数字化、智能化改造。二是畅通数据资源大循环。构建国家数据管理体制机制，健全各级数据统筹管理机构。推动公共数据汇聚利用，建设公共卫生、科技、教育等重要领域国家数据资源库。释放商业数据价值潜能，加快建立数据产权制度，开展数据资产计价研究，建立数据要素按价值贡献参与分配机制。

《规划》指出，要全面赋能经济社会发展。一是做强做优做大数字经济。培育壮大数字经济核心产业，研究制定推动数字产业高质量发展的措施，打造具有国际竞争力的数字产业集群。推动数字技术和实体经济深度融合，在农业、工业、金融、教育、医疗、交通、能源等重点领域，加快数字技术创新应用。支持数字企业发展壮大，健全大中小企业融通创新工作机制，发挥

"绿灯"投资案例引导作用，推动平台企业规范健康发展。二是发展高效协同的数字政务。加快制度规则创新，完善与数字政务建设相适应的规章制度。强化数字化能力建设，促进信息系统网络互联互通、数据按需共享、业务高效协同。提升数字化服务水平，加快推进"一件事一次办"，推进线上线下融合，加强和规范政务移动互联网应用程序管理。三是打造自信繁荣的数字文化。大力发展网络文化，加强优质网络文化产品供给，引导各类平台和广大网民创作生产积极健康、向上向善的网络文化产品。推进文化数字化发展，深入实施国家文化数字化战略，建设国家文化大数据体系，形成中华文化数据库。提升数字文化服务能力，打造若干综合性数字文化展示平台，加快发展新型文化企业、文化业态、文化消费模式。四是构建普惠便捷的数字社会。促进数字公共服务普惠化，大力实施国家教育数字化战略行动，完善国家智慧教育平台，发展数字健康，规范互联网诊疗和互联网医院发展。推进数字社会治理精准化，深入实施数字乡村发展行动，以数字化赋能乡村产业发展、乡村建设和乡村治理。普及数字生活智能化，打造智慧便民生活圈、新型数字消费业态、面向未来的智能化沉浸式服务体验。五是建设绿色智慧的数字生态文明。推动生态环境智慧治理，加快构建智慧高效的生态环境信息化体系，运用数字技术推动山水林田湖草沙一体化保护和系统治理，完善自然资源三维立体"一张图"和国土空间基础信息平台，构建以数字孪生流域为核心的智慧水利体系。加快数字化绿色化协同转型。倡导绿色智慧生活方式。

《规划》指出，要强化数字中国关键能力。一是构筑自立自强的数字技术创新体系。健全社会主义市场经济条件下关键核心技术攻关新型举国体制，加强企业主导的产学研深度融合。强化企业科技创新主体地位，发挥科技型骨干企业引领支撑作用。加强知识产权保护，健全知识产权转化收益分配机制。二是筑牢可信可控的数字安全屏障。切实维护网络安全，完善网络安全法律法规和政策体系。增强数据安全保障能力，建立数据分类分级保护基础制度，健全网络数据监测预警和应急处置工作体系。

《规划》指出，要优化数字化发展环境。一是建设公平规范的数字治理生态。完善法律法规体系，加强立法统筹协调，研究制定数字领域立法规划，及时按程序调整不适应数字化发展的法律制度。构建技术标准体系，编制数字化标准工作指南，加快制定修订各行业数字化转型、产业交叉融合发展等应用标准。提升治理水平，健全网络综合治理体系，提升全方位多维度综合治理能力，构建科学、高效、有序的管网治网格局。净化网络空间，深入开展网络生态治理工作，推进"清朗""净网"系列专项行动，创新推进网络文明建设。二是构建开放共赢的数字领域国际合作格局。统筹谋划数字领域国际合作，建立多层面协同、多平台支撑、多主体参与的数字领域国际交流合作体系，高质量共建"数字丝绸之路"，积极发展"丝路电商"。拓展数字领域国际合作空间，积极参与联合国、世界贸易组织、二十国集团、亚太经合组织、金砖国家、上合组织等多边框架下的数字领域合作平台，高质量搭建数字领域开放合作新平台，积极参与数据跨境流动等相关国际规则构建。

《规划》强调，要加强整体谋划、统筹推进，把各项任务落到实处。一是加强组织领导。坚持和加强党对数字中国建设的全面领导，在党中央集中统一领导下，中央网络安全和信息化委员会加强对数字中国建设的统筹协调、整体推进、督促落实。充分发挥地方党委网络安全和信息化委员会作用，健全议事协调机制，将数字化发展摆在本地区工作重要位置，切实落实责任。各有关部门按照职责分工，完善政策措施，强化资源整合和力量协同，形成工作合力。二是健全体制机制。建立健全数字中国建设统筹协调机制，及时研究解决数字化发展重大问题，推动跨部门协同和上下联动，抓好重大任务和重大工程的督促落实。开展数字中国发展监测评估。将数字中国建设工作情况作为对有关党政领导干部考核评价的参考。三是保障资金投入。创新资金扶持方式，加强对各类资金的统筹引导。发挥国家产融合作平台等作用，引导金融资源支持数字化发展。鼓励引导资本规范参与数字中国建设，构建社会资本有效参与的投融资体系。四是强化人才支撑。增强领导干部和公务员数字思维、数字认知、数字技能。统筹布局一批数字领域学科专业点，培养创新型、应用型、复合型人才。构建覆盖全民、城乡融合的数字素养与技能发展培育体系。五是营造良好氛围。推动高等学校、研究机构、企业等共同参与数字中国建设，建立一批数字中国研究基地。统筹开展数字中国建设综合试点工作，综合集成推进改革试验。办好数字中国建设峰会等重大活动，举办数字领域高规格国内国际系列赛事，推动数字化理念深入人心，营造全社会共同关注、积极参与数字中国建设的良好氛围。

《人民日报》（2023 年 02 月 28 日 01 版）

contents
目录

中共中央　国务院印发《数字中国建设整体布局规划》/ 1

一、新时代的数字中国 /001

深入贯彻落实党的二十大精神　以数字中国建设助力中国式

现代化　庄荣文 / 003

数字经济发展的挑战与思考　蒋昌俊 / 010

关于数字经济特性和规律构建的几点认识　刘尚希 / 018

数字中国建设发展成就与变革　中国网络空间研究院信息化

研究所 / 025

如何从数字经济视角理解中国式现代化道路　朱　岩 / 032

加快数字中国建设　构建开放共赢的数字领域国际合作

新格局　赵　岩 / 036

二、夯实数字中国建设基础　　　　　　　　　　　　　　　　　/041

　　IPv6+ 网络创新体系发展布局　田　辉　关旭迎　邬贺铨 / 043

　　打通数字基础设施大动脉　加快建设数字中国

　　　　何　伟　肖荣美 / 055

　　数字基础设施——数字化生产生活新图景　刘　松 / 061

　　构建适应中国式现代化的"数据发展主义"　傅建平 / 066

　　建设统一数据要素大市场的科学内涵、内在逻辑与政策建议

　　　　徐凤敏　王柯蕴 / 072

三、全面赋能经济社会发展　　　　　　　　　　　　　　　　　/099

　　数字时代的技术与文化　江小涓 / 101

　　以数字中国建设赋能经济社会高质量发展　夏学平 / 145

　　数字经济的发展与治理　黄益平 / 154

　　数字信息技术赋能当代文化产业新型生态圈

　　　　傅才武　明　琰 / 171

　　数字经济赋能绿色发展的现实挑战与路径选择

　　　　韩　晶　陈　曦　冯晓虎 / 190

四、强化数字中国关键能力 /213

改革创新　数据赋能　以数字政务建设助力数字中国高质量

　　发展　周　民 / 215

筑牢数字安全坚实屏障　护航数字中国全面发展　魏　亮 / 220

全球数字人才与数字技能发展趋势　陈煜波　马晔风

　　黄　鹤　崇　滨 / 225

数字科技下的创新范式　陈　劲 / 242

政务数据安全框架构建　余晓斌 / 255

数据安全现状与发展趋势　雷　蕾 / 272

五、优化数字发展环境 /283

数据托管促进数据安全与共享　姚　前 / 285

党建引领、数据赋能与信息惠民——理解中国数字政府建设的

　　三重界面　陈　潭 / 291

大国战略竞争时代全球数字治理新态势及中国的应对方案

　　张高原 / 307

加强数字经济国际合作　推动全球数字治理变革　李　涛

　　徐　翔 / 317

做好数据流通的全价值链赋权　筑基数字化发展环境
　　于　洋　杨祖艳　林彦熹 / 322

附录：数字中国发展报告（2022 年）/ 331

01

一、新时代的数字中国

《数字中国建设整体布局规划》指出，建设数字中国是数字时代推进中国式现代化的重要引擎，是构筑国家竞争新优势的有力支撑。加快数字中国建设，对全面建设社会主义现代化国家、全面推进中华民族伟大复兴具有重要意义和深远影响。

深入贯彻落实党的二十大精神　以数字中国建设助力中国式现代化

庄荣文

党的二十大报告指出，要加快建设网络强国、数字中国。习近平总书记深刻指出，加快数字中国建设，就是要适应我国发展新的历史方位，全面贯彻新发展理念，以信息化培育新动能，用新动能推动新发展，以新发展创造新辉煌。近日，中共中央、国务院印发了《数字中国建设整体布局规划》（以下简称《规划》），从党和国家事业发展全局和战略高度，提出了新时代数字中国建设的整体战略，明确了数字中国建设的指导思想、主要目标、重点任务和保障措施。建设数字中国是数字时代推进中国式现代化的重要引擎，是构筑国家竞争新优势的有力支撑。我们要切实把思想和行动统一到以习近平同志为核心的党中央决策部署上来，深入贯彻落实党的二十大精神，在全面建设社会主义现代化国家新征程中奋力谱写数字中国建设新篇章。

一、充分认识加快建设数字中国的重大意义

党的十八大以来，习近平总书记多次就数字中国建设作出重要论述、提

作者系中央宣传部副部长，中央网络安全和信息化委员会办公室主任、国家互联网信息办公室主任。

出明确要求；在党的二十大报告中，习近平总书记对数字中国建设又作出新部署、提出新要求。这是以习近平同志为核心的党中央把握信息革命发展大势、立足全面建设社会主义现代化国家新征程、统筹国内国际两个大局作出的重大决策部署。印发实施《规划》，就是要落实党的二十大对数字中国建设提出的新部署、新任务、新要求，把党中央关于数字中国建设的决策部署转化为具体实践和实际成效。

加快建设数字中国是发挥信息化驱动引领作用、推进中国式现代化的必然选择。党的二十大报告指出，从现在起，中国共产党的中心任务就是团结带领全国各族人民全面建成社会主义现代化强国、实现第二个百年奋斗目标，以中国式现代化全面推进中华民族伟大复兴。习近平总书记多次强调，"没有信息化就没有现代化""信息化是'四化'同步发展的加速器、催化剂"，深刻阐释了信息化和中国式现代化的内在关系。当前，中华民族伟大复兴战略全局、世界百年未有之大变局与信息革命时代潮流发生历史性交汇，数字中国建设成为推进中国式现代化的应有之义和必然选择。如何以数字中国建设助力实现人口规模巨大的现代化、全体人民共同富裕的现代化、物质文明和精神文明相协调的现代化、人与自然和谐共生的现代化、走和平发展道路的现代化，成为事关现代化建设全局的重大战略课题。《规划》的印发实施，就是要充分发挥数字中国建设的驱动引领作用，统筹推进数字技术在经济、政治、文化、社会、生态文明建设各领域全过程中的融合应用，更好支撑经济社会高质量发展，为推进中国式现代化提供不竭动力。

加快建设数字中国是抢占发展制高点、构筑国际竞争新优势的必然选择。党的二十大报告指出，新一轮科技革命和产业变革深入发展，国际力量对比深刻调整，我国发展面临新的战略机遇。习近平总书记多次强调，信息化为我国抢占新一轮发展制高点、构筑国际竞争新优势提供了有利契机，为中华民族带来了千载难逢的机遇。当前，数字技术日益成为创新驱动发展的先导力量，开启了一次具有全局性、战略性、革命性意义的数字化转型，带动人类社会生产方式变革、生产关系再造、经济结构重组、生活方式巨变。如何顺应信息革命时代浪潮，抢抓数字化发展历史机遇，推动生产力与生产关系升级重构，引领撬动经济社会质量变革、效率变革、动力变革，成为当今时代决定大国兴衰的重要因素。《规划》的印发实施，就是要把握大势、主动作为、抢抓机遇，充分发挥社会主义制度优势和新型举国体制优势，利用好超大规模市场和海量数据资源、丰富应用场景、雄厚人力资源等，提升国家综合国力和国际竞争力，为全面推进中华民族伟大复兴提供有力支撑。

加快建设数字中国是巩固党的长期执政地位、推进国家治理体系和治理能力现代化的必然选择。党的二十大报告指出，我们党作为世界上最大的马克思主义执政党，要始终赢得人民拥护、巩固长期执政地位，必须时刻保持解决大党独有难题的清醒和坚定。习近平总书记强调，过不了互联网这一关，就过不了长期执政这一关；要以信息化推进国家治理体系和治理能力现代化；善于运用互联网技术和信息化手段开展工作。当今世界，对任何国家和政党来说，互联网是重要执政条件，网络空间是重要执政环境，信息化是重要执政手段，用网治网能力是执政能力的重要方面和体现。特别是大数据、云计算、人工智能、区块链等数字技术广泛应用，为国家治理体系和治理能力现代化带来了全新的机遇和挑战。《规划》的印发实施，就是要把握数字化变革带来的新机遇新挑战，以信息化推进国家治理体系和治理能力现代化，不断提高党的执政能力和领导水平。

加快建设数字中国是深化国际交流合作、推动构建人类命运共同体的必然选择。党的二十大报告指出，构建人类命运共同体是世界各国人民前途所在。习近平总书记站在网络空间人类前途命运的战略高度，直面世界互联网发展的共同问题，创造性提出构建网络空间命运共同体的理念主张。如何把握人类社会迈向数字文明新时代的发展大势，向着构建人类命运共同体的目标勇毅前行，成为数字时代关乎人类共同命运和福祉的战略抉择。《规划》的印发实施，就是要加快建设数字中国，探索走出一条中国特色数字化发展道路，打造开放共赢的数字领域国际合作格局，与世界各国共享数字化发展成果，为全球互联网发展治理贡献中国方案，构建网络空间命运共同体，共同培育全球发展的数字新动能。

二、准确把握数字中国建设整体布局的任务要求

党的二十大吹响了全面建设社会主义现代化国家、全面推进中华民族伟大复兴的新号角。面向新时代新征程，要坚持以习近平新时代中国特色社会主义思想特别是习近平总书记关于网络强国的重要思想为指导，聚焦《规划》明确的工作目标和重点任务，按照"夯实基础、赋能全局、强化能力、优化环境"的战略路径，立足数字中国建设"2522"的整体框架，即夯实数字基础设施和数据资源体系"两大基础"，推进数字技术与"五位一体"总体布局深度融合，强化数字技术创新体系和数字安全屏障"两大能力"，优化数字化发展国内国际"两个环境"，加强整体布局、整体推进，全面提升数字中国建设的整体性、系统性、协同性。

着力夯实数字中国建设基础。打通数字基础设施大动脉，统筹推进网络基础设施、算力基础设施和应用基础设施等建设与应用，围绕5G、千兆光网、IPv6、数据中心、工业互联网、车联网等行业领域发展需求和特点，强化分类施策，促进互联互通、共建共享和集约利用。畅通数据资源大循环，构建国家数据管理体制机制，建设公共卫生、科技、教育等重要领域国家数据资源库，增强高质量数据资源供给，加强数据资源跨地区跨部门跨层级的统筹管理、整合归集，全面提升数据资源规模和质量，充分释放数据要素价值。

着力深化数字中国全面赋能。做强做优做大数字经济，培育壮大数字经济核心产业，打造具有国际竞争力的数字产业集群，加快数字技术创新应用，赋能传统产业转型升级，支持数字企业发展壮大，推动平台企业规范健康发

展。发展高效协同的数字政务，统筹推进政务数字化建设，打破数字孤岛。以数字技术服务党政机构职能转变、制度创新、流程优化，将数字化理念思维和技能素养融入履职全过程。打造自信繁荣的数字文化，创作生产更多积极健康、向上向善的网络文化产品，深入实施国家文化数字化战略，推动中华优秀传统文化与数字技术融合创新发展，满足人民日益增长的精神文化需求。构建普惠便捷的数字社会，着力提升教育、医疗、就业、养老、托育等重点民生领域数字化水平，推动不同地区、不同群体充分享受公共服务资源，加快建设智慧城市和数字乡村，构筑美好数字生活新图景。建设绿色智慧的数字生态文明，加强生态环境数据共享和利用，推进山水林田湖草沙数字化治理、智慧水利建设和自然资源智能化综合监测，深化数字化绿色化协同转型发展，推动重点行业、重点区域、重点基础设施等绿色低碳发展，形成绿色低碳的生产和生活方式，促进人与自然和谐共生。

着力强化数字中国支撑能力。构筑自立自强的数字技术创新体系，整合跨部门、跨学科创新资源，健全社会主义市场经济条件下关键核心技术攻关新型举国体制，加快建立以企业为主体的技术创新体系，切实掌握数字技术发展主动权。筑牢可信可控的数字安全屏障，切实维护网络安全，完善网络安全法律法规和政策体系，增强数据安全保障能力，加强个人信息保护，夯实国家网络安全和数据安全保障体系。

着力优化数字中国发展环境。建设公平规范的数字治理生态，健全数字领域法律法规体系、技术标准体系和网络综合治理体系，提升治理透明度和可预期性，开展标准研制，构建科学、高效、有序的管网治网格局。构建开放共赢的数字领域国际合作格局，着眼高水平对外开放，统筹谋划数字领域国际合作，建立多层面协同、多平台支撑、多主体参与的数字领域国际交流合作体系，积极参与网络空间国际规则制定，高质量搭建数字领域开放合作新平台，共同培育全球发展的数字新动能。

三、全面加强党对数字中国建设的领导

建设数字中国是党中央作出的重大决策部署，是一项长期而艰巨的战略任务。我们要坚持以习近平新时代中国特色社会主义思想特别是习近平总书记关于网络强国的重要思想为指导，深入学习贯彻党的二十大精神，统筹谋划、整体部署、重点突破，充分发挥各地区各部门的积极性、主动性、创造性，广泛调动社会各界力量，加强数字中国建设整体布局，为以中国式现代化全面推进中华民族伟大复兴注入强大动力。

坚持党的领导，加强组织实施。切实把党的领导贯穿到数字中国建设各方面和全过程，统筹推进数字中国建设重大机制创新、重大战略落地实施。推动各地区各部门强化资源整合和力量协同，将数字化工作摆在更加突出的位置，积极探索适应数字化发展的改革举措，及时总结可复制、可推广的经验做法，共同推动数字中国建设取得实效。

坚持统筹联动，健全体制机制。建立健全数字中国建设统筹协调机制，及时研究解决数字化发展重大问题，加快推动跨部门协同和上下联动。推动各地区各部门按照《规划》制订落实方案，抓好重大任务和重大工程落实见效。中央网信办将持续开展数字中国发展监测评估，优化监测和评价方法，加强对各地数字化发展的整体研判，评估实施效果，发现并协调解决实施中出现的问题，以评估促发展、以评估促建设。

坚持规划引领，强化要素保障。按照《规划》各方面部署要求，加快推动各项政策协调配套。保障资金投入，引导金融资源支持数字化发展，构建社会资本有效参与的投融资体系。强化人才支撑，推动领导干部和公务员加快提升数字思维、数字认知和数字技能，提升全民数字素养与技能，加大对创新型、应用型、复合型人才培养力度，壮大人才队伍。

坚持全面赋能，营造良好氛围。增强高校、研究机构、企业等各类主体共同参与数字中国建设的活力和动力，培育建立一批数字中国研究基地，综

合集成推进改革试验。办好"数字中国建设峰会"等重大活动，举办数字领域高规格国内国际系列赛事，凝聚产业和社会各界共识，让数字化理念深入人心，让全体人民共建共享数字化发展成果。

《人民日报》（2023 年 03 月 03 日 10 版）

数字经济发展的挑战与思考

蒋昌俊

数字经济发展历程

经济社会发展经历了从农业经济、工业经济到数字经济过渡和转变的过程。

农业经济的生产要素由直接生产要素和间接生产要素构成，其中，直接生产要素包括资金、科技、教育、管理、信息等，间接生产要素包括自然资源、劳动力、劳动资料、劳动对象等。生产力、政治、科技、农业交流程度等因素是促进农业发展的主要因素。

工业经济的发展经历了三次革命。

第一次工业革命始于 18 世纪 60 年代到 19 世纪中期，开创了以机器代替手工劳动的时代，特别是蒸汽机、纺织机、铁路等新技术促使生产力大幅度增长。生产力的提升引发了生产关系的变革，以工厂作为纽带场景，生产资料不断通过铁路等新的运输方式流转，促使社会分配制度进一步资本化和市场化。

第二次工业革命始于 19 世纪下半叶到 20 世纪初，兴起了一场以电机、

作者系中国工程院院士、同济大学教授。

内燃机的发明和应用为核心的新工业革命。期间，生产力的巨大提升超过了生产关系的改变速度，以至于产生了供给过剩的情况。

20世纪40年代开始，原子能、电子计算机、空间技术和生物工程等高新技术产业的高速发展标志着人类进入了**第三次工业革命**，其中，电子计算机是现代信息技术的核心。

1996年，唐·泰普斯科特（Don Tapscott）在撰写的《数字经济：智力互联时代的希望与风险》中首次提出了数字经济的概念。随后，曼纽尔·卡斯特（Manuel Castells）撰写的《信息时代三部曲：经济、社会与文化》、尼古拉斯·尼葛洛庞（Nicholas Negroponte）撰写的《数字化生存》等著作的出版和畅销，将数字经济的理念推广开来。1998年，美国商务部发布了《新兴的数字经济》报告，正式提出了数字经济的定义。2016年，G20杭州峰会通过了《二十国集团数字经济发展与合作倡议》，首次将"数字经济"列为G20创新增长的一项重要议题。为加快数字经济发展，2017年3月，我国首次将数字经济写入政府工作报告中。2021年3月，"十四五"规划和2035年远景目标纲要发布，**预计到2025年，数字经济核心产业增加值占GDP比重将达到10%，**并将数字经济发展上升为国家战略。

数字经济"四化"框架

数字经济是以数字化的知识和信息作为关键生产要素，以数字技术为核心驱动力，并以现代信息网络为重要载体，通过数字技术与实体经济深度融合，不断提高经济社会的数字化、网络化、智能化水平，加速重构经济发展与治理模式的新型经济形态。从数字经济发展历程来看，早期数字经济注重生产力的提升，重点在产业数字化和数字产业化两方面，之后将生产关系融入其中，形成了产业数字化、数字产业化、数字化治理"三化时代"。如今，随着数据生产要素重要性的显现，数据价值化也成为"四化"框架的重要部分，形成生产力提升、生产要素创新、生产关系变革这样一个完整体系。

数字经济体系框架由"两化"到"三化"再到"四化"，是对数字经济的认识由关注生产力，到生产力和生产关系并重，再到突出数据要素对经济社会发展的重要作用。**数字经济"两化"框架主要包括数字产业化和产业数字化**，其中，数字产业化是通过数字技术带来的产品和服务，例如电子信息制造业、信息通信业、软件服务业、互联网业等，而产业数字化是指原产业利用数字技术后，带来了产出的增长和效率的提升。**数字经济"三化"框架在"两化"的基础上，新增了数字化治理要素**，以更好地发挥数字技术对社会治理的支撑作用。**数字经济"四化"框架由数字产业化、产业数字化、数字化治理和数据价值化四个要素构成**，进一步凸显了数据要素的价值。

我国数字经济发展呈现出四方面的趋势。

一是我国数字经济发展大国地位稳固，未来发展前景广阔。

二是数字化为人力成本提升下的必然选择。

三是 IT 行业也步入了产业升级的新阶段，产品化、云计算、人工智能等新一代技术加速涌现。

四是数字经济战略地位空前，有望成为我国经济发展的重要驱动力。

随着信息化进程的推进，数字经济的迅猛发展对中国经济的高质量发展战略提出更大挑战。

数字经济发展瓶颈

正如动力装备之于工业经济的重要性，**芯片、软件、系统等是数字经济最基础的组件**，当前我国数字经济"卡脖子"问题仍然较为突出，仍然依赖国外集成电路、操作系统和基础软件等。

在芯片制造环节，目前世界最先进的制程技术被跨国公司掌握，而中国大陆芯片制程工艺还停留在 22nm 和 16nm 上。制程工艺的滞后是造成中国大陆芯片产业落后于发达国家、地区的重要原因之一。例如台积电正在研发 2nm 工艺，预计 2024 年可商用。目前，全世界只有荷兰、日本等少数国家可以生产 7nm 制程最核心的制造设备，而这方面我国需尽快突破。

我国集成电路产业正处于高速、蓬勃发展时期，但在许多关键领域存在短板，导致中国制造"全而不强"。在供应链方面，高端半导体材料面临供应链卡壳断链的风险，比如高端硅晶片、高端光刻胶、抛光液以及靶材等。在核心技术方面，从芯片设计到芯片制造环节等关键核心技术，比如 EDA 软件、光刻机等，仍受制于人。**造成我国集成电路卡脖子的原因主要有四个方面。**

1. 我国集成电路产业所需的高水平、经验型人才仍然供不应求，满足产业高速发展的产教融合人才培养体系尚未形成，且行业自身在就业前景和薪酬等方面劣势以及企业间互相挖角等现象仍然存在。

2. 我国人才培养师资和实训条件支撑不足，产教融合有待增强。

3. 我国集成电路企业间挖角现象普遍，导致人才流动频繁。

4. 我国对智力资本的重视程度不足，科研人员活力有待激发。

操作系统是计算机的灵魂所在，也是数字经济的基础。而我国操作系统市场基本已被 windows、苹果所占领，国产化占比较低。近年来，我国涌现出一批国产化的操作系统，比如统信 UOS、麒麟、Deepin 等，但依旧鲜为大众所知。此前这些操作系统虽然能满足日常上网办公的需求，但对常用或专业软件支持度不足，其大多限于党政机关使用，市场开拓能力有限。同时，操作系统出现漏洞或出问题，将直接影响到计算机的信息安全。除了生态性问题，国产操作系统还面临技术来源的挑战。**我国国产操作系统全部采用了开源技术路线，国产操作系统的内核、基础函数库、网络协议、图形库、浏览器引擎等底层开源代码，都是直接拿来使用，没有做单独开发。这些底层开源代码受各种开源协议的限制，并受所在国法律的约束。闭源后的国产操作系统将面临三方面问题：**

1. 内核、基础函数库等底层代码优化后，国产操作系统无法获得自动升级。

2. 无法获得开源社区代码维护，容易引发安全隐患。

3. 底层代码升级后的产业生态发生了变化，现有大量应用将不再支持原来的操作系统。

全球数字化进程进一步加快，人工智能已成为数字经济升级的重要推动力，而由此带来的数据安全、芯片自研能力不足、应用低端化、人才不足等问题也不容小觑。

在数据安全领域

数据积累不足、数据质量差、数据安全合规性、数据归属权、多源异构数据处理、非结构化数据、海量数据存储与调用、小场景数据采集、复杂业务场景理解、数据安全等问题亟须解决。

在芯片方面

人工智能芯片发展主要经历了三个阶段：第一阶段，由于芯片算力不足，导致神经网络算法未能落地。第二阶段，芯片算力有了进一步提升，但仍无法满足神经网络算法需求。第三阶段，GPU 和新架构的 AI 芯片促进了人工智能的落地。目前，随着第三代神经网络的出现，弥合了神经科学与机器学习之间的壁垒，AI 芯片正在向更接近人脑的方向发展。

在应用端

我国人工智能产业应用几乎与国外同步推进，甚至在智慧零售、智慧医疗、无人驾驶等细分领域实现全球领先。但与其他高精尖产业境遇相似，虽经过多年发展，但我国人工智能产业链结构偏重于应用端，在产业基础及感知能力方面受限较多。

在人才方面

国内人工智能人才短缺主要表现在三个方面：一是顶尖人才供不应求。二是具备专业技术和行业经验的跨界人才供不应求。三是人才成本较高，使企业在招聘过程中遇到不少阻碍。

数字经济发展战略

目前，世界主要国家对数字经济高度重视，并制定了一系列的战略举措。美国把握制造业高附加值环节，全面提升国家创新力。欧盟致力于建立数字单一市场，制定探索数据的法律规制。英国升级数字经济战略来打造数字强国，推动数字经济创新。德国制定综合战略重点加强技术创新，发展高端制造，培养数字人才。日本旨在弥补数字鸿沟，推动中小企业数字化转型。我国重点聚焦于提高数字化技术在经济社会的渗透度。

我国要想在数字经济上取得新成效，**应跨越式发展数字经济基础，打造"三位一体"的数字经济新优势，着力解决数字经济安全问题。**

在打造"三位一体"的数字经济新优势时，需提高关键数字领域创新能力，加快推动数字产业化、产业数字化和数字政府建设。在面对数字经济安全问题时，应加强对个人数据产权的保护，防止数据窃取、滥用导致的意外风险，并加强对国家各项重要数据的对外监督，确保数据资源使用的合理性。

在跨越式发展数字经济基础方面，**一是加快新型基础设施建设**。继续加大 5G 网络和千兆光纤网络建设力度，建设品质优良、集约高效、安全可靠的精品 5G 网络。重点突破关键基础软件、大型工业软件，培育开源软件生态，推动软件产业做大做强。建设高速泛在、天地一体、云网融合、智能敏捷、绿色低碳、安全可控的智能化综合性数字信息基础设施。加快构建算力、算法、数据、应用资源协同的全国一体化大数据中心体系。稳步构建智能高效的融合基础设施，高效布局人工智能基础设施。**二是大力推动制造业数字化转型**。推动互联网、大数据、人工智能与制造业深度融合，抓好两化融合标准体系建设完善与宣贯推广，完善多层次、系统化工业互联网平台体系，加强对中小企业数字化发展的引导支持，示范带动更多中小企业数字化、网络化、智能化发展。立足不同产业特定和差异化需求，推动传统产业全方位、全链条数字化转型，提高全要素生产率。建立市场化服务与公共服务双轮驱动，构建技术、资本、人才、数据等多要素支撑的数字化转型服务生态，解决企业"不会转""不能转""不敢转"的难题。**三是推动数字产业发展壮大**。进一步培育壮大人工智能、大数据、区块链、云计算等新兴数字产业，继续推动电子信息制造业、软件服务业、信息通信业高质量发展，加快锻造长板、补齐短板，提升产业创新能力。协同培育国家级先进制造业集群、中小企业特色产业集群，打造世界级数字产业集群。发挥我国社会主义制度优势、新型举国体制优势、超大规模市场优势，提高数字技术基础研发能力。创新突破关键技术，如高端芯片、操作系统、工业软件、核心算法与框架、智能制造、数字孪生、城市大脑、边缘计算、脑机融合等。着力提升基础软硬件、核心电子元器件、关键基础材料和生产装备的供给水平，强化关键产品自给保障能力。

此外，还应大力发展信息技术应用产业，重点加强对信息技术应用创新产业（信创）的支持力度。信创涉及的行业包括 CPU 芯片、服务器、存储、交换机、路由器等 IT 基础设施和数据库、操作系统、中间件等基础软件，以及 OA、ERP、办公软件、政务应用、流版签软件等应用软件。发展信创，抢占数字经济产业链制造点，从技术发展受制于人向领跑核心技术转变，是突破数字经济战略瓶颈的关键。

面对数字化创新人才短缺问题，应加强对专业数字技术人才的培育。专业数字技术的人才是提升信息技术和促进产业数字转型的根本驱动力，**而我国数字人才的需求日益严峻，暴露出四方面的问题：一是缺少数字创新人才**

后备力量。高校是数字人才的储备场，但目前高校还缺少数字相关的普及和教育。**二是缺少数字化从业人员。**数字经济与信息技术从业技术人员不足，造成社会人才缺失。**三是缺少培训讲师。**了解和熟悉数字化创新并能够宣讲和开展数字技能培训的人才不足。**四是用户单位缺少维护人员。**在用户单位对数字经济了解的人才更加稀缺，迫切需要掌握对数字经济创新知识了解的人员进行基础的使用和维护。

2022 成都全球创新创业交易会——区块链技术创新发展论坛的线上主旨报告

数字金融合作论坛公众号

关于数字经济特性和规律构建的几点认识

刘尚希

一、数字经济与工业经济逻辑不同，改变了过去的就业形态和资源配置方式

当前数字经济和数字金融发展方兴未艾，大家都在探讨如何抓住这个难得的历史机遇，促进中国经济高质量发展。关于数字经济，总书记在一系列论述中指出，中国数字经济关系发展大局，事关中国未来竞争力，为数字经济发展指明了方向。

要进一步加深对数字经济的理解。我们不能把当前的数字革命，看成是第四次工业革命，或当成是工业革命的一个余波。如果这样看待数字化和数字革命，可能会贬低数字革命长期而深远的全局性影响。我曾讲"数字革命要引领人类进入数字文明"，这意味着数字革命是与过去发生的农业革命、工业革命相并列的一次大型经济社会革命，引领人类进入新的文明形态。

当然，经济社会的数字革命是建立在工业革命基础之上的，整体来说就是工业化这个基础。我们过去大力发展工业，其实就是工业化，那么现在与

作者系中国财政科学研究院党委书记、院长。

之相并列的概念，放在文明革命的背景下来看，应当是数字革命，数字化将引领人类进入数字文明。只有从工业化的框架中跳将出来，将数字化摘出来，才能将数字经济或数字革命的内在逻辑看得更加清楚，不至于被工业化的逻辑遮蔽和束缚。我们一旦陷入工业化、工业经济的逻辑当中，就无法真正理解数字经济、数字革命和数字化等一系列新生事物和新生业态。比如，全国政协组织研究关于数据确权问题时做了很多调研，发现沿着过去工业化时期的确权思路根本走不通。目前国外如欧盟的《数据法案》，也改变了过去的老思路，不再强调所有权，放弃工业化时代的知识产权思维，而是强调数据的使用权和流通、分享。

从所有权入手解决确权问题是传统的工业市场经济思维，因为过去的经济交易，实际上就是所有权之间的交易。只有确定了所有权才能进行交易，这是过去工业市场经济的基本逻辑。那么在数字经济下的数据交易，是不是也要按照传统在确定所有权基础上才能进行呢？过去的实体产品和服务只能卖一次，只能让一个人使用，但数据可以使用无数次，既可以卖给张三也可以卖给李四，这并不影响数据的使用权。从这点来看，数据交易中最重要的，不在于数据所有权的司法明确，而在于数据使用权如何明确。因为采集的无论是公共数据还是行为数据，都不是专门去采集的，譬如公共数据是在公共管理当中、行为数据是在交易当中形成的。这些数据只有经过加工处理并与特定的场景相结合，才能体现其应有价值。如果数据不与特定的场景关联在一起，那它是没有价值的。所以从这点来讲，我们现在要摆脱工业市场经济的传统逻辑，从另一个角度，甚至站在一个更高的层面去理解数字市场经济。例如，通过隐私计算实现数据交易"可用不可见"。只要连接，就可以供不同的需求者购买、加工并用于特定商业场景，或将加工提取的信息作为数据产品转让其使用权，从而获取收益，无须获得数据的所有权。

现在劳动力市场的就业形态，已经不是工业化时期典型的雇佣关系了，更多是一种劳务合作关系。马克思在《资本论》中分析最多的雇佣关系，在数字革命的推动下正在不断减少，取而代之的是越来越多的劳务合作关系。

例如网约车，网约车司机所开的私家车，按照过去的定义属于消费资料，是不能运营载客的，否则就是黑车。但在数字化条件下，以往的消费资料可以市场化，居民财富也有更多途径资产化，进而得到更加充分的利用。私家车既可以视为家庭消费，同时也可以加入网约车平台成为获取收入的工具，即资产，此时就很难区分清这辆私家车到底是生产资料还是消费资料。所以从过去讲的生产资料、消费资料，以及所有权角度出发去理解数字经济是行不通的，我们应当调整这种思维。

还是上述例子，私家车作为消费资料，在过去只能作为消费品买卖，要作为生产资料资产化去获取收入是没有渠道的。但是现在有这种渠道了，说明原来不可交易的资源，现在可以资产化后进行交易，这就是一种新的交易方式。再举一个例子，就是私人停车位。你可以说它是一种消费资料，因为它在过去的物理时空条件下无法交易，但是我们在广州调研的时候发现有一个公司，它为这些私家车位建立了一个平台，让大家将车位闲置时间传到网上，很好地实现了私家车位的供给，通过平台进行供需匹配。这样的话，私家车位不仅自己可以用，在自己开车出门车位闲置的时候，也可以按照时段进行出租，使私家车位得到了充分利用，大大提高了资源的利用效率。这种效率的提高如果不是在数字化的条件下，是无法做到的，也就是说数字化使不可交易的资源变得可交易了。再譬如，一些偏僻的农村里有一些富有天赋的年轻人，我看到一个例子，一个会唱歌的年轻人，他初中毕业以后就不上学了，但他特别喜欢唱歌，唱得也特别好，很有音乐天赋。他通过现在的数字平台，将自己的音乐天赋转化成了一种资产，吸引了上百万个粉丝，一年获得了上百万的收入，这在以前是根本不可能的事情。在过去，即使这位年轻人有音乐天赋，他也要上音乐学校，再开演唱会，这个过程是漫长的，还不一定能出名。

这些例子，就是想说明在数字化条件下，过去很多不可交易的资源变得可交易了，但是这些在统计上，未必能统计进去，所以数字化实际上对国民经济核算等也提出了新的挑战。

二、平台企业是数字经济的微观基础，要构建新的规则和新的监管方式

过去的企业是虚拟法人，现在的平台企业也是虚拟法人，但是它的功能跟传统工厂、企业、公司等是完全不一样的，它实际上是一种新的生产组织方式，改变了原有的工业化分工所构建的组织方式，成为数字经济的微观基础。那么对数字平台企业应该怎样进行认识、评价和监管？如果将那些老皇历套用到这些平台经济上，可能就会遏制数字平台企业的发展。实际上，我国这一轮整顿——针对反垄断、反不当竞争等采取的很多措施，当中有很多都值得我们反思和进一步总结。之所以要总结，就是要看哪一些搞对了，哪一些搞错了。要实事求是，搞对了的就继续完善、坚持；如果发现搞错了，就坚决纠正，只有这样才能更好地让政府的监管以及相应的政策符合数字经济发展的特性，从而更好地为数字平台企业的发展营造良好的环境。如果在理解上出现偏差、认识上不到位，那数字平台企业的发展就会受到影响。若是数字经济的微观基础不健全，创新动力下滑，那么整个数字经济的发展就阻滞。

当前对数字平台企业的监管越来越全方位，比如算法要报备、进行监管，那算法到底要怎样监管呢？这是一个很难的问题，因为算法是和情景相联系的，而情景是依靠想象力设计出来的，情景的设计也是一个试错的过程。针对这种依据想象情景而形成的算法，要去判断它的对错，是不是安全，以及它对消费者、对社会是有利还是有害，很可能陷入一种困境当中。如果政府认为理解不了的就有风险，那很多创新可能就无法实践。要在"规范中创新"，实际上就很难实现创新，因为创新意味着进入无人区，意味着没有参

照系，何谈规范。就像路一样，路都还没修，怎么会有红绿灯呢？应当是先有路，再有红绿灯。"在规范中创新"，特别涉及金融科技领域，需要从理论和实践中好好探索并进行总结，这其中所谓的规范到底应规范什么。进入无人区以后连方向都没有，在不断地试错，这方面具体要规范什么、防范什么，要具体化、法治化、可预期。要防范执法人员依靠个人偏好和相关监管机构追求责任风险最小化导致创新停滞。若监管者自以为是，可能会让创新者躺平、投资者止步、数字经济滑坡。当不知道怎么做才是对的，怎么做是错的，这种合规风险就会变成巨额风险成本，创新就会受到遏制。

三、数字经济的特性决定了其发展"一步赶不上，步步赶不上"

工业经济落下了我们还可以补课，还可以追赶，但是基于数字经济的特性，如果落下差距，未来再想补课、再想追赶几乎是不可能的，为什么？因为数字经济发展的微观基础是平台企业，它会形成一种新的经济生态，这种新的经济生态一旦形成是难以撼动、难以改变的。以往在工业市场经济的条件下，只要我们有大量便宜的劳动力，依靠低成本就可以去追赶，甚至可以把他国的企业挤垮，但是这在数字经济条件下几乎是不可能的。简单举个例子，就拿电脑使用的软件来说，目前普遍使用微软的操作系统，是不是我们做不出微软这样水平和质量的操作系统呢？不是，我们能做出来。二十年前国家就研制出一套自己的操作系统，但无法产业化、市场化，我们无法突破既有的市场生态。在技术上可以突破，但在商业上却无法实现。当然在军事领域，在不计成本的条件下可以实现国产替代。国家的综合实力最终体现在通过不断创新来支撑的产业、产品和商业模式的竞争力上。在数字化驱动下，这种国际竞争日趋激烈。数字化在重塑新的经济生态，一旦一步赶不上，就可能步步赶不上，这与工业化时代是不同的。不言而喻，在数字革命浪潮中，发展放慢将是最大的国家安全风险。

这种数字虚拟化带来的边际成本递减、边际收益递增跟工业经济边际成本递增、边际收益递减是完全相反的。现在的虚拟制造、虚拟验证、虚拟培训等等，大大节省了平时要在物理空间实施的过程，大幅度降低了成本。比如高铁在正式运行之前需要进行一系列验证，测试它的稳定性、可靠性，现在都可以通过数字虚拟过程实现，成本不断降低。还有现在的研发，虚拟化极大地缩短了研发过程，加快了研发进程，降低了研发试错成本。可以看出，数字经济在技术的升级迭代上呈现一种加速度，跑在前面的会越来越快，落在后面的落下一段距离以后，再想追赶上去几乎不可能。数字化自动会形成发展的加速度，与边际成本递减和边际收益递增是直接关联的。这从一些数字平台企业的发展速度可以得到佐证。一个数字平台企业成长为跨国巨头所需要的时间比传统企业要短得多。数字经济的发展，我国同国外可以说是站在同一个起跑线上，至少差距远小于工业化时代。问题是，一旦差距拉大，将来再想赶上去几乎没有可能。

数字经济的发展事关中国发展的未来，事关发展的大局和国际竞争力。对此要重新理解，加深认识，要反思现有的监管政策和监管方式，同时对现有的一些法律也要回过头来进行反思和总结。前半句与后半句中"安全"的含义是不一样的。我们讲"安全是发展的前提"，这里的"安全"指的是具体的安全，比如黑客入侵导致的生产事故会阻碍生产的进行，是指具体的、局部的、具象的安全。再说"发展是安全的保障"，这里的"安全"实际上是指整体的、全局的安全，是国家的安全。比如我们说发展缓慢或者发展停滞，可能是最大的不安全，这是从整体意义上来说的，就像过去所说"落后就会挨打"，这里的安全是基于未来战略的一个整体的、全局的概念，因此这两句话中"安全"的含义是不一样的。在通常语境下，安全是条件，发展是目标，两者是条件和目标的关系，这个关系逻辑上不能颠倒。为了发展，即使没条件，也要努力创造条件。

现在可能更加关注的是前半句"安全是发展的前提"，所以各个部门都在抓安全，一哄而上抓安全就很可能把安全替代发展变成了"目标"，成为部门政绩和免责的最大考量。一旦发生这样的变异，对企业的创新，尤其是对数字技术的快速迭代可能形成抑制，导致一步赶不上，步步赶不上，这对我国数字经济的发展是一个很大的风险，带来战略上的不安全。

现在看到一些可喜的变化，国务院就数字经济发展建立了一个部际联席机制，由发改委牵头，20个部门参加，对数字经济发展过程中可能出现的一些问题进行会商，这是一个积极的变化，避免各个部门各行其是，一定程度上化解了当前监管可能给数字经济发展带来的瓶颈。这是应当充分肯定的，希望数字经济发展的部际联席机制能够发挥更大的作用，促进我国数字经济高质量快速发展。

中国数字金融合作论坛举办闭门研讨会"2022上半年数字经济金融形势分析"上的发言

数字金融合作论坛公众号

数字中国建设发展成就与变革

中国网络空间研究院信息化研究所

习近平总书记强调，加快数字中国建设，就是要适应我国发展新的历史方位，全面贯彻新发展理念，以信息化培育新动能，用新动能推动新发展，以新发展创造新辉煌。党的十八大以来，以习近平同志为核心的党中央站在党和国家事业发展全局的高度，精准把握当前全球信息革命发展大势，作出了建设网络强国的重大战略部署，提出了一系列新思想、新论断、新要求，积极推动网络强国、数字中国、智慧社会建设，充分发挥数字化、信息化的带动作用，为经济社会全面发展提供强大内生动力。十年来，各地区、各部门积极落实数字中国建设部署要求，不断培育新发展动能，激发新发展活力，数字中国建设在砥砺奋进中取得显著成就。

网络基础设施规模和数字技术创新能力快速提升

习近平总书记强调："加强信息基础设施建设，强化信息资源深度整合，打通经济社会发展的信息'大动脉'。"十年来，我国逐步建成全球规模最大、技术领先的光纤和5G网络，固定网络速率逐步实现从十兆到千兆的跃升，移动网络实现从3G突破、4G同步、5G引领的跨越，实现了"村村通宽带""县县通5G""市市通千兆"。我国成功迈入创新国家行列，《2022年全球创新指数报告》显示，2022 年我国创新能力综合排名第 11 位。

十年来，我国网络基础设施实现跨越式提升。所有地级市全面建成光网城市，截至 2022 年 10 月底，百兆及以上接入速率用户占比达 93.8%，千兆接入速率用户突破 8000 万。相比 2012 年，宽带网络平均下载速率提高近 40 倍。建成全球最大规模 5G 网络，截至 2022 年 9 月底，我国 5G 基站数达 222 万个，5G 基站占全球总量一半以上，5G 移动电话用户达 5.1 亿户。5G 芯片、移动操作系统等关键核心技术与国际先进水平差距持续缩小。网络基础设施全面向 IPv6 演进升级，截至 2022 年 6 月，IPv6 活跃用户数达 6.83 亿。我国光通信设备、光模块器件、光纤光缆等部分关键技术达到国际先进水平。深入实施工业互联网创新发展战略，网络、平台、安全体系以及工业互联网标识解析体系基本建成。建成全球规模最大的移动物联网网络，截至 2022 年 8 月底，窄带物联网基站总数达到 75.5 万个。

十年来，我国算力基础设施达到世界领先水平。全国一体化大数据中心体系完成总体布局设计，"东数西算"工程加快实施。截至 2022 年 6 月，我国数据中心机架总规模超过 590 万标准机架，建成 153 家国家绿色数据中心，行业内先进绿色中心电能使用效率降至 1.1 左右，达到世界领先水平。算力供给能力显著增强，我国超级计算机数量在全球 Top500 中蝉联第一，关键软硬件取得突破，高性能通用计算芯片、加速计算芯片性能持续提升。建成一批国家新一代人工智能公共算力开放创新平台，以低成本算力服务支撑中小企业发展需求。

十年来，我国卫星导航产业体系基本形成。2020 年 7 月，北斗三号全球卫星导航系统正式开通。2021 年，中国卫星导航与位置服务总体产业规模达到 4690 亿元。截至 2021 年底，具有北斗定位功能的终端产品社会总保有量超过 10 亿台 / 套，超过 790 万辆道路营运车辆、10 万台 / 套农机自动驾驶系统安装使用北斗系统，医疗健康、远程监控、线上服务等下游运营服务环节产值近 2000 亿元。北斗三号全球卫星导航系统已在 20 多个国家开通高精度服务，总用户数超 20 亿。

十年来，我国数字技术创新能力快速提升。我国量子信息技术整体水平位居世界第一梯队，率先发射了全球首颗量子科学实验卫星"墨子号"，并建成了千公里级的量子保密通信"京沪干线"，研制出世界首台光量子计算原型机"九章"。关键核心技术创新能力大幅提升，人工智能、云计算、大数据、区块链、量子信息等新兴技术跻身全球第一梯队。芯片自主研发能力稳步提升，国产操作系统性能大幅提升，规模化推广应用加速。

数字经济发展取得重要进展

习近平总书记指出："数字经济发展速度之快、辐射范围之广、影响程度之深前所未有，正在成为重组全球要素资源、重塑全球经济结构、改变全球竞争格局的关键力量。"十年来，我国数字经济规模从 11 万亿元增长到超 45 万亿元，总体规模连续多年稳居世界第二，数字经济占国内生产总值比重由 21.6% 提升至 39.8%，对经济社会发展的引领支撑作用日益凸显。

十年来，我国数字产业化快速发展。初步构建起先进完备的信息技术产业体系，部分领域完成了跨越式发展，实现了技术发展与产业应用双轮驱动，对数字经济的支撑能力更加坚实。数字经济核心产业规模加快增长，软件业务收入从 2012 年的 2.5 万亿元增长到 2021 年的 9.6 万亿元，年均增速达 16.1%。截至 2021 年，我国工业互联网核心产业规模超过 1 万亿元，大数据产业规模达 1.3 万亿元，2012 年以来年均增速超过 30%，成为全球增速最快的云计算市场之一。信息通信业综合实力显著增强，电信业务收入从 2012 年的 1.08 万亿元增长到 2021 年的 1.47 万亿元。国产操作系统、数据库、办公软件等基础软件成熟度与国际主流产品差距明显缩小，加速从"可用"向"好用"迈进。人工智能产业发展取得积极成效，据测算，目前我国人工智能核心产业规模超 4000 亿元，企业数量超 3000 家。

十年来，**我国产业数字化进程加速**。工业互联网发展进入快车道。截至 2022 年 6 月底，我国工业企业关键工序数控化率、数字化研发设计工具普及率分别达到 55.7%、75.1%，比 2012 年分别提高 31.1 和 26.3 个百分点，工业互联网应用已覆盖 45 个国民经济大类，32 个重点平台连接设备超 7900 万台（套），服务工业企业超 160 万家。数字乡村建设稳步推进。建成世界第二大物种资源数据库和信息系统，开发"金种子育种平台"，推广农业装备数字化管理服务。服务数字化水平和能力不断提升。电子商务持续繁荣，2021 年中国实物商品网上零售额 10.8 万亿元，同比增长 12%，占社会消费品零售总额比重达 24.5%。电子商务、电子政务、远程办公、在线教育、视频直播等互联网应用全面普及，大幅提升了社会运转效率。移动支付年交易规模达 527 万亿元，新经济形态创造超过 2000 万个灵活就业岗位。

数字社会服务持续普惠便捷

习近平总书记强调："网信事业要发展，必须贯彻以人民为中心的发展思想。"十年来，我国互联网坚持以人为本，数字中国建设不仅有广度、深度，更有温度，人民的幸福感、获得感显著增强，从 2012 年到 2022 年 6 月，我国网民规模从 5.64 亿增长到 10.51 亿，互联网普及率从 42.1% 提升到 74.4%。

十年来，我国教育数字化水平持续提升。完成学校联网攻坚行动，截至 2021 年底，中小学互联网接入率达到 100%，出口带宽 100M 以上的学校比例达到 99.95%，接入无线网的学校数超 21 万所，99.5% 的中小学拥有多媒体教室。建成了全球规模最大的线上教育平台。2022 年 3 月，国家智慧教育公共服务平台正式上线，整合集成国家中小学智慧教育平台、国家职业教育智慧教育平台、国家高等教育智慧教育平台等资源服务平台和国家大学生就业服务平台。平台已连接 52.9 万所学校，面向 1844 万教师、2.91 亿在校生及广大社会学习者，汇集了基础教育课程资源 3.4 万条、职业教育在线精品课程 6628 门、高等教育优质课程 2.7 万门。

十年来，我国卫生健康数字化取得重要进展。国家全民健康信息平台初步建成，省级区域全民健康信息平台不断完善，实现各级平台联通全覆盖。截至 2021 年底，国家全民健康信息平台基本建成，所有省份、85% 的市、69% 的县建立区域全民健康信息平台。各地建立健全全员人口信息、居民电子健康档案、电子病历和基础资源等数据库，全国 7000 多家二级以上公立医院接入区域全民健康信息平台，2200 多家三级医院初步实现院内医疗服务信息互通共享。260 多个城市实现区域内医疗机构就诊"一卡通"，互联网医院达到 1700 多家。

十年来，网络帮扶作用更加彰显。实施《网络扶贫行动计划》，充分发挥互联网在助推脱贫攻坚中的重要作用，实施网络覆盖、农村电商、网络扶智、信息服务、网络公益等五大工程，历史性彻底解决贫困地区不通网的难题，网络扶贫信息服务体系基本建立。互联网应用适老化改造和信息无障碍工程加快推进，帮助老年人、残疾人等特殊群体共享信息化发展成果。APP开屏弹窗"关不掉"、"乱跳转"、强制下载软件等群众关心的热点难点问题得到有效整治，骚扰电话有效投诉及时处置率超过 99%，垃圾短信用户投诉量降至历史最低。

数字政府治理服务效能不断增强，数字化发展环境显著改善

习近平总书记强调："当今世界，信息技术创新日新月异，数字化、网络化、智能化深入发展，在推动经济社会发展、促进国家治理体系和治理能力现代化、满足人民日益增长的美好生活需要方面发挥着越来越重要的作用。"党的十八大以来，我国不断加快数字政府建设进程，持续出台多项发

展规划和法律法规，积极打造健康有序的数字化发展环境。

十年来，数字政府治理服务效能显著提升。联合国电子政务调查报告显示，我国电子政务在线服务指数排名从 2012 年全球第 78 位提升至第 9 位，企业、群众办事更加便捷高效。全国一体化政务服务平台基本建成。各级政府业务信息系统建设和应用成效显著，数据共享和开发利用取得积极进展，一体化政务服务和监管效能大幅提升，"最多跑一次""一网通办""一网统管""一网协同""接诉即办"等创新实践不断涌现，数字技术在新冠疫情防控中发挥重要支撑作用。乡村治理数字化助力强村善治，党务、村务、财务"三务"在线公开率超过 70%。乡村信息服务体系逐步健全，累计建设运营益农信息设施 46.7 万个，提供各类服务 9.8 亿人次。

十年来，我国持续构建健康有序的数字化发展环境。陆续出台《国家信息化发展战略纲要》《"十三五"国家信息化规划》《"十四五"国家信息化规划》，从国家层面部署推动信息化健康发展。针对我国信息化快速发展过程中出现的不健康、不规范的问题，我国制定实施《中华人民共和国电子商务法》《中华人民共和国反不正当竞争法》《中华人民共和国反垄断法》《优化营商环境条例》，发布《关于促进平台经济规范健康发展的指导意见》《关于加强互联网信息服务算法综合治理的指导意见》《关于强化知识产权保护的意见》，加强对电子商务、平台经济、网络算法的规范引导。

新时代数字中国建设取得的突出成就，根本在于以习近平同志为核心的党中央的坚强领导，根本在于习近平新时代中国特色社会主义思想特别是习近平总书记关于网络强国的重要思想的科学指引，在于能够始终坚持统筹推进、协同发展，坚持创新驱动、基础先行，坚持应用牵引、多方参与，坚持人民至上、惠民便民，坚持发展和安全并重。党的二十大高举旗帜、凝聚力量、团结奋进，在政治上、理论上、实践上取得了一系列重大成果，对网络强国和数字中国建设作出新的更高要求和指示，提出要加快建设网络强国、数字中国，加快发展数字经济，坚决打赢关键核心技术攻坚战等。我们要坚决贯彻落实以习近平同志为核心的党中央决策部署，坚定不移把党的二十大提出的目标任务落到实处，确保数字中国建设"潮平两岸阔，风正一帆悬"，在新时代新征程中奋力开创信息化事业发展新局面、新篇章，助力全面建设社会主义现代化强国、全面推进中华民族伟大复兴！

《中国网信》2022 年第 10 期

如何从数字经济视角理解中国式现代化道路

朱　岩

习近平总书记在党的二十大报告中强调，从现在起，中国共产党的中心任务就是团结带领全国各族人民全面建成社会主义现代化强国、实现第二个百年奋斗目标，以中国式现代化全面推进中华民族伟大复兴。中国式现代化不仅仅是中国自身发展路径的探索，也是全人类向新文明过渡的伟大尝试。近日，清华大学经济管理学院教授、清华大学互联网产业研究院院长朱岩从数字经济的视角来解读中国式现代化道路的优势。

全球市场重构过程中的中国贡献：数据成为要素

在全球市场重构过程中，中国展现了自身发展的大量新特征，尤其表现在将数据作为要素推进数据的市场化配置方面，中国基于数据要素的数字经济发展路径在全球具有引领性作用。

首先，当数据成为要素后，中国得天独厚的人口数量及经济体量所带来的海量数据成为推动中国数字经济发展的新优势。 在海量数据基础之上，我们能够创造出以数据为基本要素的大量新经济形态，这些新经济形态的体量

作者系清华大学互联网产业研究院院长，清华大学经济管理学院管理科学与工程系教授、博士生导师。

和市场规模足以支撑中国经济在未来数字化进程当中创造若干家引领全球的巨型企业，从而为全球数字化发展提供样板。当前，中国的海量数据优势也正在通过各级政府的相关规章制度和数据市场的迅速兴起而显现出来。

其次，中国提供了有利于数字经济发展的丰富应用场景，这些来自各行业的应用场景开创了人类经济发展的新空间，并逐渐成为中国在这些领域发展数字经济的新特色。无论在传统的互联网平台抑或工业经济的数字化转型平台，丰富的应用场景都展现了巨大的发展潜力和全新特征。这些特征是人类基于数据要素发展数字经济、创造数字价值的良好典范。这些数字化场景为中国经济发展注入了活力，也为全球经济带来了新的发展空间。

最后，中国在数字经济治理方面也在不断创新，陆续推出了相关的法律法规，诸如深圳、上海等城市相继发布关于数据交易的相关条例，以期不断促进数字经济发展的公平性和民主性。这是中国在发展数字经济过程中所体现出的社会责任和国际担当。中国探索出来的数字治理模式不仅为中国下一步数字经济发展奠定了基础，也为其他国家数字经济建设提供了借鉴经验。

中国式数字经济理论正在破解人类发展难题

中国式的数字经济理论正在破解人类历经农业经济、工业经济到互联网经济阶段仍然没有得到解决的一些共性问题，尤其从理论角度来看，中国推行的新型举国体制和一系列经济政策都在为人类探索和解决这些共性问题提供理论基础。

首先谈一下农业农村问题。在数字经济时代，我们通过各种金融工具和数字化手段在农产品的物质内涵之上叠加数据内涵，将其打造成为数字农产品，并在此之上运用数据对农民、农户、农业生产集体建立三级信用体系，重塑农村生产到流通的全过程。中国正在探索的基于数字技术的乡村振兴道路将会是人类的一大壮举，它将能够从根本上解决千百年来农民收入低的问题，并有望成为全球农业生产者的样板和学习目标。

再谈一下中小微企业发展问题。中小微企业的发展难题，尤其是信用问题是全球共性问题。直观来看，就是中小微企业融资难、融资贵的问题。经过多年探索，我们意识到这一问题不能仅仅依靠商业银行的信贷体系来解决，我们要打造的是与原有的主体信用体系相互补充的中小微企业的交易信用体系。2022年1月，中国银保监会办公厅印发的《关于银行业保险业数字化转型的指导意见》中明确提出积极发展产业数字金融，2022年9月，中国银保监会和中国人民银行联合印发《关于推动动产和权利融资业务健康发展的指导意见》中明确提出要加大动产和权利融资服务力度。产业数字金融和动产融资实际上都在为中小微企业提供交易信用体系的塑造之路，这将是一次由中国开创的专门服务于中小微企业的具有全球领先地位的数字金融理论创新和伟大实践。

最后谈一下全球数字治理存在的问题。中国提出了网络空间命运共同体的治理理念，这为在全球范围内打造更加公平的网络空间环境奠定了理论基础。中国正在实践的包括数字税、数字货币等手段在内的数字治理理念，能够形成全球数字空间一体化，尤其是数字空间中的权责一体化，进而为全球数字空间治理难题的破解提供理论指导。

中国式数字经济的实践正在引领人类文明的发展进程

中国提出的新基建开创了人类数字文明发展的新纪元。为建设数字经济时代的新型基础设施，中国提出要加快推进信息基础设施、融合基础设施和创新基础设施建设，搭建为数字经济发展服务的新型社会基础架构。利用新型信息基础设施孕育并支撑数字文明下的新产业、新业态、新模式，利用融合基础设施改变既有的能源、电力等设施的运营模式，为其注入数据要素并创造新的盈利方式；创新基础设施需要我们在党中央的领导下突破人类科技发展范式的限制，用新范式思考人类创新发展的新路径，在科学技术创新研究上取得更多重大突破。

中国在全球范围内较早地推出了数字人民币概念。数字货币的出现能够推动人类生产关系的变革，进而形成更加透明、民主的新型生产关系，这样的生产关系能够孕育数字生产力的发展。数字生产力及数字生产关系体系的匹配与实践也是中国政府和中国企业为全球经济发展作出的伟大贡献。

数字服务的新模式开创了人类生存的新空间，即数字空间。针对在数字空间里如何治理城市、如何发展企业、大众将如何生活等问题，中国在过去的二十年间做了大量实践工作。这些实践工作充分印证了人类应该如何利用数据要素开发数字空间。未来的城市将不仅仅是物理意义上的城市，还是数字空间中的城市，国家也不只是实体的国家，也可以是数字空间中的国家。数字中国理念的实践也将在全球起到引领作用。

全球市场重构过程中展现出的中国经济发展新特色、新理论和新实践，都充分体现了中国高质量发展的现代化道路的独特性和大国担当。相信在数字经济时代，中国能够进一步开创出更多的数字经济新理论和新实践，为中国人民乃至世界人民创造更大的价值。

人民论坛网 www.rmlt.com.cn

加快数字中国建设　构建开放共赢的数字领域国际合作新格局

赵　岩

近日，中共中央、国务院印发了《数字中国建设整体布局规划》，提出"构建开放共赢的数字领域国际合作格局""统筹谋划数字领域国际合作""高质量共建'数字丝绸之路'""拓展数字领域国际合作空间，积极参与联合国、世界贸易组织、二十国集团、亚太经合组织、金砖国家、上合组织等多边框架下的数字领域合作平台，高质量搭建数字领域开放合作新平台，积极参与数据跨境流动等相关国际规则构建"。这为我国未来打开数字领域国际合作新局面，加快构建国内国际双循环相互促进的新发展格局指明了道路和方向。

数字领域国际合作具有重要意义

习近平总书记向 2022 年世界互联网大会乌镇峰会致贺信强调："中国愿同世界各国一道，携手走出一条数字资源共建共享、数字经济活力迸发、数字治理精准高效、数字文化繁荣发展、数字安全保障有力、数字合作互利共

作者系国家工业信息安全发展研究中心主任。

赢的全球数字发展道路，加快构建网络空间命运共同体，为世界和平发展和人类文明进步贡献智慧和力量。"数字中国建设事关我国发展大局，开展数字领域全方位国际合作，是不断优化数字化发展环境的重要内容，是加快构建新发展格局的战略部署。

数字领域国际合作是践行网络空间命运共同体理念的必由之路。数字化的快速发展在给人们生产生活带来便利的同时，也给全球带来网络安全、隐私保护、数字鸿沟等一系列共同难题，抑制数字红利的充分释放，亟须通过国际合作携手共同应对。习近平总书记始终高度重视全球互联网发展，创造性提出"加快全球网络基础设施建设，促进互联互通；打造网上文化交流共享平台，促进交流互鉴；推动网络经济创新发展，促进共同繁荣；保障网络安全，促进有序发展；构建互联网治理体系，促进公平正义"。这"五点主张"，为构建网络空间命运共同体凝聚广泛共识。构建开放共赢的数字领域国际合作格局需呼吁各国在数字基础设施、数字经济、数字文化、网络安全、数字治理等方面加强国际合作，坚持多边参与、多方参与，尊重网络主权，发扬伙伴精神，有助于与全球伙伴携手构建更为紧密的网络空间命运共同体，助力构建开放型世界经济。

数字领域国际合作是培育全球发展新动能的重要举措。全球主要国际组织、国家和地区纷纷将数字化作为未来发展的战略选择。习近平总书记在二十国集团领导人第十七次峰会上指出，"合力营造开放、包容、公平、公正、非歧视的数字经济发展环境，在数字产业化、产业数字化方面推进国际合作，释放数字经济推动全球增长的潜力"。深化数字领域国际合作，有助于促进各国资源共享、技术创新、市场开拓、政策协调，破解发展不平衡问题，挖掘疫后全球经济复苏新动能，助力发展中国家实现跨越式发展。

数字领域国际合作是破解全球数字治理赤字的有力手段。当前，全球尚不具备统一规范的数字治理框架，各国在数字治理上缺少足够共识，相关规则孤立零散，无法形成有效治理模式与完整治理体系，数字治理赤字已成为人类社会共同面对的挑战。积极开展数字领域国际合作，有助于完善和维护以区域性机制为主的双多边数字经济治理机制，主动向世界提供数字治理公共产品，推动建立开放、公平、非歧视的数字营商环境，为全球数字治理提供中国方案。

准确把握数字领域国际合作的现实基础

当今世界正经历百年未有之大变局，国内外发展形势、技术能力和战略举措正在发生深刻复杂变化，我国数字领域国际合作在不断深化的同时也面临一系列新形势新挑战。

从国际环境看，数字技术快速发展呼吁国际社会加快通过合作推动数字治理体系构建。数字技术的快速发展推动基础设施、要素结构、生产关系等发生深刻变革，对国际治理规则体系提出新的要求，原有治理体系无法妥善适用，全球数字治理体系改革和建设正处在关键窗口期。当前，以二十国集团、世界贸易组织等为代表的多边合作机制，以《全面与进步跨太平洋伙伴关系协定》（CPTPP）、《区域全面经济伙伴关系协定》（RCEP）、《数字经济伙伴关系协定》（DEPA）等为代表的区域性经贸合作协定均在积极进行数字治理探索。值此变革之际，深化数字领域国际合作，积极参与到国际数字治理体系构建的进程中，已成为各国争夺数字时代经济利益再分配话语权、构筑国家竞争新优势的战略重点和大势所趋。

从战略部署看，我国数字领域国际合作多方统筹合力亟待强化。数字领域国际合作不仅仅是单纯的外交议题或数字化议题，其涉及外交、安全、通信、内容、技术等多个领域，包括政府、企业、学界、社会组织、个人等多种参与主体，强化统筹协调，形成多方合力，是做好数字领域国际合作工作的重中之重。当前，世界主要大国都在推进外交转型，统筹各种资源，实施跨领域跨部门的总体网络空间外交战略。例如，2022年4月，美国国务院宣布成立网络空间和数字政策局，统筹美国网络外交工作，实现美国网络空间安全、外交和意识形态的集中领导。随着我国综合国力和国际地位不断提升，国内国际两个大局联系互动更加紧密，面临的各种涉外局面日趋复杂，我国也亟须通过体制改革和机制创新，既调动各方积极性和创造力，又强化数字领域国际合作的集中领导，各司其职，释放潜力，形成合力，在数字领域国际合作大棋局的激烈博弈中占据主动地位。

从产业基础看，我国具备为全球数字化发展赋能的实力。我国是全球数字经济第二大国，2021年数字经济规模已达45.5万亿元，占国内生产总值比重为39.8%，已建成全球规模最大的光纤、4G网络和5G独立组网网络，企业关键工序数控化率和数字化研发工具普及率分别达到58.6%和77.0%，电子商务在网上零售额、网购人数、移动搜索规模等多个方面均位居世界第一，数字中国建设成果丰硕。多年来，我国积极参与数字领域国际合作，携手推进全球信息基础设施建设，努力为最不发达国家提供普遍、可负担得起的互联网接入以及多种数字服务，助力提升全球数字互联互通水平和数字化建设能力。深化数字经济国际合作，持续助推全球数字产业化和产业数字化进程，与国际社会携手推动构建网络空间命运共同体是我国作为数字经济大国的应尽之责。

推动数字领域国际合作打开新局面

面向未来，我们要通过倡导数字多边主义，推动双多边数字领域合作协定谈判，高质量共建"数字丝绸之路"，强化数字领域国际合作体制机制创新，不断提升全球数字规则框架的话语权和规则制定权，与各国合作伙伴共同推动形成繁荣发展的人类命运共同体，推动数字中国建设不断迈向新台阶。

一是积极参与数字领域国际规则制定。积极参与多边机制合作，加快提升我国参与数字领域国际规则制定的能力。持续推进加入《全面与进步跨太平洋伙伴关系协定》和《数字经济伙伴关系协定》进程。加快推进电子商务、数据跨境流动等相关国际规则和标准研究制定，推动由商品和要素流动型开放向规则等制度型开放转变。

二是高质量共建"数字丝绸之路"。强化与共建"一带一路"国家数字经济产业合作，帮助共建"一带一路"国家建设高质量、可持续、价格合理、包容可及的数字基础设施，共建联合实验室和技术对接合作平台。积极推动与更多国家建立双边电子商务合作机制，共同开展政策沟通、产业对接、能力建设、地方合作等务实合作，拓展"丝路电商"伙伴关系。支持平台企业推动数字经济创新并积极"走出去"，为全球用户提供服务，在国际竞争中大显身手，助推中外文化交流。

三是强化数字领域国际合作统筹协调能力。加强我国数字领域国际合作统筹协调，充分发挥企业、社会组织、专家学者、技术社团等作用，建立多层面协同、多平台支撑、多主体参与的数字领域国际交流合作体系，从技术、产业、外交、安全、内容等方面，全面推进国内国际网络空间协同治理，贡献更多中国智慧和中国方案。

《中国网信》2023 年第 3 期

02

二、夯实数字中国建设基础

《数字中国建设整体布局规划》指出，要夯实数字中国建设基础。

一是打通数字基础设施大动脉。加快 5G 网络与千兆光网协同建设，深入推进 IPv6 规模部署和应用，推进移动物联网全面发展，大力推进北斗规模应用。系统优化算力基础设施布局，促进东西部算力高效互补和协同联动，引导通用数据中心、超算中心、智能计算中心、边缘数据中心等合理梯次布局。整体提升应用基础设施水平，加强传统基础设施数字化、智能化改造。

二是畅通数据资源大循环。构建国家数据管理体制机制，健全各级数据统筹管理机构。推动公共数据汇聚利用，建设公共卫生、科技、教育等重要领域国家数据资源库。释放商业数据价值潜能，加快建立数据产权制度，开展数据资产计价研究，建立数据要素按价值贡献参与分配机制。

IPv6+ 网络创新体系发展布局

田 辉 关旭迎 邬贺铨

互联网是国民经济和社会发展的重要基础设施。当前，在全球范围内，以 5G、云计算为代表的新一轮科技革命和产业变革蓬勃兴起，推动了互联网通信模式从人与人通信向物与物通信以及人机交互模式转变，这需要互联网更加弹性、高效、可靠、安全。具体来说，互联网应满足以下需求：

（1）海量连接扩展需求。随着移动互联网、工业互联网、物联网等业务发展，海量异构终端将会接入互联网，这要求网络在具备海量接入能力的同时，还能够保证带宽、时延、抖动等指标要求，并尽量减少与业务特性无关的限制。

（2）灵活流量疏导需求。一方面，在互联网时代，业务流量的爆发式增长已是必然趋势；另一方面，云网融合推动网络流量从南北向传输向东西向流量传输发展，这需要网络具备灵活疏导、智能调度等能力。

（3）便捷网络服务需求。从云的视角来看，计算、存储、网络等功能都要实现便捷的服务化。网络服务化是云网融合对网络连接能力的内

田辉系中国信息通信研究院技术与标准所互联网中心主任；关旭迎系中国移动通信集团有限公司研究院物联网技术与应用研究所研究员；邬贺铨系中国工程院院士，曾任中国工程院副院长，现任推进 IPv6 规模部署专家委员会主任。

在要求，基本内涵包括简化接口、自动化部署、路由可编程、故障快速闭环等。

（4）个性化服务质量需求。智能制造、交通、物流等垂直行业数字化转型，对承载网络提出毫秒级时延和100%可靠性保障等极致服务要求。而传统网络只提供尽力而为服务，不能满足行业差异化和定制化需求。

（5）可信安全保障需求。产业在实现数字化发展的同时也存在新的安全风险，如云服务的虚拟化、数据开放化、松耦合的架构等。而原有的安全防护手段已不适用，因此有必要重建多维度、多领域的信任网络安全架构。

一、IPv6+ 网络创新体系

近年来，世界主要国家纷纷加强对网络演进创新领域的战略部署，力争在新一轮技术和产业竞争中占据优势。以互联网工程任务组（IETF）、欧洲电信标准化协会（ETSI）、国际电信联盟（ITU）为代表的国际标准组织，不断扩大研究范围，持续开展新型网络技术的研究和探索。中国也高度关注并重视网络创新演进发展，2017 年中共中央办公厅、国务院办公厅联合发布《推进互联网协议第六版（IPv6）规模部署行动计划》，明确了中国 IPv6 规模部署的总体目标、路线图、时间表和重点任务，提出了"强化网络前沿技术创新""布局下一代互联网顶层设计""构建自主技术产业生态"等重点任务。经过 4 年多的发展，中国建成了全球最大规模的 IPv6 网络，典型应用和特色应用不断增多，IPv6 规模部署取得了显著成效，已具备开展网络创新的坚实基础。2019 年，推进 IPv6 规模部署专家委员会指导成立了 IPv6+ 创新推进组，提出打造 IPv6+ 网络创新体系的战略发展目标，确定用 10 年左右的时间，以推进 IPv6 规模部署国家战略为契机，建立可演进创新、可增量部署的 IPv6+ 网络技术创新体系，引领中国

IPv6+ 核心技术、产业能力及应用生态实现突破性发展，并提供以 IPv6+ 系列标准为代表的网络演进创新中国方案，打造赋能数字化转型发展的新型基础设施。

（一）概念内涵

IPv6+ 是基于 IPv6 的下一代互联网的升级，是对现有 IPv6 技术的增强，是推动技术进步、效率提升，面向新一轮科技革命和产业变革的互联网创新技术体系。基于 IPv6 技术体系再完善、核心技术再创新、网络能力再提升、产业生态再升级，IPv6+ 可以实现更加开放活跃的技术与业务创新、更加高效灵活的组网与业务服务提供、更加优异的性能与用户体验，以及更加智能可靠的运维与安全保障。

IPv6+ 核心技术创新内容包括 3 个方面。一是在 IPv6 基础上进行路由转发协议及其功能的增强、完善，例如 IPv6 分段路由、新型组播技术等；二是 IPv6 与其他技术的融合应用，例如 IPv6 与人工智能、软件定义网络等技术融合形成的网络层切片、确定性转发等；三是基于 IPv6 开展的网络技术体系创新，例如确定性转发、随流检测和应用感知网络等。

除了上述核心技术创新之外，IPv6+ 还将以网络故障发现、故障识别、网络自愈、自动调优等为代表的智能运维创新作为发展目标，同时将以 5G 面向企业用户（ToB）、云网融合、用户上云、网安联动等为代表的商业模式创新作为典型融合应用场景。

（二）外沿关系

业界普遍认为 IPv6 不是下一代互联网的全部，而是下一代互联网创新发展的起点和平台。IPv6+ 正是基于 IPv6 网络技术体系的全面能力升级。借助海量地址和其他重要特性，IPv6 成为万物互联的网络基础。IPv6+ 的技术体系得到了全面升级，可以满足数字化转型的多样化承载需求，它必将推动万物互联走向万物智联。当前以 IPv4/IPv6 为代表的网络技术体系促进了消费互联网的繁荣，下一步 IPv6+ 可以全面升级网络信息基础设施，必将满足千行百业数字化、网络化和智能化转型发展需求。

从代际演进的角度来看，IPv6+ 是面向 5G 和云时代的网络体系创新，是数字化时代的信息基础设施"底座"。未来网络则是以人类可持续发展为目标，解决社会、经济和环境可持续发展问题的信息基础设施，是未来人类社会的"基石"。如果说 IPv6+ 着重关注中近期网络演进创新，那么未来网络的目标则被定位为远期发展。可以预见，IPv6+ 与未来网络将持续接力，不断提升网络服务能力，全面支撑社会可持续发展。

（三）关键技术布局

网络技术体系方面的创新具体包括：面向 5G 承载、云网融合以及产业互联网提出的泛在、多元、弹性、高效、可靠、可信的承载需求，并基于 IPv6 开展协议创新，研究多样灵活的分段路由控制机制，实现业务的快速开通、跨域互通、业务隔离、可靠保护；研究简化控制的网络编程机制，以提高协议运行效率，减少协议开销，降低维护复杂度；研究泛在连接的差异化服务级别协议（SLA）技术，提供有时延、抖动、丢包边界保障的确定性能力；研究大规模网络层切片技术，提供可交付、可测量、可度量、可计费的切片服务；研究带内遥测的随路测量技术，支持异构网络扩展、轻量开销、协议健壮的网络状态数据采集；研究应用特征的网络感知机制，根据用户、业务以及性能参数要求，进行无缝融合、后向兼容、可扩展性、无状态依赖的精细化运营。IPv6+ 网络创新体系技术布局如图 1 所示。

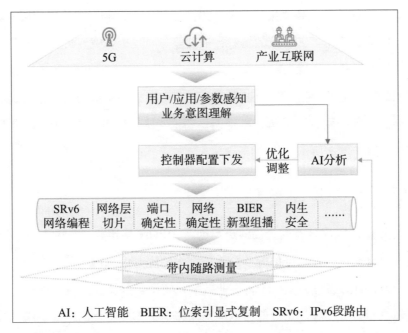

图 1 IPv6+ 创新体系技术布局

智能运维体系方面的创新具体包括：针对网络长期处于人工为主、半自动运维为辅，且对网络运行状态缺乏感知的现状，研究在 IPv6+ 网络体系中以数据为核心、构建物理网络的数字孪生，支持基于模型驱动的网络服务创新；研究网络能力开放编程技术，将高度抽象的网络服务接口化，向用户业务开放，使用户能像调用计算和存储资源一样方便地调用网络资源；研究在运维体系中引入人工智能技术，开展智能网络资源编排、流量预测分析、网络信息安全、用户行为分析，实现被动运维到主动运维的转变；研究网络故障智能发现、识别、定界的优化闭环技术，使能自动、自优、自愈、自治的自动驾驶网络。

网络商业模式方面的创新具体包括借助 IPv6+ 路径可规划、业务速开通、运维自动化、质量可视化、SLA 可保障、应用可感知的特性，开展 5G、云计算及产业互联网融合应用场景创新，并研究 5G 园区海量终端延伸到云端的场景，实现业务的高速接入、分片隔离、快速上云和业务质量保障；研究企业不同业务使用多云连接的场景，根据业务时延、带宽、可靠性等要求灵活选择网络路径，实现云网资源的统一调度；研究工业互联网全 IP 化场景需求，构建连接工业园区、工业云平台、工业内网的高质量网络设施，确保业务不绕路、不断网、不丢包、不延误，满足确定性服务需求。IPv6+ 典型融合应用场景如图 2 所示。

（四）能力纬度

基于 IPv6 技术体系的全面演进与创新，IPv6+ 从超宽、广联接、确定性、低时延、自动化、安全可信等 6 个维度，大幅提升信息网络基础设施的整体服务能力，这必将有力支撑千行百业数字化转型与创新。

超宽能力持续释放宽带能力以应对未来业务不确定性的挑战。端到端高速连接覆盖从接入网络、骨干网到数据中心网络，承载千亿联接和万物上云的数字洪流。

广联接能力提供灵活多业务承载和网络服务化能力。利用网络编程技术，该能力实现端到端流量调度、协议简化和用户体验保障，满足多业务融合承载体验需求。

确定性能力为网络提供可预期的确定性体验。该能力可以利用网络切片技术提供高安全、高可靠、可预期的网络环境，实现微秒级抖动，并可利用无损网络技术实现数据中心零丢包。

低时延能力提供人与虚拟世界实时交互的沉浸式体验。在该能力的支持下，园区网络端到端时延达到毫秒级，数据中心网络端网协同时延达到微秒级。

自动化能力使能自动、自愈、自优、自治的自动驾驶网络。该技术结合人工智能、随流检测、知识图谱等关键技术可以实现异常智能分析，将故障恢复时间从小时级缩短到分钟级。

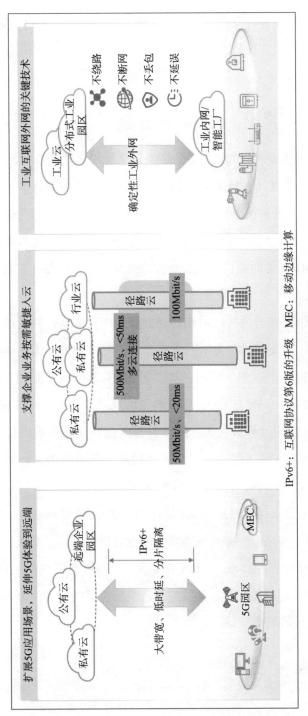

IPv6+：互联网协议第6版的升级 MEC：移动边缘计算

图 2 IPv6+ 典型融合应用场景

安全可信能力为网络打造内生安全体验。对所有访问进行认证和鉴权，限制最小访问权限。基于云网一体威胁协同处置，实现从小时级到分钟级的威胁遏制。

（五）发展路径

IPv6+ 技术体系演进大致划分为 3 个发展阶段，具体如图 3 所示。

IPv6+1.0：重点开展技术体系创新，构建网络开放编程能力，通过发展基于 IPv6 转发平面的段路由（SRv6）实现对传统多协议标记交换（MPLS）、网络基础特性（虚拟专用网）、尽力而为业务（BE）、流量工程（TE）和快速重路由（FRR）等的替代，实现业务快速发放、灵活路径控制，利用自身的优势来简化 IPv6 网络的业务部署。

IPv6+2.0：重点通过智能运维创新，提升用户体验，并通过发展网络切片/随流检测/新型组播/无损网络等技术，提升算力，优化体验。该阶段需要发展面向 5G 和云的新应用，如面向 5G ToB 的行业使能、云虚拟现实（VR）/增强现实（AR）、工业互联网，以及基于数据/计算密集型业务，如大数据、高性能计算、人工智能计算等。这些应用体验的提升需要引入一系列新的创新，包括但不局限于网络切片、随流检测、新型组播和无损网络等。

IPv6+3.0：重点通过商业模式创新，发展应用驱动网络。一方面，随着云和网络的进一步融合，需要在两者之间设置更多的信息交互，也需要将网络能力更加开放地提供给云来实现应用感知和即时调用；另一方面，随着多云的部署加速，网络需要更加开放的多云服务化架构来实现跨云协同和业务的快速统一发放和智能运维。

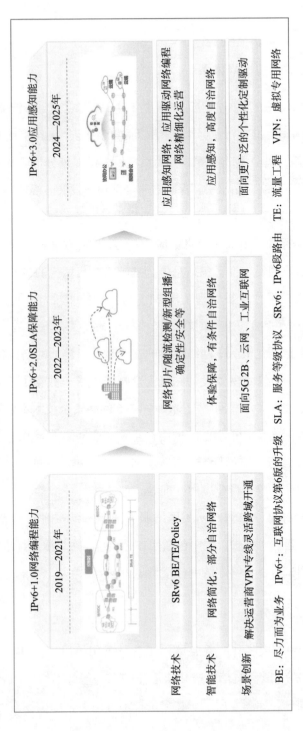

图 3　IPv6+ 体系发展路径

	IPv6+1.0网络编程能力	IPv6+2.0SLA保障能力	IPv6+3.0应用感知能力
	2019—2021年	2022—2023年	2024—2025年
网络技术	SRv6 BE/TE/Policy	网络切片，随流检测，新型组播/确定性安全等	应用感知网络，应用驱动网络编程网络精细化运营
智能技术	网络简化，部分自治网络	体验保障，有条件自治网络	应用感知，高度自治网络
场景创新	解决运营商VPN专线灵活跨域开通	面向5G2B、云网、工业互联网	面向更广泛的个性化定制驱动

BE：尽力而为业务　IPv6+：互联网协议第6版的升级　SLA：服务等级协议　SRv6：IPv6段路由　TE：流量工程　VPN：虚拟专用网络

二、IPv6+ 标准工作进展

（一）国家/行业标准体系

2021年，中国通信标准化协会牵头成立了IPv6标准工作组，汇聚各方力量，统筹推进IPv6国家标准、行业标准和团体标准的制定。工作组计划用5年时间形成较为完善的IPv6+标准体系，并持续提升标准对细分行业及领域的覆盖程度，提高跨行业网络应用水平，保障数字经济快速发展。规划中的IPv6+标准体系包括基础创新类、网络安全类、行业应用类、监测评价类标准。

基础创新类标准是IPv6+网络适应5G、云等应用发展，发挥价值的基础性、指导性和通用性标准，包括总体、基础特性与增强的技术规范、关键业务的技术规范、操作维护管理（OAM）与保护技术规范、传统承载与云网融合技术规范、网络应用感知技术规范等。

网络安全类标准是IPv6+网络基础的安全基石，包括网络设备通用安全技术要求、骨干/边缘路由器设备网络安全技术要求、数据中心/园区交换机设备网络安全技术要求、网络安全设备IPv6网络安全技术要求等。

行业应用类标准是IPv6/IPv6+网络在主要产业网络部署落地的指南和规范，主要包括金融行业应用标准、能源行业应用标准、交通行业应用标准、教育行业应用标准、政务行业应用标准等。

监测评价类标准是IPv6/IPv6+网络服务质量的统一评价规范，指导着IPv6网络建设、运行、维护，主要包括用户、流量、网络浓度标准测试方法、应用浓度标准测试方法、终端浓度标准测试方法等。

（二）国际标准分布

IPv6+标准的相关工作正在互联网工程任务组（IETF）、电气与电子工程师协会（IEEE）、欧洲电信标准化协会（ETSI）等标准组织中有条不紊地展开，国际标准分布如图4所示。在多个技术方向上，中国标准已经与国际

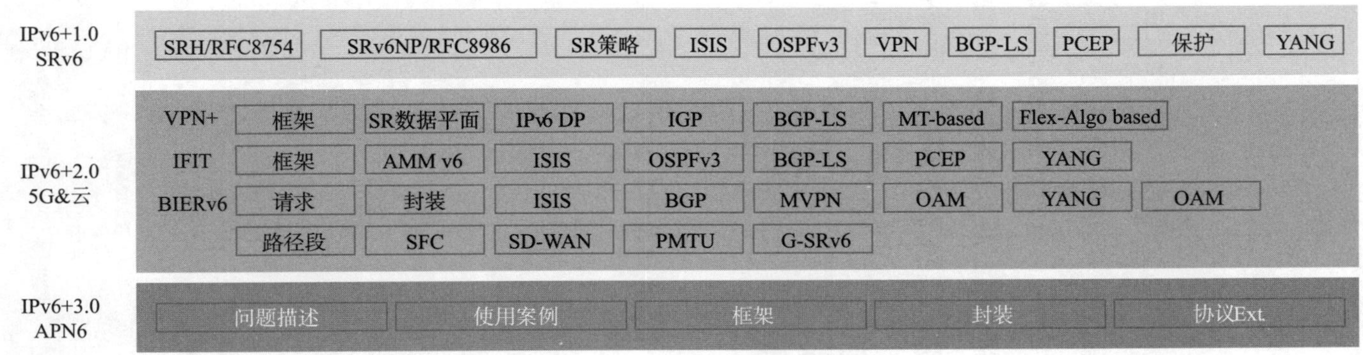

IPv6+1.0 SRv6	SRH/RFC8754	SRv6NP/RFC8986	SR策略	ISIS	OSPFv3	VPN	BGP-LS	PCEP	保护	YANG
	VPN+	框架	SR数据平面	IPv6 DP	IGP	BGP-LS	MT-based	Flex-Algo based		
	IFIT	框架	AMM v6	ISIS	OSPFv3	BGP-LS	PCEP	YANG		
	BIERv6	请求	封装	ISIS	BGP	MVPN	OAM	YANG		
		路径段	SFC	SD-WAN	PMTU	G-SRv6		OAM		

| IPv6+2.0 5G&云 | | | 使用案例 | | 框架 | | 封装 | | | |

| IPv6+3.0 APN6 | | | 问题描述 | | | | 协议Ext | | | |

AMM: 交替标记方法
APN6: 基于IPv6的应用感知网络框架
BGP-LS: 边界网关协议–链路状态
BIER: 位索引显式复制
Flex-Algo based: 基于灵活路由机制
IFIT: 随流信息检测

IGP: 内部网关协议
IPv6: 互联网协议第6版
ISIS: 链路状态路由协议
MT-based: 基于多拓扑机制
MVPN: 组播虚拟专用网
OAM: 操作维护管理

OSPF: 开放式最短路径优先
PCEP: 路径计算单元通信协议
PMTU: 路径最大传输单元
RFC: 请求评议
SD-WAN: 软件定义广域网
SFC: 服务功能链

SR: 分段路由
SRH: 分段路由头
SRv6: IPv6段路由
VPN: 虚拟专用网络
YANG: (网络配置管理)数据建模语言

图 4 IPv6+ 国际标准分布

标准呈现齐头并进的态势，特别是一些与新应用、新场景结合紧密的方向上，中国标准创新已经走在世界前沿。

三、结束语

加快 IPv6+ 技术创新、产业发展和应用部署，有利于重塑中国互联网创新体系，激发创新活力，培育新兴业态。这对打造 IPv6 规模部署、应用高质量发展新优势、加快互联网演进升级、助力经济提质增效具有重要意义。下一步，建议相关部门强化政策引导，统筹各方力量，完善 IPv6+ 技术体系顶层设计，并围绕 IPv6+ 关键技术、核心产品及解决方案等加强测试验证、试点示范，提升创新成果转化水平，增强自主创新能力，形成中国在网络技术演进创新领域的先发优势。

《中兴通讯技术》2022 年 2 月第 28 卷第 1 期

打通数字基础设施大动脉　加快建设数字中国

何　伟　肖荣美

党的二十大报告提出"加快建设制造强国、质量强国、航天强国、交通强国、网络强国、数字中国"。数字基础设施作为数字中国建设的重要内容，在支撑各行业数字化、网络化、智能化发展，助力推进中国式现代化方面发挥重要作用。中共中央、国务院印发《数字中国建设整体布局规划》（以下简称《规划》），提出"要夯实数字中国建设基础""打通数字基础设施大动脉"，对网络基础设施、算力基础设施、应用基础设施进行布局，为系统推进数字基础设施建设提供遵循。

数字基础设施是加快建设数字中国的底盘支撑

数字基础设施是推动我国经济社会高质量发展的战略基石，是生产方式、生活方式和治理方式数字化变革的基础支撑。加快打造全球领先的数字基础设施，将为加快建设网络强国、数字中国提供战略支撑，从而更好地发挥数字时代推进中国式现代化的重要引擎作用。

数字基础设施加快生产方式变革，助力"数实融合"进程。当前，数字

何伟系中国信息通信研究院副总工程师；肖荣美系中国信息通信研究院政策与经济研究所副所长。

基础设施已深度融入我国新型工业化发展，以工业互联网为代表的基础设施已全面融入 45 个国民经济大类领域，重点行业的网络、算力、数据等基础设施正加快改造升级。数字基础设施加快赋能传统农业，全国建设运营益农信息设施 46.7 万个，装备北斗导航设备作业面积超过 6000 万亩，精准作业、产品溯源、数字化管理等新模式加快推广普及，物联网、机器人在农业生产加工各环节得到深度融合应用。数字基础设施有力保障数字消费升级，涌现出直播电商等一批网络消费新业态新模式。在数字基础设施的广覆盖支撑下，2022 年全国网上零售额达 13.79 万亿元，重点监测电商平台累计直播场次超 1.2 亿场。此外，数字基础设施的规模部署正形成全新的创新环境，推动大数据、人工智能、数字孪生等新技术与现有产业深入融合，创造 C2M（用户直连制造）、非接触服务等新模式，催生 AIGC（人工智能自动生成内容）、计算即服务等新业态，为经济发展注入新的驱动力量。

数字基础设施加快生活方式变革，提升公共服务均衡性可及性。数字基础设施与数字技术正全面融入公共服务、社会运行和日常生活，显著提升数字社会服务均衡普惠性。近年来，我国提速降费成效显著，国际电信联盟（ITU）报告显示，我国固定宽带价格占人均 GDP 比例为 0.5%，远低于全球平均水平（3.5%），为数字公共服务切实触达全域全民提供了先决条件。2022 年，全国累计 51.2 万个行政村全面实现"村村通宽带"，5G 网络覆盖全国所有县城城区以及 92% 的乡镇镇区，远程医疗协作网络覆盖全国所有地市和国家级贫困县县级医院，为数字民生服务惠及全民创造了有利条件。

数字基础设施促进治理方式变革，支撑构建现代化政府治理体系。数字基础设施有力支撑政务运行与社会治理网络化协同、一体化运行，助力构建横纵联动的现代化政府治理体系。《2022 联合国电子政务调查报告》显示，我国电子政务排名从 2012 年第 78 位上升至 2022 年第 43 位，成为全球增幅最高的国家之一。政务网、政务云加速融通整合，国家电子政务外网实现县级以上行政区域 100% 覆盖、乡镇覆盖率达到 96.1%；政务云平台实现省级 100% 覆盖、地级市覆盖率超过 70%，有力支撑保障了各地政务服务"一网通办"、政府运行"一网协同"建设。目前，我国移动物联网连接数达到 18.45 亿户，占全球总连接数的 70% 以上，成为全球主要经济体中率先实现"物超人"的国家。基于物联网等数字技术的智能化改造，交通、能源、水利、城乡等领域应用基础设施升级建设成为数字基础设施建设热点，为"一网统管"提供了先决条件。

加快数字基础设施全链条升级跃迁

面向数字中国建设 2025、2035 年发展目标，在数字基础设施方面需进一步强化系统谋划、整体部署，结合不同设施技术特点、适用场景和需求趋势，适度超前、因地制宜部署建设数字基础设施，推进网络、算力、应用基础设施全链条升级、协同化发展，夯实数字中国底座。

适度超前建设"高品质"网络基础设施。网络基础设施是连接用户、数据、计算和应用服务的桥梁纽带。我国网络基础设施建设规模已进入全球领先方阵，但在网络协同创新发展、空天地海设施建设、关键核心技术发展等方面需要进一步加强现网能力升级、架构优化和前瞻布局。要全面推进 5G 网络和千兆光网建设部署与协同应用，加快建立 NB-IoT、LTECat1、5G 协同发展的移动物联网体系。深入推进 IPv6 规模部署和应用创新实践。加快国际通信海缆建设，持续推动国家互联网骨干直联点和新型互联网交换中心优化布局。推进北斗规模应用，加强卫星频率和轨道资源的统筹规划，加强网络绿色化节能技术研发与实践。

系统优化配置"高效能"算力基础设施。算力基础设施是支撑数字中国建设的战略性资源。在科学计算、行业应用和社会生活等多元化算力需求拉动下，我国算力基础设施建设能级达到世界领先水平，数据中心机架总规模超过 650 万标准机架，超算数量和超算规模位列全球前三，但在算网协同、绿色节能等方面有待进一步提升。要统筹深入实施全国一体化大数据中心体系建设工程，引导通用数据中心、超算中心、边缘数据中心等按需合理梯次布局，尽快完善算网协同布局、调度机制和一体化算力服务体系，提升国家数据中心集群的网络节点等级，促进东西部算力高效互补和协同联动。要紧扣经济社会全面智能化转型升级趋势，适度超前部署智能计算中心服务体系，提高人工智能算力与算法协同服务水平。要深化数据中心与绿色能源布局的协同联动，加强数据中心集群和配套可再生能源电站一体化设计，鼓励数据中心节能降碳、异构算力融合、云网融合、多云调度等技术创新和模式创新，引导数据中心绿色化发展。

加快建设运营"高融合"应用基础设施。应用基础设施重点包括面向重要行业的通用性、基础性和公共性支撑平台等，是支撑数字中国建设的新形态基础设施。近年来，我国应用基础设施蓬勃发展，但在互联共享、标准规范、商业模式等方面仍有待提升，地域和行业"碎片化""孤岛化"问题还需进一步解决。要加快建设政务、工业、农业等重点行业应用基础设施，构建"数云网端"一体融合的政务基础设施，加快工业互联网和农业物联网示范推广，深化人工智能基础设施建设，加强融合应用与场景创新，全方位赋能经济社会数字化转型。要加强水电气热等传统基础设施数字化、智能化改造，建设城市道路、建筑和公共设施融合感知体系，增强公共设施的信息采集、传输和处理能力。

完善数字基础设施发展环境

我国已建成全球规模最大、技术领先、性能优越的数字基础设施，但在建运衔接、供需衔接、区域协同、条块协同等方面仍存在一些亟待解决的问题，需进一步统一思想认识，健全数字基础设施全生命周期要素保障机制，创造可持续的数字基础设施建设发展环境。

探索"投建运"一体化模式创新。数字基础设施存在资金不足、热建冷用、建运脱节等问题，需要健全完善数字基础设施建设运营体系，充分发挥龙头企业和社会资本的"投建运"全产业链优势。一是要持续创新投资模式，拓展资金投入和权益类融资渠道，将公益性数字基础设施纳入政府采购公共服务产品范畴，形成全社会共同参与、合作共赢的多渠道资金保障机制。二是要优化数字基础设施前台运营体系，加强需求调研、市场规划预测和业务产品创新、商业模式探索。三是要探索"运维联合体"新模式，重点强化应用基础设施运维资源统筹协作力度，提升规模效应。

打造供给与需求协同发展生态。统筹兼顾需求与发展，围绕智能制造、民生服务、社会治理等重点领域，加强供给侧技术研发和需求侧场景创新。一方面，要建立健全自主可控、安全稳定的技术研发和应用创新供应链，加强数字基础设施关键核心技术协同攻关和技术创新；另一方面，要不断丰富数字基础设施的应用场景和商业模式，积极发挥5G"绽放杯"、千兆光网"光华杯"应用创新大赛等平台作用，促进数字基础设施建设与垂直应用场景的创新融合，形成场景需求牵引与数字基建多元供给的协同生态。

优化"全国一盘棋"建设布局。数字基础设施要避免地域、部门、行业壁垒和城乡区域失衡，需要加强数字基础设施的跨地区统筹协调、跨行业跨领域融合共建。加强通用数据中心、智能计算中心等的全国统筹规划，加强车联网、算力网络等互联互通标准化建设，统筹引导欠发达地区合理部署宽带网络、边缘云等数字基础设施，缩小城乡区域和社会群体间的数字鸿沟。

完善"条块协同"要素保障机制。强化资源要素统筹保障，动态优化调整数字基础设施建设和管理政策，将数字基础设施建设纳入国土空间规划。加强城乡区域数字基础设施的协同部署，优化用地、用海、用能等要素指标供给和分配机制，加大公共场所资源共建共享力度，妥善推动降低公共资源租赁使用成本。各地要加强属地数字基础设施建设管理部门协作联动，探索综合论证、联合审批、绿色通道等项目建设管理新模式，加强数字基础设施建设项目全生命周期管理。

《中国网信》2023 年第 3 期

数字基础设施

——数字化生产生活新图景

刘 松

基础设施，是指为社会生产和居民生活提供公共服务的物质工程设施，包括交通、邮政、供水供电等领域的公共设施。数字基础设施的提出，其背景是新一代信息通信技术蓬勃发展。像水、电、公路一样，数字信息已成为生产生活必备要素。具体来说，数字基础设施主要包括信息基础设施和对物理基础设施的数字化改造两部分。

数字基础设施是立足当下、面向未来的新型基础建设。它顺应网络化、数字化、智能化的社会发展趋势，为人类未来新的生产生活方式提供平台和保障。在这一新型平台之上，人类生活、产业格局、经济发展、社会治理、文化生态都将翻开崭新一页。

在数字基础设施之上展开生产生活新图景

设想 10 年后，当全社会实现大规模数字化时，整个社会基础设施的存

作者系工业互联网产业联盟副理事长。

在形态、建设方式、运营方式和典型特征都将发生根本性改变。数字化将成为人与人、人与物、物与物交互的重要形态。这是我们思考数字基础设施的起点。

从技术层面看，当前数字基础设施主要涉及 5G、数据中心、云计算、人工智能、物联网、区块链等新一代信息通信技术，以及基于上述数字技术而形成的各类数字平台。购物、娱乐、出行、政务等各类数字平台，是数字商业、产业数字化、数字政务的基础设施。此外，传统物理基础设施，经过数字化改造，正在形成融合基础设施。3D 打印、智能机器人、AR 眼镜、自动驾驶等新型应用科技，则将把数字基础设施延伸到整个物理世界。一个全新的技术图景正在构建之中。

数字基础设施是新型基础设施，会在物理世界之上孕育出新价值网络和新服务体系、新"物种"和新业态。比如，工业互联网里的 C2M（从消费者到制造商），可以实时把消费者需求传递给生产侧——数字基础设施不仅赋能供给侧与需求侧，还使供需两侧形成双螺旋的持续互动，从而大幅度提升全要素的经济效率。

升级云数据中心，融合关键技术，让数据"跑"起来

"新一代云数据中心"不同于传统的"物理机房"。后者损耗大，但难以提供真正意义上的大规模计算服务。前者依照新一代云计算标准建设，可以为社会提供源源不断的云服务，即通过服务器、存储、软件、网络、安全等软硬件设备的一体化，根据用户需求提供弹性颇高的服务，高效支持数字经济发展和产业数字化变革。

云计算具有巨大的规模化效应以及按需计费、灵活弹性等特性，已经成为数字经济时代的创新中心和能力底座。承载大数据、人工智能、物联网，区块链等技术的云计算，依托算力、数据、算法这三个关键要素，与 5G、

新一代自动化技术聚合发展，产生聚变效应和辐射效应，是推动物理世界数字化转型、传统企业上云、各行各业数字化转型升级的数字基础设施。"一切智能即服务"。人工智能作用也将日益凸显，加速关键技术的融合发展。5G 将大幅度增加实时处理、现场处理、虚实融合的数据需求。物联网则通过各类网络接入，实现物与物、物与人的泛在连接，实现对物品和过程的智能化感知、识别和管理。在这个过程中，"物"将变得更具智能。物联网带来的"万物上云"和"物"的数字化、5G 驱动下消费互联网和产业互联网的加速增长，都将创造前所未有的数据量，数据维度、价值密度也会前所未有的丰富，进而对大数据计算、存储、分析和利用的技术和应用提出更高要求。简言之，云计算底座承载大数据处理和人工智能算法，通过 5G 触达个人的智能端，完成云网端一体的大闭环，共同构成一个万物智能的世界。

需要强调的是，数据要想创造价值，必须在广义的互联网上"跑"起来。"要想富，先修路"。数字基础设施的目标是为数据流动修通"信息高速公路"，为数据安全有序流动建章立制、保驾护航，让数据的"路"畅通起来。2020 年 3 月发布的《中共中央国务院关于构建更加完善的要素市场化配置体制机制的意见》，提出加快培育数据要素市场，"推进政府数据开放共享"，"提升社会数据资源价值"，"加强数据资源整合和安全保护"。中国是数据资源和应用场景最为丰富的国家之一。在防控新冠疫情中，人工智能技术在疑似病例探索和辅助诊断过程中积极发挥作用，为人工智能在医疗领域的应用打开新的突破口。

作为新一代数字技术集大成者，工业互联网不断迭代升级

工业互联网作为数字基础设施，其本质是以数据为驱动，化解数字时代的复杂问题。即利用数据进行信息交换与传递、洞察生产与商业运行规律、驱动全价值链和网络化协同，产生新价值、新模式、新业态和新产业。

作为新一代数字技术集大成者，工业互联网是数字技术与传统工业技术的"叠加"与"融合"。未来，每一件产品、每一台设备、每一条生产线、每一座工厂都将实现数据化，并实时映射到数字世界，形成物理世界和数字世界的"双生子"。数字世界将利用数据、算力、算法与模型，对物理世界发生的行为进行描述、分析、诊断、决策，从而以最低的试错风险和成本，指导物理世界的生产运营。例如，借助大数据与人工智能技术，钢铁企业可以有效降低铁的损耗，每年节省成本上千万元。

未来，工业互联网在技术、架构、模式、生态等方面都将升级、迭代或是重构。工业互联网发展将呈现以下主要特征：第一，工业互联网与消费互联网将形成双轮驱动、横向耦合，最终达到供给侧平衡。例如 C2M 模式，可有效将消费端数据注入供给侧，帮助制造企业实现以销定产，同时打通金融、物流等消费端资源，整体赋能中小制造企业"端到端"的转型。第二，更多制造企业将启动数字中台战略，快速响应前端业务变化。第三，打造"共生、共赢"生态体系。工业互联网平台建设是复杂又漫长的系统工程，涉及众多学科、技术与人才。只有相互信任、相互成就，才能构建一个共生、利他的生态系统，从而产生巨大的协同效应。

城市大脑为政府数字化转型提供重要路径和方法

推进国家治理体系和治理能力现代化，需以城市治理水平的提升为基础。城市大脑是提升城市治理水平的重要基础设施。运用大数据、云计算、区块链、人工智能等前沿技术，可推动城市管理手段、管理模式、管理理念的创新。从数字化到智能化再到智慧化，是城市治理体系和治理能力现代化的必由之路，前景广阔。

城市大脑为政府数字化转型提供重要路径和方法。数字化治理目标是全社会的数据互通、数字化的全面协同与跨部门的流程再造。城市大脑核心由中枢系统、系统、平台和数字驾驶舱组成，通过云数据中心底座输出相关能力，推动社会治理、经济发展、民生服务的场景化应用。健康码就是基于城市大脑的创新应用。2020 年 2 月 11 日，杭州推出全国首个健康码。很快，健康码在浙江全省各市上线，并向全国推广，成为科学防控疫情、方便居民生活、有序推动复工复产的抓手。

在传统基础设施逐步完备的基础上，如果我们能在数字基础设施建设上走在前面，将有力助推中国经济的跨越式发展和可持续发展，创造经济发展新动能、新变革，提升国家总体实力。同时，我们也要看到数字经济时代的问题和挑战。一方面，要避免"重建设、轻运营；重硬件、轻软件"，防止重复投资。另一方面，因应日益复杂的国际环境、全球产业链疏离的风险、新科技应用的科技伦理等问题，数字基础设施建设应坚持开放的科技创新生态，积极加强国际科研合作。同时，创新投资模式，积极构建数字新基建生态，让技术的红利服务于高质量发展、可持续发展的大目标。

不断更新的制造业技术、不断发展的数字技术，以及数字应用环境下群众的广泛参与，为数字化升级带来巨大发展机遇。以未来眼光看待数字基础设施建设新浪潮，抓住机遇，未来可期。

《人民日报》(2020 年 04 月 28 日 20 版)

构建适应中国式现代化的"数据发展主义"

傅建平

如何发挥数据要素作用？各国采取了不同立场，如美国"数据自由主义"、欧盟"数据保守主义"。本文尝试阐释构建适应中国式现代化的"数据发展主义"基本立场和策略，通过把握数据"六大特性"，树立数据治理"六大思维"，处理好数据要素化"十大关系"，更好发挥数据要素作用，走出一条中国式数据治理与高质量发展之路。

一、"数据发展主义"的内涵初定

无论美国"数据自由主义"或者欧盟"数据保守主义"，都不适合我国国情和发展实际，只有构建适应中国式现代化的"数据发展主义"，才能更好发挥数据要素作用，实现高质量发展，构筑国家数字竞争新优势。数据发展主义的基本内涵是集中统一领导的数据发展主义，是面向人口规模巨大的数据发展主义，是促进全体人民共同富裕的数据发展主义，是促进物质文明和精神文明相协调的数据发展主义，是促进人与自然和谐共生的数据发展主义，是促进走和平发展道路的数据发展主义。

作者系广东数字政府研究院副院长。

二、把握数据"六大特性"

从哲学上讲，数据是一切客观对象含义的记录，是客观对象的"虚化"存在方式，是与物质"客观实在"不同的另一种"客观虚在"。而数据又离不开物质，它需要依赖物质才能存在，是物的派生现象。因此，构建数据发展主义要深刻把握数据要素特性及其价值运动规律。

1. 虚在性： 相对于土地、劳动力、资本和技术等传统生产要素的"客观实在"而言，数据要素具有"客观虚在"的特性。因此，要注重提升各类市场主体的数据治理能力和数字素养，使之能够认识和把握数据背后的"虚在"含义，更好地挖掘数据价值。

2. 依附性： 数据需要在具体业务场景中与其他生产要素相结合，才能产生价值、发挥价值。因此，要坚持问题和需求导向，创新数据要素与其他要素的协同联动机制及应用场景，完善多主体、多环节数据要素配置规则，理顺利益相关方的数据生产关系。

3. 运动性： 数据"形态变迁"和"含义运动"，使得信息增长从串行走向并行，从小规模并行到大规模并行，进化速度呈指数增长。因此，要强化数字技术在数据开发利用等关键环节的应用，推动实现重点领域数据的结构化、显性化和完备化。

4. 边际收益递增性： 数据的价值在于连接，数据的连接数量与其价值呈指数级增长关系，只有建立更广泛的关联，才会产生更大的边际效益。因此，要推动各类数据的跨层级、跨领域、跨系统汇聚融合，推动数据资源向数据资产、数据资本跃迁。

5. 价值差异性： 主体的认知能力强弱直接影响其对数据背后含义的价值判断，不同主体对同一数据的理解存在价值不一致性。因此，要发挥市场在数据要素配置中的决定性作用，更好地发挥政府作用，健全数据要素流通规则，引导数据要素向具有高价值需求的市场主体流动，最大化数据要素价值。

6.**外部性**：数据具有正外部性和负外部性，数据的边际收益递增、价值差异、数据赋能等构成数据的正外部性，而隐私泄露、数据污染、数据鸿沟等形成数据的负外部性。因此，应加强监管，发挥数据的正外部性的同时，抑制数据的负外部性，营造良好数据生态。

三、树立数据治理"六大思维"

构建数据发展主义应树立"六大思维"，以战略思维为引领，以系统思维推进数据治理体系建设，以辩证思维和创新思维调整数据生产关系，以精准思维提高数据供给质量与效率，以底线思维夯实数据安全保障体系。

1.**战略思维**。聚焦构建数据治理生态体系，涉及政治、经济、社会、技术、文化等方面。应从全球发展战略层面出发，立足经济社会发展根本和全球数字化变革大局，着眼数字时代的长远发展，完善相关战略规划、政策规则与法律体系，培育数据治理生态，构筑数据治理共同体。

2.**系统思维**。聚焦协同治理体制机制，应当从整体性、系统性着手，打破部门壁垒，打通国家、行业、组织等多层次，整合政府、企业、个人等利益相关方的力量，从政策、标准、技术、应用等多维度进行综合考量，构建共建、共享、共治的数据治理环境。

3.**辩证思维**。聚焦数据要素市场一般规律，要从辩证法和认识论的角度入手，深刻理解数据要素的内涵及数据空间的内在本质，辨析虚拟与现实社会、安全保护与开发利用等辩证统一关系，归纳和总结数据治理的一般规律，推动数据由资源向要素转化，挖掘数据价值。

4.**创新思维**。聚焦数据要素前沿技术、先进文化，主动把握新概念、新理念、新应用、新需求，勇于探索运用新机制、新技术、新手段来防范和化解面临的新风险，改革创新管理方式、协调机制、组织文化等方面，调整数据生产关系。

5. 精准思维。聚焦数据质量管理，数据只有流动起来才能创造价值，数据治理需要促进数据在不同主体之间有序流动，而数据流通的前提，需要建立在数据质量可靠的基础上。"地基不牢、地动山摇"，低质量甚至错误的数据，严重影响数据流通，并最终影响价值的挖掘。

6. 底线思维。聚焦保护国家安全和数据权益，数据是个人和组织的重要资产，是国家重要的战略资源，成为数字经济发展的重要驱动力。要注重防风险，做好风险评估，努力排除风险因素，加强先行先试、科学求证，健全监管体系，提高监管能力，筑牢安全网。

四、处理好数据要素化"十大关系"

谁掌握了数据谁将掌握发展的主动权，谁利用好数据谁将赢得未来数字竞争新优势。构建数据发展主义机遇与挑战并存，应抓住主要矛盾，处理好数据要素化"十大关系"，解放和发展数据生产力。

1. 供给与需求的关系。供给和需求是一个矛盾统一体，更好发挥数据要素作用就要处理好供给与需求的关系，要把提高供给质量和提升需求层级有效匹配。当前，数据要素供给侧结构性矛盾突出，要通过改革破除体制机制障碍，贯通生产、分配、流通、消费各环节，构建供给和需求正反馈机制，推动形成需求牵引供给、供给创造需求的更高水平动态平衡。

2. 公共数据与非公共数据的关系。二者构成数据要素的重要内容，具备数据要素的六大特性。但是，二者价格形成机制不同，公共数据以政府指导价格形成机制为主，非公共数据以市场竞争价格形成机制为主。因此，应根据数据特性和价格形成机制差异，推动构建与之相适应的统一开放、多层级数据要素市场体系，更好地发挥公共数据与非公共数据的经济社会价值。

3. 垄断与流通的关系。数据只有汇聚融合，才能发挥更大作用，具有走向垄断的趋势。而适度的数据垄断有利于调动市场主体的积极性促进数据流通，但垄断不是目的，更不是权利，而是一种社会责任，不能滥用垄断地位。因此，应明确具有数据垄断地位的企业承担促进数据流通"守门人"的角色，同时发挥中小企业的创新创业主动性，促进数据在供应链产业链上的场景化市场化利用。

4. **场外流通与场内交易的关系**。场外流通与场内交易都是为了更好发挥数据要素作用，二者不可顾此失彼而要兼得，且规范场外存量数据流通重过场内集中数据交易。因此，既要规范场外流通，充分发挥"数据矿主"和产业链主作用，带动产业链供应链上下游大中小企业间开展数据协作与共享，建设行业数据空间，提升产品和服务的数据附加值，又要培育壮大上下联动、内外结合的场内数据交易生态。

5. **确权与分配的关系**。明晰的数据权属有利于数据收益分配。应根据数据来源和数据生成，探索依法确权登记、民事商事合同和行政协议约定等多元化确权新方式。强化基于价值创造的激励导向，扩大按价值贡献参与分配渠道，由市场评价贡献、按贡献决定报酬，着重保护各参与方的劳动收益，促进劳动者的贡献和劳动报酬相匹配，推动数据资产入表，共享共用数据要素发展成果。

6. **治理与技术的关系**。好的数据治理体系才能真正提高治理能力，好的数据治理能力才能充分发挥治理体系的效能，而技术为数据治理体系和能力建设提供落地支撑手段，增强数据可控、可信、可用、可追溯水平。因此，推进"国家数据局"建设，强化中央与地方统筹协调工作机制，加强地方数据主管部门统一归口管理力度，压实数据治理的主体责任，为数据流通提供低成本、高效率、可信赖环境。

7. **合规与创新的关系**。在数据要素创新探索面临的不确定因素中，数据合规是最确定性因素，数据合规可以规避风险、提升竞争力、创造价值、增加确定性。因此，推进数据合规治理体系和治理能力建设，构建政府、企业和个人多方参与的"数据合规共同体"，做到价值共创、责任共担、利益均衡，推动数据要素合规高效赋能高质量发展。

8. 监管与发展的关系。这是一项极具探索性、开创性和有巨大潜力的战略任务，应从构筑国家数字竞争新优势的战略高度，通过包容协同监管促进数据要素市场化发展，坚持监管规范和促进发展两手并重、两手都要硬。明确规则，划出底线，设置好"红绿灯"，鼓励支持市场主体在促进产业数字化、数字产业化、便利人民生活、参与国际竞争中发挥积极作用。

9. 权益保护和争议处理的关系。数据权益保护有利于激发市场主体创新活力，而争议处理是为了更好地保护数据权益，未来数据权益保护高地必将是数据集聚融合高质量发展的高地。因此，应当合理配置数据权益纠纷解决的社会资源，完善和解、调解、仲裁、行政复议与诉讼有机衔接、相互协调的多元化纠纷解决机制。

10. 国内与国外数据流动的关系。在新发展格局下，做大做强国内数据要素统一大市场的同时，积极开拓多元化国际市场，深度对接国际经贸体系，有效利用两个市场两种数据资源，更高水平参与国内国际双循环。围绕区域协同发展战略，率先打造粤港澳、长三角、京津冀等区域一体化数据要素市场，支撑全国统一大市场建设。将北京、上海、广东打造成为国内数据要素大循环核心枢纽和国内国际双循环战略链接点，打造可信跨境数据空间，维护数据主权。

建设统一数据要素大市场的科学内涵、内在逻辑与政策建议

徐凤敏　　王柯蕴

进入 21 世纪后，全球数字经济蓬勃发展，已成为国民经济的重要组成部分。数据作为数字经济的核心要素，在促进"生产—分配—流通—消费"的经济循环，催生新产业、新业态、新商业模式等方面发挥重要作用，为经济发展注入新动能。然而，大量数据资源集中于政府部门和头部数字平台企业，尚未在市场充分流通。这一现象严重阻碍了数据价值释放，使中国具有的海量数据和丰富应用场景优势难以充分发挥。在此背景下，如何促进数据要素自由流通已成为亟待解决的问题。

2022 年 4 月 10 日，《中共中央　国务院关于加快建设全国统一大市场的意见》（以下简称《意见》）提出要加快培育统一的数据市场。《意见》一经发布就引发了热烈讨论：贵阳大数据交易所于同年 5 月 17 日发文称，建设统一数据要素大市场势在必行，有助于促进数据高质量供给和高效交易[①]。2022 年 7 月 30 日，中国科学院大学乔晗教授在全球数字经济大会——数据要素峰会平行论坛上指出，要构建统一数据要素大市场，发挥政府、市场和社会

徐凤敏系西安交通大学经济与金融学院教授、博士生导师。

①　加快培育统一的数据要素大市场［EB/OL］.（2022–05–17）［2022–06–15］.https：//www.gzdex.com.cn/open/news/detail?id=252.

三方机制的优势促进数据要素流通①。由此可知，建设统一数据要素大市场有助于破解数据要素流通难题。然而，现有关于统一数据要素大市场的研究甚少，何谓统一数据要素大市场，为何要构建以及如何构建等关键问题都缺乏深入探讨。鉴于此，本文将重点研究建设统一数据要素大市场的科学内涵和内在逻辑，并在此基础上提出适配的政策建议，以期在明晰科学内涵的基础上为实践行动提供理论依据和现实支撑。

一、统一数据要素大市场的科学内涵

本文遵循从一般到特殊的逻辑，先分析统一大市场的基本内涵，然后再结合数据要素的特殊属性，分析统一数据要素大市场的新内涵。

（一）统一大市场的内涵

加快建设统一大市场是党中央立足新发展阶段提出的一项重大战略部署，有助于畅通国内经济循环、发挥超大规模市场优势。然而，统一大市场并非新概念。

1. 历史渊源

统一大市场并非仅存于中国，不少国家都曾建立统一大市场以发展经济。以美国为例，《美利坚合众国宪法》的颁布为统一大市场奠定了政治和法律基础。美国南北战争打破了南北方对峙局面，为统一大市场的工业革命和工商业发展提供支撑。铁路网的修建使商品、要素和资源能自由流通，对统一大市场的形成起到了决定性作用[1]，为美国后续的经济增长提供了基础支撑。欧盟也构建了一个经济统一、货币统一的大市场，降低了成员国之

---

① 国科大教授乔晗：构建全国统一数据要素大市场，提高数据要素市场化配置水平［EB/OL］．（2022–07–30）［2022–09–22］．https://news.stcn.com/news/202207/t20220730_4769474.html.

间的贸易壁垒，提升了经济效率。

统一大市场的思想还孕育在中华民族五千年的历史长河中。譬如秦朝推行书同文、车同轨、统一度量衡，实现了全国文化、交通和经济的大统一。隋朝通过修建大运河来构建四通八达的交通网络，打破南北方经济文化交流壁垒，建立了统一的多民族国家。这表明中国自古以来就重视统一大市场的建设。

新中国成立以来，党中央立足国情和时代特征，曾多次提出建设统一大市场的理念。最初在1962年7月由当时的中央财经小组拟定《关于进一步加强商业工作集中统一的决定》，提出克服商业管理中的分散主义，恢复和加强统一的国内市场。随后为进一步推动统一大市场建设，党中央又从保护公平竞争、打破地区封锁等方面出台了相关规定。近些年，为应对国内外复杂局势，建设统一大市场再次被提及，其政策历程如表1所示。值得注意的是，统一大市场的观点自提出到现在已有60余年，仍存在诸多壁垒，可见建设统一大市场绝非易事。2020年以来，国家连续三年多次提出加快建设国内统一大市场，可见其心之坚。何谓统一大市场？建设统一大市场有何重要意义？回答这些关键问题有助于理解国家在当前重大变革时刻重提此举的深意。

表1　建设统一大市场的政策历程

时间	会议/政策文件	主要内容
1962年7月	《关于进一步加强商业工作集中统一的决定》	恢复和加强全国统一的社会主义国内市场
1980年10月	《国务院关于开展和保护社会主义竞争的暂行规定》	开展竞争必须打破地区封锁和部门分割
1993年9月	《中华人民共和国反不正当竞争法》	鼓励和保护公平竞争，制止不正当竞争行为
2001年4月	《国务院关于禁止在市场经济活动中实行地区封锁的规定》	建立和完善全国统一、公平竞争、规范有序的市场体系，禁止市场经济活动中的地区封锁行为，破除地方保护

时间	会议 / 政策文件	主要内容
2007 年 8 月	《中华人民共和国反垄断法》	预防和制止垄断行为，保护市场公平竞争
2013 年 11 月	《中共中央关于全面深化改革若干重大问题的决定》	建设统一开放、竞争有序的市场体系，是使市场在资源配置中起决定性作用的基础
2017 年 10 月	中国共产党第十九次全国代表大会报告	清理废除妨碍统一市场和公平竞争的各种规定和做法
2020 年 9 月	中央财经委员会第八次会议	加快完善国内统一大市场
2021 年 1 月	《建设高标准市场体系行动方案》	通过 5 年左右的努力，基本建成统一开放、竞争有序、制度完备、治理完善的高标准市场体系
2021 年 12 月	中央全面深化改革委员会第二十三次会议	优先开展统一大市场建设工作
2022 年 4 月	《中共中央　国务院关于加快建设全国统一大市场的意见》	加快建设高效规范、公平竞争、充分开放的全国统一大市场

注：根据公开资料整理。

2. 基本内涵

统一大市场是以统一的思想认知、制度规则和监管体系为顶层指导，以全国一体化的流通网络和大平台为载体，以技术为驱动，以竞争、供求和价格等市场机制为配置手段，以推动商品、要素和资源在全国范围内大生产、大分工、大流通为目标，以高"质量"[①]作为"走出去"的跳板，最终实现国内国际"双循环"的大系统，如图 1 所示。本文将从何谓"统一"、何谓"大"、何谓"市场"三部分展开解读。

---

① 这里指商品、要素和资源的质量管理体系，而非高质量发展语境下的高质量。

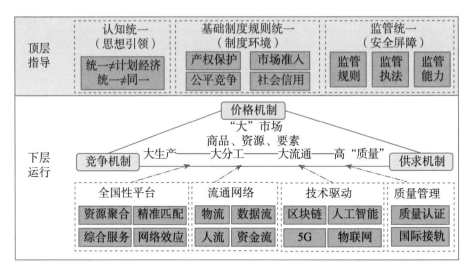

图 1　统一大市场的基本内涵

何谓"统一"？"统一"包含三层含义，即认知统一、基础制度规则统一和监管统一，它们是统一大市场的思想引领、制度环境和安全屏障。认知统一指全国人民在党中央的领导下，凝聚发展共识，构筑共同的价值理念。目前，学术界和业界关于"统一"一词尚未达成一致认知。有观点认为"统一"是重走计划经济老路，这与其正确内涵背道而驰。建设统一大市场正是为破解计划经济转轨时期遗留的低效配置问题而提出的解决方案，有助于打破阻碍商品、要素和资源在全国范围内自由流通的限制。还有观点认为"统一"等于"同一"，即全国各地无论资源优势、地理环境如何，都应在发展定位上保持一致。事实上，"统一"一词中包含差异，鼓励不同地区结合自身优势，寻求差异化定位。总之，关于"统一"尚存在诸多误解，只有率先开展"正本清源式"解读，在思想层面形成统一认知，才能团结一切力量、下好全国一盘棋、畅通国内大循环。

基础制度规则统一是指出台相应的制度和规则以消除阻碍商品、要素和资源自由流通的壁垒。统一的对立面是分割，它会导致商品、要素和资源的流通受阻，经济效率降低。造成分割的原因包括自然因素和制度因素。自然因素包括气候、地理位置等，通常会导致物流成本升高，一般可通过加强基础设施建设来缓解。制度因素包括行政权力和市场势力等，会导致市场主体间的不平等，需要统一的市场基础制度规则来打破壁垒。目前，中国交通网络相对发达，制度壁垒成为建设统一大市场的主要掣肘。推动市场基础制度规则统一至关重要，具体包括完善统一的产权保护制度、实行统一的市场准入制度、维护统一的公平竞争制度和健全统一的社会信用制度[①]。

　　监管统一是指从监管规则、监管执法和监管能力三方面推进市场监管公平统一[②]，为各类市场主体营造良好的竞争环境。一是健全统一的市场监管规则。监管部门应加强市场监管行政立法工作，完善监管程序并依法公开监管标准和规则，从而增强市场监管制度的可预期性。二是强化统一市场监管执法。目前各地区仍存在执法不统一的问题，这严重损害执法的公平性和严肃性，亟须统一监管执法力度。三是全面提升市场监管能力。监管主体需充分结合数字技术推进智慧监管，既要避免"越位"以扼杀市场创新，又要防止"缺位"以造成巨大损失。

　　何谓"大"？"大"包含大生产、大分工、大流通和高质量四重内涵。大生产是指以平台为载体聚合全国范围内的生产者，形成规模化、网络化、智能化的供给。"人类社会为了自身的生存和发展，任何时候都不能停止消费，因而也就不能停止生产"，可见生产至关重要。怎样的生产可称为大生产？以商品市场为例：目前国内已初步形成统一的商品大市场[③]，其大生产体现在以阿里巴巴、京东为代表的电商平台聚合了大规模的商品生产者，使消费者足不出户就可随时借助网络在全国各地购物。这种模式节省了交通成本，扩大了商品选择范围，推动了商品市场的繁荣。由此可知，大生产需借助全国性平台的网络

---

① 《意见》给出了强化市场基础制度规则统一的四条内容。

② 《意见》给出了市场监管的三个层次。

③ 《意见》中关于商品市场的描述为"推进商品和服务市场高水平统一"，体现出商品大市场已初步形成，发展目标是推动其高质量发展。

效应在国内市场实现规模化生产，并利用数字技术挖掘需求、精准供给。

大分工是指全国范围内的生产者发挥比较优势以推动生产的专业化和商品的多样化，最终实现社会财富增长。"社会生产力、人类劳动技能和思维判断力的大幅提高都是劳动分工的结果"，表明分工对提升劳动生产率十分重要。"分工的程度要受市场大小的限制"，在更大的市场范围内分工能增加社会财富。由此可见，"大"的内涵之一是全国范围内的生产者利用自身的比较优势来形成大分工格局。大分工有利于生产者之间形成错位竞争，从而提供多样化的商品，满足人民日益增长的美好生活需求。若没有大分工，生产端可能形成低端产品过剩、高端产品匮乏的局面，进而导致经济增长动力不足。

大流通是指建立一体化的流通网络，使商品、要素和资源在全国范围内自由流通。"商品生产以商品流通为前提"，表明流通对生产十分重要。生产的商品若不能进入流通领域就无法形成财富。流通也有利于分工，如果说市场范围会影响分工，那么流通技术的发展能有效解决市场狭小问题，从而推动分工和专业化。因此，有必要用大流通来支撑大生产和大分工。建立一体化的流通网络有助于实现大流通，包括构建交通网络、数据网络、人才网络和资金网络等。大流通的关键在于扩大流通范围和降低流通费用。前者强调流通的空间维度足够大以实现商品、要素和资源的高效配置，这需要借助5G、物联网等技术来突破实体空间限制，建立线上线下一体化的大流通；后者则包含缩短买卖时间、降低保管费用和运输费用等。流通费用本质上是对社会财富和剩余价值的扣除，降低流通费用是从"节流"的角度积累财富。

高"质量"是指建立健全各类商品、要素和资源的质量管理体系，推动认定标准和计量体系与国际接轨，在保障国内市场可持续运行的基础上拓宽国外市场。质量的本质是刻画商品、要素或资源能在多大程度上满足需求。质量越高，商品、要素或资源越能满足需求，"生产—分配—流通—消费"的链条越能循环往复，最终实现经济可持续发展。高"质量"的内涵分两层：一是国内层次，即构建标准化的国内质量管理体系，推动质量认证结果跨地区、跨行业互通互认；二是国际层次，即在已形成国际质量标准的领域尽快与国际接轨，在尚未形成国际标准的领域积极参与标准制定、贡献中国智慧。总之，高"质量"既是国内市场可持续运行的保障，也是进一步拓宽国外市场，实现国内国际"双循环"的支撑。

何谓"市场"？"市场"是各参与方交换商品、要素和资源的场所，通过竞争、供求和价格这三种机制来运行。其中，竞争是市场的核心机制，它既能推动商品的个别价值转化为社会价值，使价格围绕价值波动，又能解决供求失衡引致的价格偏离价值的矛盾。马克思主义竞争理论认为，资本家会主动改进技术、提高劳动生产率以提升竞争力并获取超额剩余价值，从而推动整个社会的生产力水平提高。熊彼特的创造性破坏理论则认为，竞争会推动企业家以创新求生存，进而"不断地破坏旧结构，不断地创造新结构"。这些理论解释了为何统一大市场的观点自提出到现在已有60余年，公平竞争却始终是其核心内容之一。

（二）统一数据要素大市场的新内涵

统一数据要素大市场是统一大市场的重要分支，需满足上述关于统一大市场的基本内涵。此外，数据要素具有不同于传统要素的特殊属性。本文结合《中共中央　国务院关于构建数据基础制度更好发挥数据要素作用的意见》（以下简称"数据二十条"），重点分析数据要素的特殊属性赋予统一数据要素大市场的新内涵。

1."统一"的新内涵

"统一"的数据产权制度。产权制度是市场经济发展的基础，有助于提升资源配置效率。统一的数据产权制度具有如下新内涵：一是建立分类分级确权授权的制度。分类分级确权授权源于数据的多重异质性，例如国家互联网信息办公室2021年11月14日对外公布的《网络数据安全管理条例（征求意见稿）》中，按重要性分为一般数据、重要数据和核心数据。还可按生成来源将数据分为公共数据、企业数据和个人信息数据。数据类别不同，产权分配也应有所不同。"数据二十条"创新性地提出了数据资源持有权、数据加工使用权、数据产品经营权"三权分置"的框架，为数据分类分级确权授权提供了指引。二是以数据使用权为核心完善数据产权制度。从价值创造来看，只有被使用的数据才能创造价值；从自身属性来看，数据的非竞争性使其价值随着使用次数的增加而增加。这都表明数据使用权在产权制度中至关重要，以数据使用权为核心的产权制度将创造更高的经济效益。

"统一"的数据流通交易制度。数据价值寓于广泛的流通和交易中，建立统一的数据流通交易制度有助于进一步释放数据价值。一是采取场内场外相结合的交易规则。场内交易的合规性较高，但创新空间有限；场外交易虽面临更高的安全风险，却也为探索多样化的交易模式留出空间。两者结合既能推动数据的标准化交易，又能鼓励参与主体积极探索新交易模式，有利于数据要素市场蓬勃发展。二是纳入全流程合规治理原则。数据的虚拟性和易复制性使其更易面临信任困境，已成为阻碍数据流通的关键因素之一。鉴于此，"数据二十条"提出要强化全流程治理以确保数据来源合法、隐私保护到位、流通交易规范、安全风险可控。

"统一"的数据收益分配制度。马克思在《资本论》中提到，"新生产的总价值在不同生产要素的所有者中间进行分配"，体现了"按生产要素分配"的理念。数据要素作为价值创造的新来源，与马克思的分配理论相容，有必要将"按数据要素分配"这一新内涵补充到现行分配体系。统一的数据要素收益分配制度包含数据要素市场主导的初次分配、政府主导的二次分配和社会主体基于自愿原则展开的三次分配。该制度具有以下新内涵：从初次分配来看，尽管"数据二十条"提出按"谁投入、谁贡献、谁受益"原则进行分配，但数据权属复杂且生成过程中涉及主体较多，使初次分配面临"分配给谁"的难题；数据具有强融合性，将其与其他要素对经济增长的贡献度合理拆分具有难度，使初次分配面临"分配多少"的难题。从二次分配来看，数据要素催生了新产业、新业态和新商业模式，使政府面临"向谁征税""征收多少"等难题。从三次分配来看，要鼓励数字平台企业主动承担"企业数据责任"，助力数据"共同富裕"。

"统一"的数据安全治理制度。数据安全问题上关国家主权，下关商业机密和个人隐私。建立统一的数据安全治理制度是坚持发展与安全并重原则的必然之举。一是建立监测预警制度以更快、更精准地识别数据侵权事件。人的有限关注与大数据的指数式增长不相匹配，致使数据隐私泄露难以被及时发现。数据隐私一旦泄露将造成巨大损失，有必要在数据安全治理制度中加入监测预警模块。二是推动政府、企业、社会多方协作治理，共同守住数据安全底线。

2. "大"的新内涵

基于效用敏感性的数据要素"大"生产。效用敏感性是指使用数据所带来的效用因人而异、因用途而异。譬如金融数据给投资者带来的效应高于其给非投资者带来的效用，气象数据在农业生产中的效用也高于其在医疗诊断中的效用。数据的效用敏感性源于其自身不单独创造价值，在具体用途中和其他要素结合才产生相应价值。这一特征导致数据要素需求呈现个性化特征。因此，数据要素"大"生产更侧重于以专业的数字化人才和先进的数字技术为支撑，在全国范围内实现数据要素的定制化生产、满足大规模的异质性需求。

基于生态圈的数据要素"大"分工。互联网的普及和平台生态的发展使数据需求方更倾向于获取一站式、无缝衔接的服务。基于生态圈的数据要素大分工能有效满足该需求，一是在生态圈内形成多主体分工协作的模式。北京国际大数据交易所就是数据交易方，提供数据托管确权、隐私计算、数据加工、质量认证、资产评估等服务的第三方机构，以及监管部门和审计部门组成的数据交易生态圈。二是在生态圈之间形成差异化定位。生态圈重复建设不仅浪费资源还会妨碍数据流通。鉴于此，"数据二十条"提出要严控交易场所数量。值得注意的是，生态圈是否会成为封闭的小循环取决于其有无限制性条款，如"二选一"等。统一的数据基础制度有助于打破生态圈之间的壁垒，推动生态圈内外部形成"大"分工。

基于双重信任困境的数据要素"大"流通。双重信任困境下，数据买方担心数据质量，希望提前了解数据以确定其价值，而数据卖方担心一旦数据被买方事先知晓会使自己蒙受损失的两难处境。数据之所以会遭受双重信任困境源于其本身无实物形态，致使数据要素的质量信息和使用价值集于一体。相比之下，有形商品的质量信息和使用价值相互分离，买方只看不买也仅获取了商品的质量信息，并未获取其使用价值，不损害卖方利润。双重信任困境导致数据流通受阻，使中国作为全球第一数据资源大国和全球第二大数字经济体所具有的海量数据和丰富应用场景优势难以充分发挥。因此，"大"的新内涵之一就是借助数字技术和基础制度化解双重信任困境，推动数据要素在全国范围内"大"流通。

基于场景依赖性的数据要素高"质量"。场景依赖性是指质量评估机构在数据质量评估过程中应结合具体场景选择合适的指标和方法。《信息技术—数据质量评价指标》给出了数据质量评价的六大基础指标，即规范性、完整性、准确性、一致性、时效性、可访问性。这六个指标在不同应用场景下的重要性有所不同，譬如时效性指标在人工智能预测场景和学术研究场景的重要性不同。此外，评估机构还需针对特定场景新设评估指标，如量化交易中可纳入数据频率、数据维度等指标。因此，数据要素的高"质量"即以国家标准、行业规范为基础，借助评估机构的专业性，构建"基础指标＋场景新增指标"的质量评估体系，从而推动数据要素市场的可持续运行。

3. "市场"的新内涵

基于网络效应的"竞争机制"。网络效应是指用户从商品或服务中获取的效用随着用户规模的增加而增加。数据具有网络效应，既包括数据自身的网络效应，也包括数据和其他商品结合后形成网络效应。数据自身的网络效应是指使用数据产品的用户规模越大，每位用户获得的效用越高，百度、谷歌等搜索引擎就具有这一网络效应。数据和其他商品结合后的网络效应则源于数据和其他商品、要素结合后能释放更大的价值。譬如企业通过销售商品获取用户数据，而后将数据用于改进商品质量以吸引更多用户、获取更多数据，形成数据量和商品质量正向促进，用户效用随之增加的网络效应。值得强调的是，网络效应本身并不一定会导致垄断，但和资本的逐利性结合后易形成垄断，进而影响竞争机制的发挥。如何在网络效应和资本逐利性的基础上更好地发挥竞争机制成为统一数据要素大市场的新内涵之一。

基于成本结构特性的"供求机制"。成本结构特性是指生产和销售数据具有"高固定成本＋低复制成本"的属性。该属性给数据的供求机制带来双重挑战。一方面，高固定成本指数据要素的初始创造需耗费大量资金，这使资金实力低于门槛值的企业在前期被淘汰，数据前期供应量较少。另一方面，接近0的复制成本使部分企业和个人更倾向于转售"二手数据"，并通过齿轮效应形成无限供给状态，进而挫伤数据创造积极性。在数据产权和收益分配制度不健全的前提下，数据的无限供给损害了初始生产者的利益，挫伤了其继续创造新数据的积极性，不利于数据要素市场的可持续发展。如何基于成本结构特性发挥供求机制是"市场"又一新内涵。

基于数据外部性的"价格机制"。外部性描述个人或群体的行动导致其他人或群体受损或受益，却不必为此付费或获得补偿的现象，按作用方向可分为正外部性和负外部性。数据要素具有外部性，其作用方向与数据用途有关。以企业使用用户数据为例，若企业将数据用于提升生产质量和服务水平，则对用户产生正外部性，使每位用户都能享受更高质量的商品和更优质的服务。在平台网络中，数据正外部性还会被进一步放大。若企业将数据用于价格歧视，则对用户产生负外部性，使用户既面临隐私泄露的风险，又遭遇价格歧视的困境。数据外部性会导致私人收益（成本）偏离社会收益（成本），使传统价格机制失效。因此，"市场"的新内涵之一是数据要素市场的价格机制将被数据外部性重塑。

二、建设统一数据要素大市场的历史逻辑

观今宜鉴古，无古不成今。本文在梳理数据要素市场演化历程的基础上

提炼其发展规律，进而论证建设统一数据要素大市场的历史必然性。

（一）数据要素市场的演化历程

国内数据要素市场经历了不同时期，基于市场规模和发展质量可将其划分为四个阶段——起步阶段（2015 年之前）、扩张阶段（2015 年—2017 年）、调整阶段（2018 年—2019 年）和全面深化阶段（2020 年至今）。

1. 起步阶段

2015 年之前，国内数据要素市场处于起步阶段，实现了数据交易机构从无到有的跨越。"大数据"作为关键词出现在国内学术期刊始于 2011 年[15]，一经出现便引发热议。阿里巴巴于 2012 年 7 月宣布设立国内首位首席数据官，试图按"平台—金融—数据"模式打造一家优秀的数据服务公司。同年 12 月筹备成立的中关村大数据产业联盟也致力于发展大数据产业。同时，地方政府为顺应时代趋势纷纷出台大数据发展规划。2013 年 7 月，《上海推进大数据研究与发展三年行动计划》提出"发展数据产业，服务智慧城市"。同月发布的《重庆市大数据行动计划》也强调"将大数据产业培育成全市重要的战略性新兴产业"。总之，人们已逐渐意识到大量有价值的数据被沉淀，并产生将其价值利用起来的愿望。鉴于此，中关村在 2014 年 2 月启动了国内首家大数据交易平台——中关村数海大数据交易平台，拉开了数据交易的序幕。

2. 扩张阶段

2015 年—2017 年是数据要素市场的扩张期，该时期数据交易机构数量呈井喷式增长，但发展质量普遍不高。从市场规模来看，截至 2022 年底，全国共建设了 30 余家数据交易机构，而其中 19 家均于 2015 年—2017 年设立，如图 2 所示 ①。一方面，数据交易机构数量暴增源于政策的引导。2015 年国

---

① 零壹智库. 全国 39 家数据交易所对比：交易标的、交易方式与股东结构［EB/OL］.（2022-04-11）［2022-06-28］.https://www.01caijing.com/finds/details/318488.htm.

务院印发的《促进大数据发展的行动纲要》明确提出要"引导培育大数据交易市场",将数据交易提升到国家战略层面。2017年党的十九大提出要推动大数据与实体经济融合。另一方面,先发区域的带动效用掀起了数据交易机构筹建热潮。例如首个国家级数据交易所——贵阳大数据交易所(以下简称"贵交所")在两年内会员单位达410家,交易额破7 000万元[①]。各地为占领"数据高地",纷纷加快筹建数据交易机构。从发展质量来看,由于缺乏成熟的法律制度和监管规则,数据流通过程中产生了大量灰、黑产业,给个人隐私、商业机密和国家安全带来隐患。数据交易也呈现出额度低、质量低、层次低、风险高等特征,制约了数据要素市场的发展。

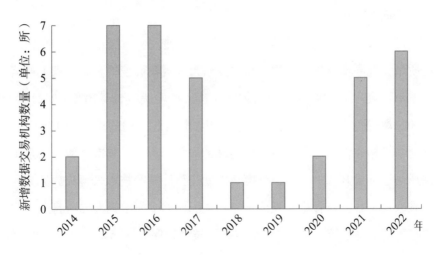

图2　历年新建数据交易机构数量

注:根据公开数据整理。

3.调整阶段

2018年—2019年,数据要素市场经历了从数量扩张到安全合规、质量提升的转变。截至2018年上半年,已成立的23家数据交易机构中至少有14

---

① 贵阳大数据交易所交易额突破7 000万元[EB/OL].(2016-05-25)[2022-07-02].https: //www.sohu.com/a/77152991_119922.

家已处于停运或半停运状态^①，数据交易陷入"有数无市"的困境。贵交所从2018年以后也因成交量小而不再对外公布交易额和交易量^②。2018和2019年新增数据交易机构更是寥寥无几，如图2所示。此时，社会各界已逐渐意识到数据要素所具有的特殊属性使其面临产权模糊、定价机制不完善、监管缺失、交易双方互信难等挑战，需以安全合规为前提探索新型发展模式。鉴于此，公安部于2018年6月1日在北京召开2018年网络安全执法检查工作电视电话会议，首次开展大数据安全整治工作。国家市场监督管理总局、中国国家标准化管理委员会也在同月发布了首个国家数据交易安全标准《信息技术—数据交易服务平台—交易数据描述》^③。

4. 全面深化阶段

经过前期调整，数据要素市场自2020年进入全面深化阶段，高速发展与高质量发展同步推进。首先，数据要素市场规模高速增长。国家工业信息安全发展研究中心发布的《中国数据要素市场发展报告（2020—2021）》显示，2020年市场规模达到545亿元，且"十四五"期间将突破1749亿元，数据交易机构建设也迎来了新一轮热潮，如图2所示。其次，数据要素市场发展质量显著提升。一方面，更擅长借助隐私计算等技术来解决数据交易中确权难、定价难、监管难、互信难等问题。比如上海数据交易所打造了一个全数字化的交易系统，通过"一数一码"技术确保数据交易可登记、可统计、可普查^④。另一方面，国家层面也加紧出台数据基础制度，力争为数据要素市

---

① 正规军不敌黑市操作，过半大数据交易中心停摆交易额只占1%[EB/OL].（2018-05-07）[2022-07-09]. https: //baijiahao.baid u.com/s?id=1599770780679386472&wfr=spider&for=pc.

② 理想很丰满现实很骨感贵阳大数据交易所这六年[EB/OL].（2021-07-12）[2022-07-10]. https: //baijiahao.baidu.com/s?id=1705 007748383894790&wfr=spider&for=pc.

③ 2018年中国大数据交易产业十大事件[EB/OL].（2019-02-13）[2022-12-28]. https: // www.esensoft.com/industry-news/data-governance-1363.html.

④ 上海数据交易所揭牌成立！全国五大首发破解数据交易"五难"问题[EB/OL].（2021-11-26）[2022-07-12]. https: //baijiahao. baidu.com/s?id=1717418093700712432&wfr=spider&for=pc.

场的发展提供良好的制度保障。

数据要素市场的演化历程表明，数据要素市场的发展遵循"发现问题—解决问题"的螺旋上升规律。当社会各界发现数据有价值却被大量沉淀时，他们提出了建设数据交易机构来释放数据价值的解决方案；当遭遇数据产权模糊、定价机制不完善、交易双方信任缺失等困境时，这些机构便借助数字技术和制度规则来解决这些难题，推动数据要素市场持续向前发展。由此可知，要想明确数据要素市场的发展趋势，先要厘清当前面临的关键问题。

（二）建设统一数据要素大市场的历史必然性

数据价值寓于广泛高效的流通之中，然而当前存在众多阻碍因素，导致数据要素市场分割问题突出。这些阻碍因素包括：第一，政务数据的流通程度较低，既表现为政府各部门间的数据共享不足，又表现为政府数据对企业和个人的开放程度较低，使其蕴藏的社会价值难以充分释放；第二，各地区的数据交易规则不一致，增加了企业在不同地区交易数据的成本，阻碍了数据的跨区域流通；第三，各行业数据分布不均且存在大量数据囤积行为，尤其是以阿里系和腾讯系为代表的互联网企业为保持竞争优势而大量囤积数据，使互联网数据在大数据产业中占据"半壁江山"[①]；第四，部分数字平台企业基于技术和算法优势实施数据垄断，这些企业表面上宣称充分开放，实质上却以平台为界筑起了数据高墙，将数据流通封闭在平台内部。

建设统一数据要素大市场既是遵循历史演化规律的必然结果，也是打破数据要素市场分割的有效手段。从表面看，分割的对立面是统一，数据要素市场分割问题自然而然要通过建设统一数据要素大市场来解决。往深层看，统一的数据基础制度有利于消除数据交易标准不一致，减小数据要素跨区域流通的制度摩擦，为市场机制的发挥提供制度保障；统一的数据监管规则能有效打击数

---

① 参见中国大数据产业生态联盟发布的《2021中国大数据产业发展白皮书》。

据垄断行为，推动数据要素从平台内部自用转向跨平台互通互用。此外，统一数据要素大市场能推动有为政府和有效市场更好地结合，充分发挥政府在以政务数据为代表的公共数据流通中的配置功能，实现社会效益最大化；发挥市场在以个人数据和商业数据为代表的社会数据流通中的配置功能，实现经济效益最大化。由此可知，建设统一数据要素大市场具有历史必然性。

三、建设统一数据要素大市场的理论逻辑

没有正确的理论，就没有正确的实践。本文以数据要素属性为理论起点，以数据要素赋能实体经济为理论基石，综合运用经济增长理论和产业资本循环理论，论证建设统一数据要素大市场的理论科学性。

（一）理论起点：要素属性与经济增长理论

是否适合构建统一大市场与要素自身属性有关，这既是理论分析的起点，也是实践行动的依据。本文从数据要素的强融合、学习效应、非竞争、非排他等属性出发，结合经济增长理论来分析建设统一数据要素大市场的科学性，研究思路如图 3 所示。

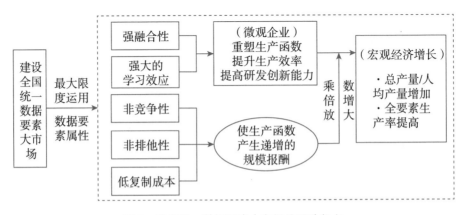

图 3　建设统一数据要素大市场的理论起点

数据要素的强融合性和学习效应将重构微观企业的生产函数并提高企业的生产效率和创新能力。一方面，数据要素具有强融合性。一是不同类型的数据融合并释放协同效应。从技术实现来看，各类数据均可转换为0、1二进制形式并进行融合。从价值创造来看，多种数据融合后不仅能分析单一因素的影响，还能将多种因素的交叉影响考虑在内，因而更能揭示生产规律。二是数据要素与其他要素融合将重构生产函数。尽管数据要素应以何种方式进入生产函数尚待研究，其在优化投入产出比、提高企业生产效率等方面发挥的积极作用却已成为共识。另一方面，数据要素具有强大的学习效应，具体表现为生产者从数据中提炼出具有高价值密度的信息和知识，并将知识转化为经验来提升生产、研发效率。传统的学习效应往往要花费较长时间、经过多次试错磨合方能形成。数据要素的学习效应则具有周期更短、迭代更快等特征，因而对企业研发创新能力的提升更迅速。

数据要素的非竞争性、非排他性和低复制成本属性使多家微观企业可同时在多个场景下以接近0的成本同时使用数据，使生产函数产生递增的规模报酬，进而推动宏观经济增长。对微观企业而言，这三种属性极大地提高了数据的可获得性，然而获得数据不等同于创造价值，而是具备了创造价值的潜能（若获得数据却无法运用则难以创造价值）。因此，这三个属性更多地发挥了价值的乘数倍增作用。

建设统一数据要素大市场能充分利用数据要素的特殊属性，拉动新一轮经济增长。首先，全国性数据平台能聚集丰富的数据类型，有助于将各类数据在不同场景下灵活融合。其次，统一数据要素大市场能汇聚强大的数字技术和高端数字人才，最大限度地释放数据要素的学习效应。最后，一体化算力网络将为数据要素释放乘数倍增效用提供坚实的算力支撑。

（二）理论基石：要素赋能与产业资本循环理论

"数据二十条"指明数据要素市场的发展主线为"赋能实体经济"，而赋能实体经济的关键在于促进企业资本循环和价值创造。产业资本循环理论揭示了企业资本循环运动的原理。因此，本文以该理论为基石，以其所包含的生产过程和流通过程为切入点，论证建设统一数据要素大市场的科学性，研究思路如图4所示。

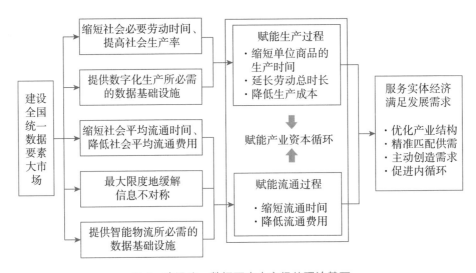

图4　建设统一数据要素大市场的理论基石

1.数据赋能生产过程

生产过程是生产资料转变为商品的过程，是劳动过程和价值形成过程的统一。劳动过程是劳动者使用劳动资料使劳动对象发生预期变化的过程。"劳动必须以有用的形式耗费才能形成价值"，可见产生使用价值的劳动过程也是价值形成过程，价值量取决于"物化在商品的使用价值中的劳动量"。生产单位商品所耗费的劳动量是劳动者体力消耗量和脑力消耗量的总和，可以用社会必要劳动时间来衡量。商品越复杂，其所消耗的劳动量越多，社会必要劳动时间越长，所承载的价值也越高。

数据要素中承载的有价值信息和数字技术将重塑商品生产过程以创造更多的剩余价值。数据赋能生产过程的具体逻辑如下。

一是缩短单位商品的劳动时间，在相同时间内创造更多价值。数据要素承载的信息能提升决策时效，缩短劳动者与劳动资料结合的时间。利用历史数据能更好地协调要素投入和人员更替，减少劳动过程中断时间。数字技术可以使生产过程自动化、质量检测智能化，从而缩短劳动时间。正如马克思所说，"机器是提高劳动生产率及缩短生产商品的必要劳动时间的最有力的手段"。

二是突破时空限制，延长劳动总时长。传统的生产模式要求劳动者在固定场所开展生产，如工厂、车间等，极大地限制了劳动总时长。互联网的普及和数字技术的运用突破了时空界限，劳动者只需一台笔记本电脑就可随时随地开展工作，不管是居家，还是在机场、咖啡店等。此外，数字技术有助于实现无人值班的 24 小时流程化生产。这些事实表明数据要素的流通及数字技术的运用能显著延长劳动总时长，创造更多剩余价值。

三是减少生产过程中的各类成本。传统生产资料存在损耗，包括在使用过程中的磨损和不使用时由于自然力产生的损耗，如机器磨损、厂房折旧等，构成了生产过程中的一项重要支出。数据要素具有无损耗、可重复使用等属性，使用数据要素本身就是对生产成本的节省。利用大数据分析技术既能优化库存结构、降低库存成本，还可自动检测故障，降低事故损失。譬如新疆金风科技构建数字化风电场，对风电机组的运行情况和外部环境实行自评估、自调整、自适应，减少了 20% 的综合成本。

若使数据要素按前述逻辑提高生产率，则需构建统一数据要素大市场。一方面，分割的数据要素市场缩短个别劳动时间、提升少数企业的生产率，统一数据要素大市场则缩短社会必要劳动时间，提高社会生产率。目前，大量数据被掌握在少数企业手中形成数据垄断。构建统一数据要素大市场能推动数据在全国范围内自由流通，确保所有企业都能公平公正地获取数据、运用数据，从而提升社会平均生产率。另一方面，统一数据要素大市场能提供数字化生产所需的数据基础设施支撑。如果没有统一数据要素大市场，每个企业都需要培养专业人才来收集和加工原始数据并自行购买数字化设备。然而多数中小企业并没有资金实力以支付高昂的成本。部分企业所需要的人才、设备和数据也有重叠，此类成本的重复支付是对价值的扣除。建设统一数据要素大市场既有利于培养专业的数字化人才，又能搭建全国性数据平台和一体化算力网络，为大规模、数字化生产提供基础支撑。

2. 数据赋能流通过程

流通过程是资本形态在商品和货币之间相互转换的过程，若省略该过程，则商品和货币无法相互转换以实现剩余价值。流通过程不仅不创造剩余价值，反而还可能抵消价值。其原因在于商品和货币的相互转换需要耗费流通时间并支付流通费用，两者都对价值产生抵扣。流通时间越长，商品中包含的资本价值，资本价值中增长的剩余价值损失越多。流通费用则直接表现为对剩余价值的扣除。既然流通过程必不可少，管理流通时间和流通费用就显得至关重要。

一方面，数据要素和数字技术有利于缩短流通时间。"流通时间也分成两个部分，即商品转化为货币所需要的时间和货币转化为商品所需要的时间"，前者被称为销售时间，后者被称为采购时间。实时数据获取和大数据分析技术有助于将买卖双方精准匹配，缩短商品销售时间。譬如某汽车企业从联想 Leap 工业互联网平台获取了多源异构数据的采集汇聚、整合处理等服务，建立了数字化营销手段以快速响应需求，显著缩短了商品出售时间。此外，企业还可以分析生产资料的库存数据和市场交易数据，挑选性价比高、配送快的供应商，并通过线上采购来节省采购时间。

另一方面，数据要素和数字技术有利于减少流通费用。"商品资本要作为商品储备停留在市场上，就要有建筑物、栈房、储藏库、货栈，也就是要支出不变资本，还要对把商品搬进储藏库的劳动力付给薪酬"，此类支出统称为保管费用，是流通费用的一种。浏览历史、购买、评论等数据有助于企业分析用户的异质性需求，通过精准营销使商品快速出售、减少堆积，从而降低保管费用。"商品在空间上的流通，即实际的移动，就是商品的运输"，相关费用为运输费用。物流企业可利用交通大数据和气象大数据选择成本低、时效快的运输方式和运输路线，降低运输成本。此外，基于区块链、人工智能等技术搭建的智慧物流体系有助于加快物流单据审核速度，实现基于机器人的智能拣货与发货。例如菜鸟研发物流新技术并将其应用于物流企业，显著降低了流通费用。

若要最大限度地缩短流通时间、降低流通费用，需构建统一数据要素大市场。一是分割的数据要素市场只能在局部影响流通过程，统一数据要素大市场则能缩短社会平均流通时间、降低社会平均流通费用。二是统一数据要素大市场能最大程度缓解买卖双方的信息不对称，促进商品交易。流通过程的本质是商品的买卖行为，而影响买卖决策的关键因素之一就是信息不对称。统一数据要素大市场能在全国范围内、在所有交易主体间，基于真实互信的原则共享数据，降低因信息不对称产生的流通费用。三是统一数据要素大市场能提供智能物流所需的数据基础设施支撑。数字经济时代的流通过程是基于数据的智能物流，需要高精尖人才研发智能物流技术，全国数据中心汇集数据，以及一体化算力网络支持大规模运算。这些"人"的要素和"物"的要素都需要统一数据要素大市场来提供。

四、建设统一数据要素大市场的现实逻辑

本文以全球数字经济发展状况和国际分工格局深度调整作为研究背景，从塑造国际竞争优势、建设创新型国家等视角出发，以构建"双循环"新发展格局为目标，论证建设统一数据要素大市场的现实必要性。

（一）塑造国际竞争新优势的必要之举

数据要素已成为全球竞争新赛道，谁掌握了数据，谁就能在大国博弈中占据优势地位。新冠病毒感染疫情席卷全球，引发了供应链断裂、贸易停滞

和市场恐慌，使本就疲软的经济雪上加霜。在此期间，数字经济凭借其无接触、快速响应、高附加值等特征逆势增长，成为应对经济下行压力的稳定器，目前已在国民经济中占据重要地位。统计数据显示，2021 年全球数字经济占 GDP 比重为 45%，德国、英国、美国的数字经济已成为国民经济主导，占 GDP 比重均超过 65%[①]。中国作为数字经济规模第二的国家，数字经济占 GDP 比重也从 2017 年的 32.9% 上升为 2021 年的 39.8%[②]。可以预见，数字经济在国民经济中的重要性将继续呈上升态势。数据作为数字经济的核心要素，也成为大国竞争的新焦点。

为促进数据流通和价值释放，抢占国际竞争制高点，各国多举措并行发展数据要素市场，形成了各具特色的发展模式。譬如美国、欧盟、中国作为全球三大数字经济体，分别走出了不同的数据发展道路。美国遵循"效率优先"的发展模式，一方面通过相对宽松的法律环境为数字平台企业提供发展空间，积极推动数据要素自由流动[③]，另一方面积极布局芯片、人工智能、量子通信等前沿领域，依托技术优势巩固数据竞争力。欧盟采取"公平治理"模式，即通过建立健全数据规则体系来捍卫数据主权和保护个人数据安全。截至目前，欧盟已发布《通用数据保护条例》等综合性法案，并致力于持续健全隐私保护规则、完善数据市场竞争秩序。中国则在统筹发展和安全的基础上形成"注重效率、兼顾公平"的模式。监管者一方面采取包容的态度鼓励数据创新，另一方面按照审慎原则坚守不发生系统性风险和避免数据泄露等底线。此外，中国依托完整的工业体系积极推进生产端数字化，依托庞大的用户群体和丰富的场景优势推动消费端数字化，走出了具有中国特色的数据发展道路。

---

① 中国信通院发布《全球数字经济白皮书（2022 年）》[R/OL].（2022-12-08）[2022-12-26]. https：//www.sohu.com/a/61505575 5_121124371.

② 国家互联网信息办公室发布《数字中国发展报告（2021 年）》[R/OL].（2022-08-02）[2022-09-16]. http：//www.cac.gov.cn/20 22-08/02/c_1661066515613920.htm.

③ 欧盟《数据法案》草案观察 | 数据采集：构建数据市场的逻辑起点 [EB/OL].（2022-04-01）[2022-09-16]. https：//www.cnii.co m.cn/gxxww/rmydb/202204/t20220401_369875.html.

不同数据发展模式各有优劣，全球数据竞争格局尚处动态变化中。美国的"效率优先"模式确实带来了显而易见的优势，如美国数字经济蝉联世界第一，其头部数字平台企业也在世界各国占有较高的市场率。这些优势为美国谋求数据霸权提供了重要支撑。该模式的劣势也不容忽略，如美国是数据泄露损失最大的国家，其头部数字平台企业也在其他国家遭受反垄断、数字税等多重制裁。欧盟的"公平治理"模式虽然在很大程度上维护了数据主权和个人隐私权，却也对其构建统一数据市场产生了阻力。一方面，欧盟缺乏本土化的大型数字平台企业，致使其互联网生态几乎被美国垄断。严格的数据立法在遏制美国头部数字平台企业扩张的同时也挤压了本土企业的生存空间。另一方面，欧盟的数据基础设施和技术相对滞后，高度依赖国外的云服务商，国内云普及率也较低。中国兼顾效率和公平的模式在实践中也面临诸多难题。譬如如何厘清政府和市场职能以防止"越位"与"缺位"，如何处理好数据创新和数据安全的关系等。

建设统一数据要素大市场是中国在动态格局中提升数据竞争力、塑造国际竞争新优势的必要之举。一方面，建设统一数据要素大市场有助于充分发挥海量数据和丰富应用场景优势，不断做强、做优、做大中国数字经济。2021年中国数据产量已经达到6.6ZB[1]，但数据利用率普遍偏低。以电子行业为例，70.6%的受访企业都表示目前的数据利用效率低，无法支撑工业智能化应用[2]。主要原因包括数据接口不统一、数据质量良莠不齐、数据基础设施支撑不足等。建设统一数据要素大市场所能有效破解数据利用率低的难题。另一方面，建设统一数据要素大市场有助于畅通国内数据大循环，并以此为基础推动数据跨境流动和数字自由贸易，提升中国在国际数据主权规则和数

① 国家互联网信息办公室发布《数字中国发展报告（2021年）》［R/OL］.（2022-08-02）［2022-09-16］. http://www.cac.gov.cn/2 022-08/02/c_1661066515613920.htm.

② 电子与机械行业存储应用态势调研报告［R/OL］.（2021-10-26）［2022-09-18］. https://max.book118.com/html/2021/1026/523033 1213004041.shtm.

字贸易体系中的话语权和主导权，为全球数字经济发展贡献中国智慧。

（二）建设创新型国家的基础支撑

加快建设创新型国家是中国在错综复杂的国际局势中把握重要战略机遇期，构建"双循环"新发展格局的关键。创新是社会进步的源泉，推动人类社会实现了机械化、电气化到自动化、智能化的重大转变。企业作为创新的主体，其创新能力分为三层：从外部引进后按需求适当加工的二次创新，将企业自有技术和外部技术整合的集成创新，以及由企业掌握核心技术的原始创新。这三个层面对应的自主创新能力依次增强，对外部技术的依赖性逐渐减弱。贸易保护主义抬头、全球经济增长乏力对中国过去以出口为导向的经济增长模式造成了严重冲击。在该模式下，中国依靠低廉原材料和劳动力优势参与全球化并被锁定在全球价值链的中低端，形成对国外市场和外部技术的双重依赖。该模式导致本地企业难以形成自主品牌以获得高附加值，且容易因遭受技术牵制而处于被动状态。因此，建设创新型国家，尤其是大力推动原始创新既有利于打造本土品牌以满足内需，又能降低技术依赖、提高贸易自主性和独立性。

建设统一数据要素大市场是建设创新型国家的基础支撑。数字技术的运用能将多数劳动力从低水平、重复性的工作中解脱出来以从事高水平的研发活动。如前所述，统一数据要素大市场能显著缩短社会必要劳动时间并延长劳动总时长，其本质就是用数字化生产代替重复性劳动。鉴于此，劳动者将有更多剩余时间从事研发活动，如开发新技术、提供新服务、创造新的商业模式等。沈阳新松公司作为一家高科技公司，不仅建成了从取货、搬运、到装配、检测、成品入库的全流程数字化无人工厂，还将其研发的各类机器人出口到多个国家，极大地解放了重复性劳动力[①]。统一数据要素大市场有助于

---

① 沈阳新松公司实现数字化无人工厂［EB/OL］.（2015−02−04）［2022−09−20］. https：//www. chuandong.com/news/news153051.html.

降低企业融资成本，帮助企业获取更多资金以支持研发创新。研发创新多具有周期长、风险高等特征，常面临融资难、融资少、融资贵等问题，导致企业研发动力不足。大数据分析技术的运用有利于缓解企业融资难题。从间接融资看，大数据授信技术能将企业的知识产权数量、科技成果奖项、研发团队实力等信息纳入传统信贷模型，将科技"软实力"转变为融资"硬通货"。例如兴业银行构建"技术流"授信体系为多家科创企业融资[1]。从直接融资看，大数据分析技术有助于充分挖掘企业数据以减少信息不对称，提升投资者对企业未来收益的预测准确率，从而降低该企业的直接融资成本。

五、结论与政策建议

数据作为数字经济时代的核心要素，其价值寓于高效流通之中。建设统一数据要素大市场有助于数据在全国范围内自由流通、充分释放其价值，因此具有必然性、合理性和必要性。为加快建设统一数据要素大市场，本文提出以下政策建议。

其一，加强数据基础制度体系建设，消除阻碍数据要素跨部门、跨平台、跨地区流通的壁垒。具体来讲，一是完善政务数据开放共享与安全保障的管理制度，推动交通、医疗、卫生等高价值政务数据在政府部门之间，政府与企业、个人之间共享使用，充分释放其社会价值；二是制定统一的数据标准和交易规则，使数据交易主体能跨地区交易而无须支付转换成本；三是健全反垄断规则制度以推动数据跨平台互通互用。

其二，坚持分层次、分区域逐步推进全国统一数据要素市场建设。数据要素的流通和交易离不开算力、电力、技术、人才等多种资源的支撑，而中

---

① 发挥"商行＋投行"优势 破解科创企业融资难［EB/OL］.（2022-08-29）［2022-09-20］. http://www.cbimc.cn/content/2022-08/29/ content_466865.html.

国各地区的要素禀赋不同，数据要素市场发展程度也不尽相同。譬如东部沿海地区拥有更先进的数字技术，能吸引更高端的数字人才，而西部地区则拥有更丰富的算力资源。在各地区发展不平衡的前提下，需要分层次、分区域逐步推进全国统一数据要素市场建设，譬如可按照"省域数据统一→区域内数据统一→全国数据统一"的思路循序渐进地建成统一数据要素大市场。

其三，完善数据安全治理框架，筑牢数据安全防线。一是完善数据安全流通技术体系并推动其落地应用。目前尚无技术可保障原始数据在流通中不被复制和篡改。隐私计算等技术虽可实现"原始数据不出域"，但是其应用场景有限，高昂的技术成本也影响其大规模落地应用。因此，既要大力推进核心技术攻关、鼓励多种技术融合应用以解决数据安全难题，还要推动相关技术大规模落地使用。二是提高包含数据安全风险评估、监测预警和应急处理等在内的多环节数据安全治理能力，为统一数据要素大市场的稳步建设筑牢安全防线。

《西安交通大学学报（社会科学版）》2023 年第 2 期

03

三、全面赋能经济社会发展

《数字中国建设整体布局规划》指出，要全面赋能经济社会发展。

一是做强做优做大数字经济。培育壮大数字经济核心产业，研究制定推动数字产业高质量发展的措施，打造具有国际竞争力的数字产业集群。推动数字技术和实体经济深度融合，在农业、工业、金融、教育、医疗、交通、能源等重点领域，加快数字技术创新应用。支持数字企业发展壮大，健全大中小企业融通创新工作机制，发挥"绿灯"投资案例引导作用，推动平台企业规范健康发展。

二是发展高效协同的数字政务。加快制度规则创新，完善与数字政务建设相适应的规章制度。强化数字化能力建设，促进信息系统网络互联互通、数据按需共享、业务高效协同。提升数字化服务水平，加快推进"一件事一次办"，推进线上线下融合，加强和规范政务移动互联网应用程序管理。

三是打造自信繁荣的数字文化。大力发展网络文化，加强优质网络文化产品供给，引导各类平台和广大网民创作生产积极健康、向上向善的网络文化产品。推进文化数字化发展，深入实施国家文化数字化战略，建设国家文化大数据体系，形成中华文化数据库。提升数字文化服务能力，打造若干综合性数字文化展示平台，加快发展新型文化企业、文化业态、文化消费模式。

四是构建普惠便捷的数字社会。促进数字公共服务普惠化，大力实施国家教育数字化战略行动，完善国家智慧教育平台，发展数字健康，规范互联网诊疗和互联网医院发展。推进数字社会治理精准化，深入实施数字乡村发展行动，以数字化赋能乡村产业发展、乡村建设和乡村治理。普及数字生活智能化，打造智慧便民生活圈、新型数字消费业态、面向未来的智能化沉浸式服务体验。

五是建设绿色智慧的数字生态文明。推动生态环境智慧治理，加快构建智慧高效的生态环境信息化体系，运用数字技术推动山水林田湖草沙一体化保护和系统治理，完善自然资源三维立体"一张图"和国土空间基础信息平台，构建以数字孪生流域为核心的智慧水利体系。加快数字化绿色化协同转型。倡导绿色智慧生活方式。

数字时代的技术与文化

江小涓

技术是人类社会物质和精神文明演进的重要推动力。工业革命以来，技术进步产生的巨大力量，推动着经济社会文化各个领域的快速发展。文化是人类文明的智慧结晶，既是技术发展的知识支撑和价值标准，也日益成为技术进步的重要驱动要素和应用场景。

20 世纪之前，技术与文化的交集、融合和相互影响较少，致使文化产业发展滞后、影响较弱。20 世纪以来特别是最近半个世纪以来，网络和数字技术广泛渗透到文化创作、生产、传播、消费各个方面，极大地推动了文化产业的发展。文化产业也为数字技术提供了渗透最广泛、创新迭代最快、效益最显著的应用领域。

技术与文化的深度融合带来赞美也出现质疑声音：文化内涵的积淀与演进是慢变量，以十年、百年、千年为尺度；而数字技术是快变量，呈现形态可谓日新月异。显而易见，当下数字技术居主导地位，引导着文化产业的非常态发展。长久下去，文化内涵能否传承和创新？文化的人文精神和社会价值能否保持和延续？本文以传统文化产业的低效率特征为出发点，分析数字技术如何全面全链赋能文化产业和提升效率，如何改变文化消费、生产和市

作者系第十三届全国人大常委会委员、社会建设委员会副主任委员。

场结构，数字大潮中文化内涵如何创造和传承，同时也分析了中国发展数字文化产业的突出优势。

一、技术赋能与文化产业发展：历史回顾

（一）文化及文化产业的定义

"文化"是一个很宽泛的概念，据说学者对文化下过的定义有200多种，但仍然缺乏一个严格、精确并得到共识的定义。定义过于宽泛会失去特性，那就是天下皆文化了，没有给"非文化"留下些许空间。定义过于狭窄又不能概括和包容到位，例如将文化定义为"意识形态所创造的精神财富"，那又会将许多承载文化内容的物质财富排除在外。在综合多种观点的基础上，笔者倾向这样一个定义：文化指人类发展过程中所创造的精神财富及其物质载体，以及与之相适应的日常行为习惯和制度形态。[①]

"文化产业"这个概念的提出已将近70年，但至今也没有统一的定义，甚至没有形成统一的称谓，在不同的国家被称为文化产业、文化创意产业、创意产业、文化休闲产业和版权产业等，内涵和定义也不完全相同。大卫·索斯比[②]在综述他人相关定义的基础上有过一个描述式的定义，他将文化分为一个同心圆的三个层面，最核心的层面是"创意"，第二层为利用创意形成的有高度文化内涵的产品，第三个层面是具有文化内容的其他产业。这个划分同时兼顾了创意这个核心内容和在此基础上扩展的广泛产业链，在理论界和产业界有相对较高的认同度。（见图1）

---

① 关于文化的多种定义，参见雷德蒙·威廉斯：《文化与社会》，吴松江、张文定译，北京：北京大学出版社，1991年；陆扬、王毅：《文化研究导论》，上海：复旦大学出版社，2006年；江小涓：《经济利益与社会价值的权衡：以文化产业为例》，江小涓等：《网络时代的服务型经济：中国迈进发展新阶段》，北京：中国社会科学出版社，2017年。

② 参见 David Throsby，*Economics and Culture*，London：Cambridge University Press，2001。

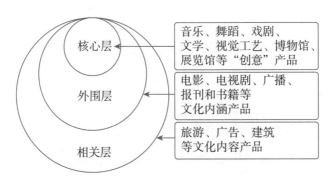

图 1　文化产业同心圆体系

资料来源：根据大卫·索斯比（David Throsby）的论述整理绘制而成。

2004 年我国国家统计局对文化和文化产业的界定和划分就大体上应用了这个思路：文化及相关产业是指为社会公众提供文化产品和文化相关产品的生产活动的集合。2018 年新修订的《文化及相关产业分类（2018）》继续使用这个定义。根据这一定义，文化产业生产活动范围包括两部分：（1）以文化为核心内容，为直接满足人们的精神需要而进行的创作、制造、传播、展示等文化产品（包括货物和服务）的生产活动，具体包括新闻信息服务、内容创作生产、创意设计服务、文化传播渠道、文化投资运营和文化娱乐休闲服务等活动。（2）为实现文化产品生产活动所需的文化辅助生产和中介服务、文化装备生产和文化消费终端生产（包括制造和销售）等活动。

（二）技术未赋能与文化非产业

18 世纪工业革命以来，许多生产活动得益于新型机器设备的使用，效率极大提高，商业化、产业化、市场化快速推进。但这个时期的技术总体上不适用于文化等服务活动，人们在实践和意识中，都未将文化与产业相联系，文化继续呈现出与商业无染、专注于精神层面的特点，并且与贵族阶层、知识分子等阶层的知识结构、意识形态和行为举止联系在一起。19 世纪中期英国著名诗人、教育家马修·阿诺德就提出："文化不以粗鄙的人之品味为法则，任其顺遂自己的喜好去装束打扮，而是坚持不懈地培养关于美观、优雅和得体的意识，使人们越来越接近这一理想，而且使粗鄙的人也乐于接受。"①毫无疑问，在这些学者看来，"文化"与"商业"是不应该关联起来的。商业化会损伤正宗的艺术，使艺术为了追求利润而向低俗趣味靠拢和低头。阿多诺（又译为阿多尔诺、阿道尔诺）就认为，商业化使创作者已经不再从审美角度来制作音乐，取而代之的是上座率和经济利润，音乐作品丧失了艺术欣赏性，变成了商品的另一种符号形式，造成公众欣赏能力的退化。②他们担心全社会的欣赏趣味变得庸俗不堪，文学经典无人问津，这些学者所提倡的是以这些上层欣赏的优秀文化作为提升人性的途径和手段，学习研究自古以来人类最优秀的思想、文化、价值资源，从中补充、吸取自己所缺乏的养分。持有这种观点的人甚至认为现代文化常常比不上历史上的某个时期，如古典时期、启蒙运动时期等。③

　　不愿意将文化与产业挂钩的另一个观点，认为文化不能够创造财富因而不能成为产业。从18世纪后半期到20世纪中期的近200年间，许多产业借力新技术和新商业模式蓬勃发展，但彼时的技术主要是应用于制造业和运输业的"硬技术"，技术类型不适用于文化等服务业，并未广泛渗透到文化发展之中，导致文化与产业化少有关联。以亚当·斯密为代表的古典学派就认为，那些能有效使用技术设备、吸引投资和带来财富积累的产业，才被认为是生产性的，而包括诸多类型文化在内的服务业是非生产性的，斯密甚至编排了一个非生产性服务经济活动列表，包括公务员、军队、律师、医护人员、作家、艺术家、喜剧演员、音乐家、歌手、剧院舞蹈演员和其他私人服务以

---

　　① 马修·阿诺德：《文化与无政府状态：政治与社会批评》，韩敏中译，北京：三联书店，2008年，第13页。

　　② 参见陈学明等：《社会水泥——阿多诺、马尔库塞、本雅明论大众文化》，昆明：云南人民出版社，1998年，第51—62页。

　　③ 参见约翰·凯里：《知识分子与大众：文学知识界的傲慢与偏见，1880—1939》，吴庆宏译，南京：译林出版社，2008年，第80—102页。

及家仆等。这些职业的共同特点，就是不能应用当时的先进技术扩大生产和创造财富。斯密甚至还要将文化活动再压低一等。他认为，服务业包含着各种职业，有些是很尊贵、很重要的，有些却可说是最不重要的。前者如牧师、律师、医师、文人，后者如演员、歌手、舞蹈家。[①]

在斯密时代及之后，这个观点非常流行，李嘉图、约翰·穆勒、西斯蒙第等，都持这种观点。[②] 以约翰·穆勒为例，他着力于划分哪些特定类型的服务业是生产性的，他将效用分为三种类型，"包含于外在的实物中""包含在人身上（例如教育）"和不"内嵌于任何实物中，而只能存在于单纯的服务中"，而"音乐表演者、演员、玩杂耍的"这些文化活动，都被定义为第三类。穆勒明确说："我只将所谓的物质财富视为财富，将生产内含在实物中效用的运用视为生产性劳动。"[③] 上述角度的讨论一直延续到 20 世纪中期。

（三）一个经典分析框架：文化是低效率服务业的代表性行业

美国学者威廉·鲍莫尔在 20 世纪 60 年代中后期发表了几篇著名的服务业文献。其中，他与鲍文合作、发表于 1966 年的文章是经济学关于文化产业研究的一篇重要文献。这篇文献中，作者以现场表演业为例讲述为什么服务业是低效率的部门："乐队五重奏半个小时的表演要求 2.5 个小时的人工费用，而任何试图提高生产率的打算都会受到在场观众的批评。"[④] 这个分析

---

① 参见让－克洛德·德劳内、让·盖雷：《服务业经济思想史——三个世纪的争论》，江小涓译，上海：格致出版社、上海人民出版社，2011 年，第 11—22 页。

② "这是一个长长的名单"由保罗·斯图登斯基列出。参见让－克洛德·德劳内、让·盖雷：《服务业经济思想史——三个世纪的争论》，第 6—22 页。

③ John Stuart Mill, *The Principles of Political Economy*, London: John W. Parker & Son, 1852, p. 25.

④ 参见 W. Baumol and W. Bowen, *Performing Arts: The Economic Dilemma*, New York: The Twentieth Century Fund, 1966。

框架对后来学者分析文化产业问题产生重要影响，对文化产业效率问题的判断，几乎等同于对鲍莫尔理论的赞同或质疑、反对。

鲍莫尔在 1967 年的文献中作了进一步的理论分析。他从技术进步的角度划分产业，将经济活动分为两个主要部门：一个技术影响强的"进步部门"（progressive sector），在这个部门，"创新、资本积累和规模经济带来人均产出的累积增长"；另一个是技术影响弱的"非进步部门"（non-progressive sector），这个部门由于新技术应用甚少，所以劳动生产率保持在一个不变水平，其原因在于生产过程的性质。此时，他仍然举了乐队五重奏为例。[①] 这篇论文提出，美国许多大城市由于服务业成本问题导致了金融危机，即存在"成本病"（cost disease）。这个研究对后续服务经济问题研究产生了重要影响，几乎成为服务业研究的标准模型。不少学者的研究都表明，"成本病"在很多服务业部门都存在，这一结果并不是因为服务业成本控制不好或者管理差，而是因为与制造业相比，服务业在生产方法和技术方面存在差异。鲍莫尔后来不断修订他的观点，转而使用更为复杂的解释，[②] 但直到 2006 年，他本人依然在按照这个基本思路研究服务业问题，并将现场艺术表演业扩展到了更广泛的文化产业之中。[③]

文化产业的低效率问题源自其传统服务业的特征。传统服务业有以下几个特点：一是"结果无形"，即服务过程不产生有形结果；二是"生产消费同步"，即服务生产和服务消费同时同地发生，生产完成时服务已经提供给了消费者；三是"不可储存"，由于必须同步，服务过程也就是服务结果，过程结束服务结束，无法储存。上述性质使这些服务业具有以下经济学意义上的

---

① 参见 W. Baumol, "Macroeconomics of Unbalanced Growth: The Anatomy of an Urban Crisis," *American Economic Review*, vol. 57, no. 6, 1967, pp. 415–426。

② 参见 W. Baumol, S. Blackman and E. Wolff, "Unbalanced Growth Revisited: Asymptotic Stagnancy and New Evidence," *American Economic Review*, vol. 75, no. 4, 1985, pp. 806–816。

③ 参见 W. Baumol, "The Arts in the New Economy," in V.Ginsburg and D. Throsby, eds., *Handbook of the Economics of Arts and Culture*, vol. 1, Amsterdam: North-Holland, 2006, pp. 339–358。

重要特征：第一，没有规模经济。由于服务生产和消费不可分离且是同时同步进行，消费需求又高度个性化，因此"批量""标准化""劳动分工"等产生规模经济的基本要求不能满足。第二，技术含量低。制造业的进步主要体现在高效率机器设备上，多数传统服务业是直接的劳务活动，难以普遍应用机器设备。由于上述两个原因，促使工业革命以来劳动生产率提高的主要因素都体现不到服务业上。特别是文化和艺术类生产，长久以来的基本特征是"纯人力资本投入"，基本上没有采用资本和新技术提高生产率的可能。还以乐队五重奏为例，2.5 小时的劳动付出（0.5 小时 ×5 人）提供一场半小时的现场演出，至今也没有变化。而 2.5 小时的制造业劳动付出所能提供的产品，早已借助先进的机器设备而大大提高生产率。[①] 这些特点决定了工业革命以来一直到 20 世纪中期，文化未能得到技术的普遍赋能，因此文化产业未能得到大规模发展。

（四）技术加持、效率提升与文化产业化

到 20 世纪中期前后，"文化产业"开始出现在学者的讨论中。[②] 这个变化直接与技术发展相关。自这个时期开始的技术进步，为文化内容生产和传播提供了极大帮助，效率明显提升，表现手段丰富多样。较早提出文化产业概念的法兰克福学派的霍克海默和阿多诺等人敏锐地发现：文化生产一旦与科技结合，形成产业体系，就会产生影响社会的巨大力量。[③] 例如，印刷机虽然早已发明，但长期以来一直是手工排字，19 世纪中期德裔美国发明家默根特勒发明了莱诺铸排印刷机，才大大提高了印刷业的效率，快速提升了

---

① 参见江小涓：《服务业增长：真实含义、多重影响和发展趋势》，《经济研究》2011 年第 4 期。

② "文化产业"一词何时出现有不同的说法，一个较有共识的观点是，"文化产业"一词诞生于 1944 年，由德国学者阿多诺和霍克海默提出。参见吉姆·麦圭根：《重新思考文化政策》，何道宽译，北京：中国人民大学出版社，2010 年。

③ 参见霍克海默、阿道尔诺：《启蒙辩证法——哲学断片》，渠敬东、曹卫东译，上海：上海人民出版社，2003 年，第 134—148 页。

普遍识字率。生产和消费都迅速扩大规模，使文字类文化产品如书籍和报刊等扩大生产，形成了出版产业。再如电影制作技术在 20 世纪初期迅速发展，经历了从无声到有声、从黑白到彩色、从单声道到立体声等几次变革，每次变革都以技术为先导。特别是电影"可拷贝复制"的特点，大幅度降低了文化产品制作成本和文化消费价格。视听技术使得声音、图像能够适时录制、传送，音像复制技术促成了音像文化产品的批量化生产。

20 世纪中期以来，以信息技术为代表的科技发展，更加广泛触及文化领域，促进了文化产业的大发展。托马斯·斯坦贝克、蒂里·诺伊尔等学者都认为，新经济最典型的特征是包括文化在内的"先进服务业"（advanced services）。[1] 有研究表明，1967 年—1995 年，无线电、电视广播和通信设备等行业独占鳌头，电子媒介、娱乐休闲开始成为文化创意产业新宠。[2] 家用音频和视频设备、电视广播服务等都经历了快速发展，突破了地域对文化传播的限制。技术产品的出现还极大促进了文化内容创新。例如，为了让收音机和电视机进入千家万户，广播公司和电视台必须创造出丰富内容，转播比赛、制作娱乐节目等便是如此。

与此同时，整个消费端也在快速变化和进步。20 世纪后半期以来，教育广泛普及，民众的生活水平显著提高，中产阶级成为人口构成的主要部分，成为"大众"的主体，他们的知识结构、生活方式、世界观和价值观等已有很大改变，文化产业拥有了广泛受众。此时的文化消费需求既有纯粹找乐、简单直白的娱乐节目，也有风格多样、内涵丰富的多种艺术产品。技术发展

---

[1] 参见 T. M. Stanback, *Services: The New Economy*, Totowa, NJ: Allanheld, Osmun, 1981; T. Noyelle, "Services and the New Economy: Towarda New Labor Market Segmentation," *Occasional Paper*, no. 5, 1988.

[2] 国内学者的相关研究有：黄永林、罗忻：《文化产业发展核心要素关系研究》，《社会主义研究》2011 年第 5 期；厉无畏、王慧敏：《创意产业促进经济增长方式转变——机理·模式·路径》，《中国工业经济》2006 年第 11 期；解学芳：《基于技术和制度协同创新的国家文化产业治理》，《社会科学研究》2015 年第 2 期。

支撑了文化的丰富多样，各类人群总能从其中找到符合自己口味的文化产品。再之后，始于 20 世纪 70 年代初的"后工业社会"，被描述为知识、科学和技术主导的社会。社会学家丹尼尔·贝尔的《后工业社会的来临——对社会预测的一项探索》是一篇经典和代表之作，他认为后工业社会是由服务和舒适所计量的生活质量来界定的，如健康、教育、娱乐和艺术等。技术和专业阶级的地位不断提高。他将文化和信息提供等方面具备专业知识的人员归入此类。[①] 消费端结构和整个社会结构的变化，为文化产业的多元化发展提供了最重要的市场基础和时代背景。

总之，这个时期文化产业供给侧和需求侧都发生了巨大变化，文化产品的生产效率大大提升，文化表现手段更为丰富，文化产品的大规模复制、流通成为可能，消费者可触及的文化产品和服务持续拓展，消费成本不断降低。此时的文化具备了大量投资、大规模生产并持续提供利润和积累财富的特点，"文化产业"这个概念的提出和发展成为必然。

技术如此强有力地赋能文化产业，并非只收获赞扬，同时也带来许多担忧和质疑。一个较为普遍的观点是，文化发展开始受制于资本的力量。由于许多技术是资本密集型和大规模生产型的，初始的文化创意者自身的资金和组织能力严重不足，必须吸引外部投资，因此文化产品越来越多地从"劳动密集型艺术"向"资本密集型艺术"转变。[②]正如霍克海默和阿多诺所说的"最有实力的广播公司离不开电力工业，电影工业也离不开银行"。[③] 本雅明也指出，"电影制作技术不仅以最直接的方式使电影作品能够大量发行，更确切地说，它简直是迫使电影作品做这种大量发行。这是因为电影制作的花费太

---

① D. Bell, *The Coming of Post-Industrial Society: A Venture in Social Forecasting*, New York: Basic Books, 1973, p. 447.

② 参见泰勒·考恩：《商业文化礼赞》，严忠志译，北京：商务印书馆，2005 年，第 3—17 页。

③ 参见霍克海默、阿道尔诺：《启蒙辩证法——哲学断片》，第 134—138 页。

昂贵了"。① 因此，一旦使用技术，就意味着外部投资者的介入，创意和生产过程便不完全依创意者个人的艺术偏好来进行，文化本身的理念、价值、品位等不再受到重视，成为产业的文化在很大程度上已经不再是"文化"了。

（五）数字赋能与文化产业超常发展

1. 数字技术与文化产业的高度适配性

进入 21 世纪，技术与文化的融合进入全新时代，迎来了前所未有的繁荣景象。数字技术提供了迄今为止最大的摄取、生成、存储和处理各种文化元素的能力，文化产业效率得到极大提升，文化产品具有了更加多元的形态和更为丰富的表现力。以音乐为例，传统音乐服务是以现场音乐会为主，后来发展为可以搭载在实物产品如光盘和磁盘上提升服务，现在，数字技术将音频和视频变成了可以在计算机网络上免费共享的数字文件，随时随地提供极为丰富的音乐服务。再以图像艺术为例，从手工绘制到摄像摄影，再到数字图像技术，创意、修改和展现的效率、多样性及便利程度有巨大飞跃。2020 年 3 月 18 日，国际计算机协会宣布，授予帕特里克·汉拉恩（Patrick M. Hanrahan）和艾德温·卡特姆（Edwin E. Catmull）2019 年图灵奖荣誉，以表彰他们对 3D 计算机图形学所作的贡献。后者是著名计算机科学家，也是皮克斯动画工作室联合创始人、前总裁；前者是皮克斯动画工作室创始员工之一，同时也是斯坦福大学计算机图形学实验室教授。② 这个获奖名单传递的信息是：在某种意义上文化产业是最适合数字技术应用的领域，两者具有高度适配性。

---

① 参见本雅明：《机械复制时代的艺术作品》，王才勇译，北京：中国城市出版社，2002 年，第 17 页。

② 皮克斯动画工作室从 1995 年的《玩具总动员》开始，一直延续到今天，形成了一种全新的电脑动画电影类型，并为当今 3D 动画电影铺平了道路。《海底总动员》《超人总动员》《赛车总动员》《机器人总动员》《飞屋环游记》《寻梦环游记》《怪兽大学》《头脑特工队》等耳熟能详的动画电影，均出自皮克斯动画工作室。

2. 数字文化产业的定义及内涵

从统计口径和内涵看，目前国际学术界对"数字文化产业"并无高度共识和通用的权威定义，定义和内涵相对清晰的是"数字内容产业"（Digital Content Industry）。1995 年西方七国信息会议最早正式提出"数字内容产业"的概念，1996 年欧盟《Info2000 计划》进一步明确了数字内容产业的内涵：数字内容产业是指将图像、文字、影像、语音等内容，运用数字化高新技术手段和信息技术进行整合运用的产品或服务。2008 年，亚太经合组织（OECD）用以下术语描述了该部门的重要性：随着经济向知识密集型发展，创建、收集、管理、处理、存储、交付和访问内容的信息丰富的活动正在广泛传播到各个行业，为进一步的创新、增长和就业作出了贡献。它还刺激了用户的参与和创意供应的增加。[①]

中国官方文献对这个概念的应用可以追溯到 2009 年，这一年国务院发布《文化产业振兴规划》，提出数字内容产业是新兴文化业态发展的重点。最早提到数字文化产业的是 2017 年文化部发布的《关于推动数字文化产业创新发展的指导意见》，其中指出，数字文化产业以文化创意内容为核心，依托数字技术进行创作、生产、传播和服务，呈现技术更迭快、生产数字化、传播网络化、消费个性化等特点，有利于培育新供给、促进新消费。定义数字文化产业及其内涵，是一个渐进发展变化的过程。

从数字文化贸易角度看，这个概念较早出现在美国国际贸易委员会（USITC）2013 年发布的《美国和全球经济中的数字贸易》之中，这个报告将数字贸易定义为通过有线和无线数字网络传输产品或服务，认为"数字贸易"主要集中在能够在线交付的数字产品和服务领域。在其描述中，直接涉及许多数字化文化的内容，包括能够数字化交付的音乐、游戏、视频和书籍，以及数字化社交媒体；通过互联网交付的信息服务如电子邮件、即时通信和

---

① 参见 OECD，*OECD Information Technology Outlook*，Pairs：OECD Publishing，2008。

网络语音电话等。在 2014 年第二次报告中，美国国际贸易委员会吸纳了产业界对第一份报告定义的反馈意见，分析了当前美国与数字贸易特别相关的数字化密集型行业：包括出版报纸、期刊、书籍、电影、广播和新闻等；还有包括软件出版、互联网出版、互联网广播及搜索引擎服务；媒体购买机构、旅游安排及预约服务。[①] 亚太经合组织将数字贸易定义为包括以数字方式进行的货物和服务贸易，其中也包括大量数字文化产品。[②]

综合各种观点，本文尝试给出一种定义：数字文化产业是以文化创意为核心、依托数字技术创新与发展的文化产业。这个定义强调两点：第一，以文化创意为核心，强调了文化内涵的必要性和首要性；第二，依托数字技术，强调必须有数字技术加入和赋能。现在，数字技术已经全链全面地融入文化之中。所谓全链，是指文化创作、生产、传播和消费全产业链都建立在数字技术基础上；所谓全面，是指文字、图像、语音、影像等文化表达方式全面通过数字化手段融合和展示。

二、数字赋能、效率提升与主导地位

（一）数字技术全面全链赋能文化产业

数字技术以极快速度和极大能量，全面赋能文化产业创作、生产、传播、交易、消费全链条。

1. 赋能消费者和扩大消费规模

数字技术之前，技术也提高了文化生产和传播效率，将其推向"大众"。但那时的文化传播以视觉和听觉文字为主，接受、欣赏和创作这类文化产品需

---

① 参见戴慧：《跨境数字贸易的发展与国际治理》，《中国发展观察》2021 年 Z2 期。

② 参见 OECD, *The Impact of Digitalisation on Trade*，http://www.oecd.org/trade/topics/digital-trade/，2021 年 3 月 27 日。

要有较高的教育水平、财富能力和闲暇时间。数字技术开启了图像和视频时代，极大拓展了各类人群参与文化创作和消费的规模。第一，突破了阅读能力障碍，消费者无论阅读能力如何，都可以用图像和视频等形态欣赏丰富的文化产品。第二，突破了财富能力障碍，消费者以较低费用甚至免费登录一个平台，文化服务就会应有尽有，能够听到或试听世界各地的音乐，看到或试看全球的电影，足不出户地欣赏博物馆中珍贵的藏品。第三，突破了时间和空间障碍，手机和平板电脑的便携性和移动性，更加契合现代社会快节奏、时间碎片化、空间移动频繁的特点，更利于创作和欣赏文化产品。第四，突破了信息有限的障碍，以往生产者和消费者之间的信息渠道有限，彼此发现十分困难。现在消费端的搜索技术使消费者能够在网络海量的文化产品中随意选择他们各自感兴趣的内容。[①] 总之，数字技术以一种前所未有的便捷方式，携带文化内容融入人们日常生活，极大扩展了文化对社会的渗透度和影响力。

2. 赋能创意者和创意创作多元化

首先，突破了大众创作能力障碍，那些文化创作"专业"能力不足的人群，也能将极富创意的灵感转化为文化产品，例如发布自己的视频、照片、脱口秀、广场舞等以及更多形态的产品，还能通过"点赞"展示自己对某种文化产品的喜爱。其次，突破新创意新作品"面市"的障碍。以中国网络文学市场为例，2018 年中国网络文学注册作者总数已达 1400 万，相当于每百人中就有一个网络文学注册作者。[②] 如此规模的作者群，在线下难以找到呈现其作品的场景。最后，突破创新固有模式的障碍，例如社交网络上的网红不仅分享其产品与服务，还与粉丝分享生活方式、情感、时尚、情怀及梦想等，为消费者带来精神与物质需求方面的更多满足。

---

① 参见凯斯·桑斯坦：《网络共和国：网络社会中的民主问题》，黄维明译，上海：上海人民出版社，2003 年，第 135—142 页。

② 参见中国作家协会网络文学中心：《2018 中国网络文学蓝皮书》，《文艺报》2019 年 5 月 31 日，第 3 版。

3. 赋能生产者和智能化定制

数字技术具有探知消费者阅读、收视习惯和愿望的强大能力，了解人类深层文化诉求并由此创作出文化和市场双赢的优秀产品。数字平台制作的电影和剧集由于深谙消费者心理需求从而广受欢迎。网飞（又称奈飞，Netflix）在全球拥有 3000 多万用户，他们在每个播出季使用 1000 多种不同的设备收看超过 40 亿小时的节目。这些用户每天生产 3000 万次播放动作、400 万次评级和 300 万次搜索，从而构建起了一个海量数据库，网飞的 700 名数学家和工程师每天对上述数据以及用户的视频观看时间、所使用的设备等进行大数据分析及挖掘。[①] 所以网飞可能更懂其用户喜欢看什么渴望看到什么，从而制作出受市场欢迎的节目，同时也成为各大影视奖项的收割者。2013 年，网飞首次播出自己的原创剧集《纸牌屋》风靡全球，收视率极高。现在全球市场上，网飞、亚马逊等数字内容平台提供的节目成为观众收看的主要内容；国内市场上，爱奇艺、优酷、腾讯视频等数字平台制造的剧集和综艺节目日益获得消费者青睐。

4. 赋能社交行为和增强文化消费偏好

受从众心理的影响，社交行为能影响人们的消费偏好——喜欢朋友们所喜欢。当社交网络广泛渗透时，这种影响极大增强。无论在朋友圈还是在微信群，当大家都在欣赏一款文化产品时，你也难免会产生兴趣。到 2020 年初，全球社交媒体用户已突破 38 亿，[②] 对文化消费的影响力十分显著。这种影响也是网络"外部性"的一个重要表现。所谓网络外部性，是指一种产品为消费者带来的边际效用是现有消费者数量的增函数。产品时代人们举例最多的是传真机，使用的人愈多，带来的效应愈强。文化消费也有此性质，当人们

---

① 《奇袭奥斯卡，奈飞是怎么成拍电影最好的互联网公司的》，2020 年 1 月 20 日，https://tech. sina.com.cn/roll/2020-01-20/doc-iihnzhha3648070.shtml，2021 年 4 月 7 日。

② 参见 Social and Hootsuite：《2020 年全球数字报告》（Digital 2020 Global Overview Report），2020 年 3 月，https://datareportal.com/reports/digital-2020-global-digital-overview，2021 年 4 月 7 日。

发现众多消费者观赏或展示某种文化产品时，他们自己加入其中的概率也会提升；同时，自己所消费的产品被更多人消费时，效用就会提高。[1]

5. 赋能文化传播和大规模联结

第一，智能分发技术极大提升了传播的精准性。现在，人们生产出海量文化产品，生产者如何能寻找到喜爱自己产品的消费者成为难题。智能算法对消费者的消费意愿和潜在倾向进行专业化处理和加工，实现生产与消费高度匹配的信息分发模式。现在人们随便打开一个网站或资讯 APP，系统会根据你的浏览记录和阅读爱好，自动为你推送内容。早在 2016 年，在资讯信息分发市场上，算法推送的内容已经超过 50%，成为信息传递的主渠道。[2]第二，数字压缩技术方便海量信息传播，信息传递的长距离、高速度、大容量、高可靠性，使得文字、声音、图像等文化内容在互联网上可以无障碍通行。过往书架的厚重纸质图书，现在通过一个移动阅读终端就可以轻松拥有、便捷携带。特别是5G 技术提供的低时延高通量通信能力，极大拓展了数字文化内容传播的容量，可以极速下载影视作品。第三，数字传播突破地域限制，过去观看演出、欣赏电影，必须到剧场、影院，现在一个智能手机就可以随时随地观赏。截至 2019年 6 月，我国网络音乐用户规模达 6.08 亿，而 2017 年全年走进音乐厅的音乐会现场观众仅为 1342 万人次，每场人均观众不到 869 人。[3]2016 年上半年，美国市场的音乐下载量为 4.043 亿次，传输次数达到 1136 亿次，相当于每天 6.2亿次播放，每小时 2600 万次，每分钟 43.1 万次。[4]第四，数字技术还能有效反

---

① 参见 M. Hutter, "Creating Artistic from Economic Value: Changing Input Prices and New Art," in M. Hutter and D. Throsby, eds., *Beyond Price: Valuein Culture, Economics, and the Arts*, Cambridge: Cambridge University Press, 2008, pp. 60–74.

② 参见易观分析：《2016 中国移动资讯信息分发市场研究专题报告》，2016 年 8 月 12 日，https://www.analysys.cn/article/detail/1000218，2021 年 4 月 7 日。

③ 参见《第 43 次〈中国互联网络发展状况统计报告〉》，2019 年 2 月 28 日，http://www.cac.gov.cn/2019-02/28/c_1124175686.htm，2021 年 4 月 7 日。

④ 参见尼尔森：《2016 年上半年美国音乐报告》，2016 年 9 月 13 日，http://www.199it.com/archives/555082.html，2021 年 4 月 7 日。

馈消费者获得服务之后的消费状况。以图书市场为例，纸质图书的销售商只知道卖了多少本书，但是不知道卖给谁、看了多少和看完以后的感想。数字图书平台很可能既知道卖了多少卖给了谁，也知道看了多久，而且还知道读者看到哪章哪节甚至哪段哪句话哪个词，知道他们是否在某处反复看甚至进一步查阅更多资料，从中进一步了解消费者的阅读偏好，继续推送相关信息和产品。

（二）数据变现能力和二元市场显现

数字技术不仅赋能文化产业全链条，而且创造出了新的平行数据市场：海量消费者数据被广泛收集使用，创造出精准推送广告的价值。数字时代，凡是能触及线上消费者的产品都能创造出二元市场——产品市场和广告市场。但数字文化抵达人群最多和迭代更新最迅速，因而成为收集信息和推送广告的最佳载体。这两个市场相互加持，消费者有了多种选项，例如选择成为付费消费者以获得免广告干扰的权益，或者以接受广告推送换取成为"免费"消费者的权益。

由于线上文化消费规模巨大和智能分发精准推送的强大能力，近些年来，广告从传统媒体向数字化媒体的迁移是根本性的。可以推断，导致传统媒体困境的主要原因，并不是免费网络媒体对消费者的直接吸引力更大，而是因为广告商急速向网络媒体迁移。换言之，对报刊社运转最大的打击并不是读者减少，而是广告大幅度下滑。[①]

在我国有同样趋势，广告的数字化迁移很迅速，在过去七八年间，广告投放发生根本变化。通过表1可以看到，2014年网络广告收入超过了电视，2015年电视、报纸和杂志的广告收入出现严重下滑，报纸和杂志几乎是"腰斩"——报纸从2014年的503.2亿元降至232.5亿元，减少270.7亿元；杂志从2014年的77.2亿元降至40.7亿元，减少36.5亿元。而网络收入2015年

---

① 芝加哥大学教授马修·根茨科研究网络媒体如何与传统媒体相竞争，并因之获得了2014年度的克拉克奖。参见 M. Gentzkow, "Valuing New Goods in a Model with Complementarity: Online Newspapers," *American Economic Review*, vol. 97, no. 3, 2007。

比2014年增加638.5亿元，电视、报纸和杂志2015年比2014年减少额之总和，相当于网络增加额的58.2%。此后几年，这个趋势继续，到2019年，网络广告收入达6464.3亿元，是电视、报纸和杂志广告收入之和的近6倍。

表1　2012—2019年中国广告收入

（单位：亿元）

年份	网络	电视	广播	报纸	杂志
2012	773.1	1046.3	136.2	555.6	83.3
2013	1100.1	1119.2	139.9	512.2	78.1
2014	1546.0	1148.9	143.0	503.2	77.2
2015	2184.5	1084.6	145.4	232.5	40.7
2016	2902.7	1049.9	147.0	137.2	29.1
2017	3884.1	1031.0	150.7	95.9	22.0
2018	4965.2	958.9	140.4	96.9	29.6
2019	6464.3	934.9	136.2	66.8	26

资料来源：2012年—2017年数据来源于高书生：《体系再造：新时代文化建设的新命题》，《经济与管理》2020年第1期；2018年—2019年数据来源于《2020年中国广告市场及广告主营销趋势》，2020年7月31日，http://www.199it.com/archives/1093834.html，2021年4月7日。

智能化分发与"精准"并生的"信息茧房"效应引起各方担忧。"信息茧房"是凯斯·桑斯坦在《信息乌托邦》一书中提出的概念。无论是搜索还是推送，用户长期只接触自己感兴趣的信息，而缺乏对其他领域的接触与认识，会限制用户的全面认知，个人信息环境呈现一种偏向性和定式化，不知不觉间为自己制造了一个信息茧房，将自己包裹在其中，禁锢了自己的思想和理解能力。[①] 现在，"理念＋技术"正在努力破除"茧房"效应，例如国内各家资讯平台都承诺通过优化算法模型，在向用户推荐感兴趣信息的同时，也向用户推广更多信息，使那些重要信息得以聚合，真实全面、准确客观，并能触达所有的消费者，努力做到"想知"与"应知"的平衡。

———————

① 参见桑斯坦：《信息乌托邦》，毕竞锐译，北京：法律出版社，2008年，第47—78页。

（三）数字内容的核心地位和主导作用

近些年来，我国数字文化产业发展明显快于整体文化产业，数字内容已经成为文化产业的主体部分。2019 年我国规模以上文化及相关产业实现营业收入 86624 亿元，其中，网络和数字文化特征明显的 16 个行业小类实现营业收入 19868 亿元，比上年增长 21.2%。其中，互联网其他信息服务、可穿戴智能文化设备制造的营业收入增速超过 30%。在广播电视电影和影视录音制作这个文化产业中的核心部分中，2018 年数字经济已经占据半壁江山，比重达到 55.5%。[①]

下面是文化产业数字化发展状况的一些典型数据和情况。

1. 文学作品

数字化创作、传播和阅读已成为文学作品的主体，其体量是传统体系所无法比拟的。以美国非小说类图书市场为例，1990 年美国的非小说类图书出版是为 11.5 万部，到 2006 年仅增加到 30.7 万部。此后数字化带来了新书上市数量的爆炸性增长，2016 年非小说类图书的出版量高达 240 万部，主要是线上出版。[②]2018 年各类网络文学作品新增 795 万部，而同年纸质文学图书出版只有 5.89 万部，前者是后者的 135 倍。[③]

数字阅读成为阅读主体。2019 年我国成年人各类数字化阅读方式的接触率达到 79.3%，超七成受访者认为数字阅读帮助自己提升了阅读总量。数字时代非但没有挤压"阅读"的市场空间，反而能够融达更多人群，提升了大众综合阅读率，带动阅读总量的增长。[④] 数字阅读也成了中国文学海外传播

---

① 参见腾讯研究院：《数字中国指数报告（2019）》，2019 年 5 月 21 日，https://www.sohu.com/a/315417339_120002313，2021 年 4 月 7 日。

② 参见北京开卷：《2019 中国图书零售市场报告》，2020 年 1 月 12 日，http://www.199it.com/archives/997065.html，2021 年 4 月 7 日。

③ 参见中国音像与数字出版协会：《2018 年中国网络文学发展报告》，2019 年 8 月 10 日，https://new.qq.com/omn/20190809/20190809A0C4TB00.html，2021 年 4 月 7 日。

④ 参见中国新闻出版研究院：《第十七次全国国民阅读调查报告》，2020 年 4 月 25 日，http://www.nppa.gov.cn/nppa/contents/280/45906.shtml，2021 年 4 月 7 日。

的主渠道，掌阅海外版用户累计超过 2000 万。

网络也成为文学作品销售的主渠道。在我国，2019 年网店渠道的占比达到了 70%。2019 年中国图书零售市场规模同比上升了 14.4%，规模达 1022.7 亿元，所有的增长都是网店贡献的，网络销售同比增长 24.9%，规模达 715.1 亿元；实体店继续呈现负增长，同比下降 4.24%，规模缩减至 307.6 亿元。[①] 图 2 是 2012 年、2015 年和 2019 年我国网络销售图书和实体店销售图书比例的变化。

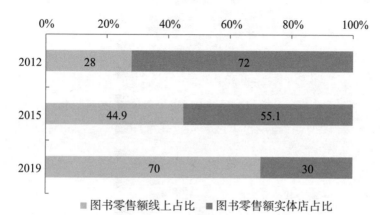

图 2　2012—2019 年中国图书零售商品销售额线上与实体店比例

资料来源：北京开卷：《2019 中国图书零售市场报告》，2020 年 1 月 12 日，http：// www.199it.com/archives/997065.html，2021 年 4 月 7 日。

2. 音乐

数字音乐已经成为音乐消费核心层的主流市场，远远超过音乐图书与音像、音乐演出以及音乐版权经济与管理这三大传统市场之和。从全球范围看，2019 年音乐产业收入中，实体音乐收入仅占收入的 1/4，而各种网络与数字音乐相关的收入占到 3/4。（见图 3）2019 年中国音乐产业核心层产值规模为

---

① 参见北京开卷：《2019 中国图书零售市场报告》，2020 年 1 月 12 日，http://www.199it.com/archives/997065.html，2021 年 4 月 7 日。

884.8 亿元，其中数字音乐产值规模 664 亿元，所占比重超过 3/4，[①] 音乐产业已经整体进入数字时代，数字音乐产业成为发展的主引擎。（见图 4）

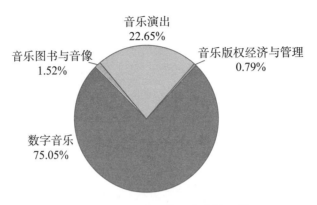

图 3   2019 年中国音乐产业核心层

资料来源：中国传媒大学：《2020 中国音乐产业发展报告》，2020 年 12 月 11 日，https：//www.chinaxwcb.com/info/568150，2021 年 4 月 7 日。

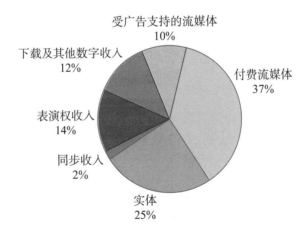

图 4   2019 年全球音乐产业收入结构

资料来源：IFPI，Global Music Report 2019，https：//www.ifpi.org/ifpi–global–music–report–2019/，2021 年 4 月 7 日。

---

① 参见中国传媒大学：《2020 中国音乐产业发展报告》，2020 年 12 月 11 日，https：//www.chinaxwcb.com/info/568150，2021 年 4 月 7 日。

3. 剧集和综艺节目

数字平台的剧集与综艺节目快速占领市场。电视台的电视剧和综艺节目是数字时代之前最有人气的文化内容产业，但在今日正在被数字内容平台所超越，影视作品和观众可获得的内容及渠道都更加多样化。2016 年—2018 年，各地电视台的上星电视剧（在卫星频道播放、可在全国范围内收看）从 168 部下降到 113 部，数字平台制作和播放的剧集从 201 部增加到 260 部，后者数量是前者的 2.3 倍。剧集的质量也不断提高，在重要奖项中占据一定位置，口碑则更居前列。例如腾讯视频制作的《大江大河》，在第 25 届"白玉兰奖"中获最佳中国电视剧奖；[①] 爱奇艺制作的《你好，旧时光》，获第五届"文荣奖"网络单元最大奖项；优酷制作的《白夜追凶》获第四届"文荣奖"最佳网络剧。[②]

综艺节目过去多年是电视台一统天下。近些年，网络综艺节目档数、总期数和总时长都保持较快速度增长。2017 年 10 月至 2018 年 10 月，腾讯网、优酷网、芒果 TV 等 21 家网络上线播出网络综艺节目共 385 档，10912 期，总时长约 237400 分钟。节目档数、总期数和总时长分别同比上涨 95%、217% 和 121%。[③]

2020 年的国内综艺市场尽管受到疫情影响，但全年上线网络综艺 229 档，相比 2019 年的 221 档略有增加。其中，语言节目《朋友请听好》，以近 9.15 亿有效播放领跑 2020 年上新网综市场，轻松横扫六大平台榜单第一。[④] 表 2

---

① 参见《〈大江大河〉获得白玉兰最佳中国电视剧奖》，2019 年 6 月 15 日，https：//baijiahao.baidu.com/s?id=1636373556935074070&wfr=spider&for=pc，2021 年 4 月 7 日。

② 参见《2018 横店影视节即将举行"文荣奖"20 强入围名单产生》，2018 年 10 月 12 日，https：//www.sohu.com/a/259139229_664747，2021 年 4 月 7 日。

③ 参见国家广播电视总局监管中心：《2018 网络原创节目发展分析报告》，2018 年 12 月 11 日，https：//www.nrta.gov.cn/art/2018/12/11/art_114_39905.html，2021 年 4 月 7 日。

④ 六大平台为：微博综艺热播榜、抖音综艺热榜、知乎影视榜、豆瓣热播综艺、骨朵热播综艺和猫眼热播综艺。

是 2020 年上新网络综艺节目播放量前五位。

表 2   2020 年上新网络综艺有效播放前五位

排名	综艺名称	正片有效播放	上线日期	内容类型	播出平台
1	《朋友请听好》	9.15 亿	2020.2.19	语言	芒果 TV
2	《创造营 2020》	6.87 亿	2020.5.2	选秀	腾讯视频
3	《哈哈哈哈哈》	6.75 亿	2020.11.13	真人秀	爱奇艺 / 腾讯视频
4	《这！就是街舞（第三季）》	6.13 亿	2020.7.18	舞蹈	优酷
5	《乘风破浪的姐姐》	6.08 亿	2020.6.12	真人秀	芒果 TV

注：统计时间：2020.1.1—2020.12.31；正片有效播放：综合有效点击与受众观看时长，最大程度去除异常点击，如花絮、预告片等干扰，真实反映影视剧的市场表现及受欢迎程度。

资料来源：笔者根据相关来源汇总计算。

4. 直播

直播在中国是一个普及率和活跃度都较高的数字文化新业态。据《中国互联网络发展状况统计报告》显示，截至 2020 年 3 月，我国网络直播用户规模达 5.60 亿，占网民整体的 62.0%。其中，游戏直播的用户规模为 2.60 亿，真人秀直播的用户规模为 2.07 亿，演唱会直播的用户规模为 1.50 亿，体育直播的用户规模为 2.13 亿，较 2018 年底增长 3677 万，占网民整体的 23.5%。在 2019 年兴起并实现快速发展的电商直播用户规模为 2.65 亿，占网民整体的 29.3%。[①] 从在线直播平台看，PC 端月均活跃用户较多的"斗鱼直播"，2019 年月均活跃用户 7642.5 万人。娱乐类直播平台用户较多的"YY直播"和"六间房"，月均活跃用户分别为 6529.3 万人和 5318.7 万人。

还有更多文化类型在尝试数字化。那些现场表演为主的艺术类型，也在探索利用数字技术提高传播能力。英国国家剧院在 2012 年推出了"国家剧院

---

① 参见《第 45 次〈中国互联网络发展状况统计报告〉》，2020 年 4 月 28 日，https://www.cac.gov.cn/2020–04/27/c_1589535470378587.htm，2021 年 4 月 7 日。

现场"（简称 NTLive），在演出现场进行高清多维拍摄并卫星转播，以高清影像的方式覆盖剧场外的人群，项目在全世界获得了蓬勃发展，已有近 1000 万观众在世界各地的 2000 个场所观看了演出。剧场里的每个座位都成了黄金座位，舞台一目了然；特写镜头将演员的微妙表情和细小动作都捕捉到了，现场感极强。现在有更多剧团推出了这种演出形式。相信随着 5G 等新一代通信技术发展，高通量低时延的通信技术将促进更多艺术类型的数字化呈现。

（四）数字媒体与传统媒体传播效应的比较：一个分析框架

我国学者提出过一个比较分析传统媒体与数字媒体传播效率的指标框架，对主流媒体、博物馆、网络文学、电视剧、电影等领域的全球传播问题进行深入研究。参照央视市场研究公司（CTR）的"网络传播力指标体系"的一级指标与权重的设置，建立了"文化业态传播效率指标体系"，并运用 min-max 标准化的模型对网络新闻、网络文学、网络视频、网络音乐、网络游戏五个数字文化新业态，以及与之相对应的新闻业、出版业、电视业、唱片业（广播业）和单机游戏进行了评估，对比分析数字时代之前与之后文化各个领域传播效率的变化。（见表 3 和图 5）

表 3　新旧业态传播效率比较

新业态	传播效率（百分制）	排名	传统业态	传播效率（百分制）	排名
网络新闻	15.9	5	新闻业	55.3	3
网络文学	12.45	7	出版业	1.04	10
网络视频	84.48	1	电视业	11.37	8
网络音乐	30.48	4	唱片业	1.69	9
网络游戏	76.42	2	单机游戏	14.9	6
新业态合计	219.73		传统业态合计	84.3	

资料来源：根据管理博士的研究成果制作，表中数据截至 2020 年 5 月 31 日。

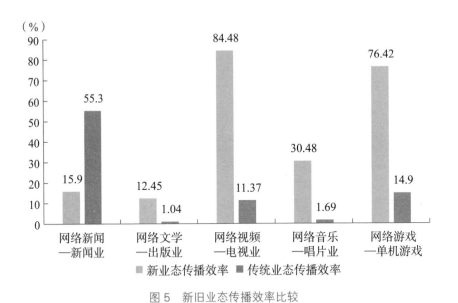

图 5　新旧业态传播效率比较

资料来源：根据管理博士的研究成果制作，表中数据截至 2020 年 5 月 31 日。

评估结果显示，数字文化新业态传播效率总分合计 219.73 分，远高于传统业态的 84.3 分。受指标体系、案例选择、数据来源等因素影响，两者之间实际差距并未得到充分反映，现实差距更大。分业态看，除新闻业在传播效率上略胜网络新闻以外，其他行业都是新业态处于压倒性优势地位。传统新闻业依托在电视、广播、报刊等传统渠道的深厚内容实力，还是占据绝对主导，同时，也受到网络新闻面对较多管制的影响。

三、结构变化、地位提升与竞争新格局

数字文化成为市场主流，对文化消费结构、文化生产结构、文化市场结构和文化国内外比例结构等都产生了深刻影响。

（一）消费结构改变：文化消费显著跃升

由于数字文化产品和服务极为丰富、极易获取和极低成本，文化消费在

消费者时间分配中的地位明显跃升。文化消费的地位更加重要。

据统计，2020年12月，我国移动互联网活跃用户规模达11.58亿人；2020年12月，全网用户人均单日使用时长为6.4小时，可以看到，几乎全民上网，而且人均上网时间较长。[①]

消费者的线上时间主要用于文化消费。据研究，手机网民经常使用的各类APP中，即时通信类APP的使用时间最长，占比为13.7%；网络视频、网络音频、短视频、网络音乐、网络直播、网络游戏和网络文学类应用的使用时长占比分列第二到八位，依次为12.8%、10.9%、8.8%、8.1%、7.3%、6.6%和4.6%，这七类相加占比59.1%。这表明，消费者每周数字文化消费时长约24小时，每天约3.4小时。实际上，消费在即时通信类APP上的时间，多数也是在阅读或欣赏其中的文化产品。在数字时代之前，消费者如此长时间的文化消费是不可想象的，文化消费的经济地位和社会影响今非昔比。[②]

文化消费时间较长得益于数字化的便利、丰富和低价。一是便利性，消费者很方便地利用碎片时间消费，还能多屏共享，例如一边看电视一边听歌还同时在社交网站上聊天，时间三重利用。二是丰富性，消费者可以在腾讯视频的3000多部电视剧中、在爱奇艺的1000多台综艺中、在搜狐视频的6000多部电影中以及在优酷的4000多部动漫中选择自己想看的文化产品。[③]国外消费者更可以在"声田"的3000多万首歌曲、在JustWatch的视频平台的4万部电影中进行选择。尤其对于没有太多线下选择的地方，比如偏远地区的中小城镇，线上消费更加重要。三是低价格，比如每月10美元就能阅

---

① 参见《QuestMobile2020中国移动互联网年度大报告·下》，2021年2月2日，https://www.questmobile.com.cn/research/report-new/143，2021年4月7日。

② 参见《第46次〈中国互联网络发展状况统计报告〉》，2020年9月29日，https://www.cac.gov.cn/2020-09/29/c_160293991874816.htm，2021年4月7日。

③ 文中数据作者根据腾讯视频、优酷和爱奇艺三大平台上的电视剧、综艺和动漫数量查询计算所得。截至2021年4月7日。

读亚马逊网站 KindleUnlimited 上的 70 万本书，几美元就可以访问"声田"歌曲库中超过 3000 万首歌曲。截至 2019 年 6 月，中国在线视频用户规模超过 9 亿，其中付费用户占比为 18.8%，每家会员费均为每月 15 元左右，更何况还有更大规模的免费服务。[①] 这些都极大激励了文化消费。

（二）生产结构改变：大平台 + 小微企 + 长尾现象

数字文化创意创作需要个性化的灵感及努力，它们的传播又需要强大的市场能力，因此数字文化产业是一个巨大平台与小微企业相互依存共同发展的产业。从创意创作方来看，无论何时，人们进行文化创意的意愿遍布各类人群，虽然大部分出发点是非商业化的，如为了娱乐、自我表现、关系维护、加入社群等。但将它们汇聚起来，就成为文化产业发展的汹涌源泉。但再好的文化产品，以小微企业和个人之力无法完成大规模传播，大型平台具有显著的规模和范围经济效应，鼓励各类创意创作者上平台，并为之提供多样化服务。由此，平台汇聚了巨量的创作能量，海量内容以令人惊叹的速度生产出来，各种具有个性、独特性并搭载各类情怀、想象力的文化产品，不受地域限制，向全世界消费者提供服务。

众多小型微型团队和个人提供的文化服务带来长尾效应。这是克里斯·安德森（Chris Anderson）在他 2006 年出版的《长尾理论》（*The Long Tail*）一书中提出的理论，描述消费者从互联网中可获得产品与服务数量的特点。与实体商店或服务场所不同，互联网提供的产品和服务类型几乎无限制。那些畅销和流行的服务是丰满的主干，小众却巨量的服务虽然每种销售额较低甚至很低，但由于数量巨大，好似拉出一条长尾巴，如果尾巴

[①] 参见《2019—2025 年中国在线视频行业发展前景及投资风险预测分析报告》，2019 年 9 月 4 日，https://www.chinairn.com/report/20190925/103958948.html?id=1729066&name=huangjiang，2021 年 4 月 7 日。

很长，汇聚起来也能成为巨额销售。[①]例如，2019年，我国共销售图书209万册，其中，前17138种热门图书占总种类的0.82%，但每种销售量较大，提供了60%码洋，后面超200万种图书占总种类的99.18%，每种销量很少，但由于种类众多，也汇聚提供了40%的码洋。"长尾"很细长，贡献也很突出。（见图6）

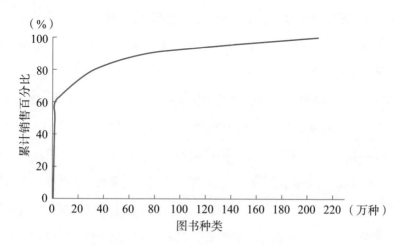

图6　2019年中国图书零售市场"长尾"效应

资料来源：北京开卷：《2019中国图书零售市场报告》，2020年1月12日，http://www.199it.com/archives/997065.html，2021年4月7日。

（三）市场结构改变：少数平台与激烈竞争并存

国内外的数字文化平台都表现出较高的市场集中度，从传统经济学的角度看每个平台的市场份额都达到令人担忧的程度。不过到目前为止，尽管各个细分市场都由几大平台占有高比例市场，但竞争性市场所具有的特点并未

---

①　这一点在克里斯·安德森的《长尾理论》一书中有详细阐述。该理论基于网络时代的兴起，认为互联网可以打破时间和空间上的约束，将商品储存流通展示的场地和渠道拓展得无限宽广，使生产成本急剧下降到个人都可以进行生产，销售成本急剧降低到几乎可以忽略不计。这样使得过去很难实现供需对接的小众产品也可以实现很大的销量。参见克里斯·安德森：《长尾理论》，乔江涛译，北京：中信出版社，2006年，第1—14页。

被消除，例如对消费者以低价或免费提供服务，再如新企业能够进入并迅速成长。数字文化平台占据较高市场份额、市场却同时呈现竞争性特征，有以下几个方面的原因。

一是"多栖性"抑制了索取高价行为。首先，平台上的消费者具有易转换和多归属特点。用户如果对一个平台不满意，只需敲几下键盘就能转换到另一个平台上。许多用户干脆在多个平台注册，消费者的黏性和忠诚度较低。根据市场研究公司 eMarketer 2018 年的估计，在美国观看任何视频流媒体服务的所有用户中，96.1% 的用户使用 YouTube，73.8% 的用户使用网飞，同时使用两个平台的用户是多数。[①] 根据美兰德中国电视覆盖与收视状况调查数据显示，2020 年中国短视频平台用户规模 TOP5 中，84.9% 的用户使用抖音，46.9% 的用户使用快手，13.9% 的用户使用腾讯微视，12.9% 和 11.8% 的用户使用抖音火山版和西瓜视频，同时使用两个以上平台的用户是多数。[②] 因此，平台即使规模再大，也不敢高枕无忧慢待消费者。其次，文化生产者或文化内容提供方多数也是多栖式的，中国的用户如果有"艺术创作"想呈现，尽可能到多个平台上去发布。2021 年 4 月 25 日举办的清华大学 110 周年校庆联欢晚会，就有包括新华网、B 站、快手、抖音、Twitter、Facebook 等 18 个平台同时转播。这种激烈竞争的情形下，如果平台向内容提供方索取高价也是难以实现的。

二是"易模仿"抑制了排斥进入行为。平台的新商业模式并不受知识产权的保护，某个新领域展示出潜力，多个平台都会迅速进入，当一种数字文化形态成为市场热点时，其他平台可以迅速复制。网飞使用了新的商业模式，对其囊括近 3400 部电影和近 750 部电视节目和电视剧的整个资源库每月收取一次性使用费，吸引了大量消费者，亚马逊 Prime 网站和葫芦（Hulu）视

---

① 参见《全球视频霸主之争：YouTube 成 Netflix 最大劲敌》，2018 年 12 月 10 日，https://tech.qq.com/a/20181210/011378.htm，2021 年 3 月 27 日。

② 参见艾媒咨询：《2020—2025 年中国短视频 / 直播声卡设备领域应用发展白皮书》，2020 年 10 月 15 日，https://www.iimedia.cn/c1040/74748.html，2021 年 2 月 27 日。

频网站也随即公告提供类似服务。[1]

三是"快迭代"抑制了优势叠加。数字技术创新迅速，今日之霸主明日就可能被替代，市场份额较短时间就可能出现明显变化。以数字音乐零售市场为例，大约七八年前，欧美用户还觉得在数字音乐下载市场中，无人能对iTunes形成威胁或构成挑战，iTunes音乐在2012年全球数字下载市场中已经占据了64%的份额。然而，流媒体的出现使大量业务从iTunes转移到了"声田"。截至2017年中，"声田"占据了全球订购音乐市场40%的份额，苹果音乐占19%，亚马逊音乐占12%。[2]再如国内的视频市场，几年前人们还以为爱奇艺、腾讯视频、优酷几个平台无人能挑战。最近几年，门槛低、时长短、易传播的短视频受到了用户的追捧，快手、抖音都积累了大量的用户群体，与上述几家平台形成竞争。虽然短视频平台都有"长视频"老板的投资，但在市场上是独立平台，并与有"亲缘"的"长视频"展开激烈竞争。

数字文化市场的上述特点，导致大型平台与传统的线下大企业相比，较难在价格、产量、交易、进入等方面形成市场操纵能力。数字时代的大平台企业存在可竞争性（contestability），促进了文化产业持续增长、文创产品快速迭代和消费者体验不断改善。

2020年7月短视频的TOP1抖音，月活跃用户数量为4.78亿人，超过同期在线视频月活跃用户前三（TOP3）——爱奇艺（3.45亿人）、腾讯视频（3.97亿人）、优酷（4.01亿人）。[3]短视频的时长也在爆发式增长。2020年

---

[1] 参见 J. Waldfogel，*Digital Renaissance*：*What Data and Economics Tell Us about the Future of Popular Culture*，Princeton：Princeton University Press，2018。

[2] J. Waldfogel，*Digital Renaissance*：*What Dataand Economics Tell Us about the Future of Popular Culture*.

[3] 中国在线视频主要由三大平台主导行业发展，分别是：爱奇艺、腾讯视频和优酷。2016年综合视频竞争格局仍保持稳定，TOP3为爱奇艺、腾讯视频和优酷，活跃用户规模占据80%左右。2019年下半年，短视频行业的竞争格局也快速趋于稳定，TOP2为抖音、快手，两者活跃用户规模约占整体的56.7%。参见艾媒北极星网站（http://bjx.iimedia.cn/app_rank）。

底短视频月人均使用时长超过 42.6 小时，而在线视频月人均使用时长为 13.8 小时。① 短视频应用的月人均使用时长已超过在线视频应用，占据多数人日常生活的大部分时间。在移动互联网总使用时长占比份额中，2017 年短视频使用时长占到 5.5%，而这一比例在 2016 年刚刚达到 1.3%，到 2020 年 6 月，短视频抢占用户时长份额已接近 20%，成为仅次于即时通信的第二大行业，远超同期在线视频的 7.2%。② 表明数字内容市场由于创新活跃，则少数平台长期垄断有较大难度。

再以网络购物平台为例，自 2012 年至 2019 年天猫始终占据超 50% 的市场份额，其中 2014 年达到峰值，随后除 2018 年外其余均呈现逐年份额小幅回落趋势；京东市场份额处于 20%～30%，呈现平稳增长；苏宁易购进入平稳时期；拼多多市场份额则呈现"跳跃式增长"的强劲势头，到 2020 年第一季度，拼多多月活跃用户数量超过淘宝。可见，从 2012 年至 2020 年，各家电商平台市场份额"此消彼长"。而在用户争夺上，淘宝与拼多多用户双向流动。据 QuestMobile 发布《2017 年中国移动互联网年度报告》显示，淘宝的卸载用户有 50.3% 流向拼多多，而拼多多的卸载用户中则有 78.3% 流向淘宝，这两个产品吸引的目标用户高度重合，双方用户争夺激烈。③

但是，也有些市场头部企业相当稳定，而且势力仍在加强。2017—2020 年，我国网络音乐用户规模由 5.48 亿上升到 6.58 亿。自 2017 年酷狗、QQ、酷我三家品牌音乐正式合并为腾讯音乐娱乐集团后，国内在线音乐寡头化趋势十分明显。在线音乐前十大 APP 中，用户逐渐向头部几家平台集中。2020 年 10 月网易云音乐挤进前三，但与 QQ 音乐和酷狗音乐的用户差距较

---

① 参见《QuestMobile2021 中国移动互联网春季大报告》，2021 年 4 月 27 日，https://www.questmobile.com.cn/research/report-new/152，2021 年 4 月 30 日。

② 参见新媒体蓝皮书：《中国新媒体发展报告 No.9（2018）》，2018 年 6 月 27 日，http://www.cssn.cn/zk/zk_zkbg/201806/t20180627_4456184.shtml，2021 年 4 月 7 日。

③ 根据历年《中国网络零售市场数据监测报告》整理所得。

大。头部平台只剩下腾讯音乐娱乐旗下三家和网易云音乐。[①]

四、大市场与丰富传统文化资源：中国双重优势

中国数字文化市场是全球最有活力的市场之一，而且具备鲜明特色。

（一）大市场优势：规模效应与竞争效应双重获益

1. 多平台共存与竞争

中国市场之大足以容纳较多的大型平台，因此头部平台并不易控制市场，而是要面对激烈竞争并创新频繁。[②] 以中国长视频平台优酷、爱奇艺和腾讯视频为例，三家一直竞争激烈，近几年更是在头部精品内容和新市场开拓方面竞相争夺。2019 年 10 月，爱奇艺召开了"iJOY 悦享会"，公布了爱奇艺 2020 年多部大 IP 剧资源。同月，腾讯视频举办"2020 年 V 视界大会"，公布了 30 多部剧集片单。2019 年 11 月 11 日，优酷举行了以"共振·破圈·前行"为主题的私享会，发布了大量制作内容。三家均强调要耗费巨资打造精品内容。由于竞争激烈，各平台都竭力以创新内容取悦消费者，提供了大量高质量的线上影视节目。

再以数字阅读市场为例。2019 年第四季度中国移动阅读市场活跃用户规模 3.9 亿人。这种巨大用户市场，培育了多家网络文字平台的发展，彼此竞争激烈。图 7 是排名前十位头部企业的相关情况。

[①] 根据极光发布《国内在线音乐社区研究报告》和前瞻产业研究院发布的《中国移动音乐行业市场前瞻与投资规划分析报告》整理所得。音乐 APP 月活跃规模参见艾媒北极星网站（http://bjx.iimedia.cn/app_rank）。

[②] 笔者曾论证过中国的大市场和竞争性并存使得数字文化服务业的生产和传播效率得到极大提高。参见江小涓：《网络空间服务业：效率、约束及发展前景——以体育和文化产业为例》，《经济研究》2018 年第 4 期。

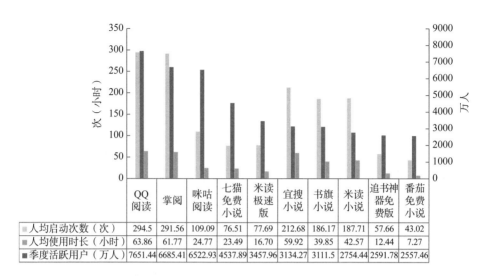

	QQ阅读	掌阅	咪咕阅读	七猫免费小说	米读极速版	宜搜小说	书旗小说	米读小说	追书神器免费版	番茄免费小说
■ 人均启动次数（次）	294.5	291.56	109.09	76.51	77.69	212.68	186.17	187.71	57.66	43.02
■ 人均使用时长（小时）	63.86	61.77	24.77	23.49	16.70	59.92	39.85	42.57	12.44	7.27
■ 季度活跃用户（万人）	7651.44	6685.41	6522.93	4537.89	3457.96	3134.27	3111.5	2754.44	2591.78	2557.46

图 7　2019 年第四季度活跃用户 TOP10 的移动阅读应用人均行为分析

资料来源：《2019 年第四季度中国移动阅读市场季度盘点》，2020 年 3 月 9 日，http：//www.analysys.cn/article/detail/20019686，2021 年 4 月 7 日。

为了吸引消费者，各个平台竞相以"免费"吸引消费者。QuestMobile《中国移动互联网 2019 半年大报告》显示，2019 年上半年，在月活跃用户人数（MAU）超过 1000 万的阅读平台中，主打免费的 APP 超过了五款，"免费"作为吸引消费者的手段，是显示市场竞争强度的一个重要指标。[①]

2. 大市场赋能与多元文化创新

从表 4 可以看出，中国主要数字文化产品的用户数量巨大。用户规模最大的网络视频，用户约 8.5 亿，用户规模最小的网络文学也有约 4.5 亿。

表 4　2020 年 3 月中国主要数字文化产品用户数量和网民使用率

应用	用户规模（万）	网民使用率（%）
网络视频（含短视频）	85044	94.10
短视频	77325	85.60

---

① 参见《QuestMobile 中国移动互联网 2019 年半年大报告》，2019 年 7 月 24 日，https：//www.questmobile.com.cn/research/report-new/54，2021 年 4 月 7 日。

续表

应用	用户规模（万）	网民使用率（%）
网络新闻	73072	80.90
网络音乐	63513	70.30
网络直播	55982	62.00
网络游戏	53182	58.90
网络文学	45538	50.40

资料来源：《第44次〈中国互联网络发展状况统计报告〉》，2019年8月30日，http://www.cac.gov.cn/pdf/20190829/44.pdf，2021年4月7日。

网络用户数量多为多元创新提供巨大空间。在我国，只要有很小比例人群关注的小众创意，就能够存在和发展。国内几个社交视频网站，如"快手""六间房"和"B站"，由于网站观众基数大，以百万计数的创意和表演，都能找到自己观赏者。2019年有2.5亿人次在快手发布作品，如此巨量的创意发布，条均获关注量超过1444次，累计点赞人次超过3500亿次，规模惊人。另一个短视频网站"抖音"，2019年参与文旅"打卡"的用户全年打卡6.6亿次，遍及全世界233个国家和地区，很小众的景点都有大量"打卡人"现身。[①] "阅文"平台入驻"作家"超过800万位，自有原创文学作品1150万部，支撑这种创作规模的是"阅文"月活跃数2.2亿人次这个巨大市场。

（二）传统文化资源丰富，衍生数字产品能力强大

1. 传统文化是重要的产业资源

近些年来，利用数字技术对传统文化进行创新传播在全球范围受到高度重视，传统文化数字化产业化规模持续扩大。按照世界知识产权组织的定义，

---

① 参见《2019抖音数据报告》，2020年1月6日，https://www.sohu.com/a/366535920_174744.html，2021年4月7日。

传统文化表现形式多样，包括语言表现形式，如民间故事、民间诗歌和谜语、记号、文字、符号和其他标记；音乐表现形式，如民歌和器乐；行动表现形式，如民间舞蹈、游戏等；有形表现形式，如民间艺术作品，特别是绘画、雕刻、木工、珠宝、编织、刺绣、服饰等，还有工艺品、建筑形式等。传统文化作为文化产业发展的重要源泉和动力有其必然原因。一个国家或民族的传统文化风韵独特，蕴含着理解这个国家、民族和人民的独特密码。以传统知识为素材的文化创意能更好地满足人类精神需求，满足人类自身溯源的愿望，满足不同国家和民族人民相互了解的愿望。

2. 中国优秀传统文化数字化创新潜力巨大

作为传统文化数千年一系的文明古国，中国数字文化产业发展有着得天独厚的资源禀赋。中华文化源远流长，博大精深，丰厚多样，文化知识存量巨大。我国数字文化产业能够萃取获得和转化创新的文化资源是海量和多元的。传承发扬中华文化，赋予中国传统优秀文化以精当表达，向世界准确传递中国文化的当代价值，是数字文化产业的责任担当，也是巨大机遇。

数字比能够对优秀传统文化进行再创造。以新创意和新设计将优秀传统文化融入现代生活、当代审美、当代价值观，开发出优秀传统文化的新型载体和表现形态，为当代人更好理解传承民族文化。[1] 优秀传统文化数字化有两个核心要素，第一是符合我们的情感需求和审美判断，数字化产品不能有文化违和感；第二是技术的先进性，能够最有效地利用数字技术的创造力和传播力。如故宫拿出一些珍贵的文化藏品，包括《千里江山图》《墨梅图》等，在平台上展现给年轻人，让他们吸取灵感进行再创作。一批来自年轻人的创意孵化为一个个互联网上的爆款。例如，以"古画会唱歌"为主题的音乐创作大赛，根据北宋王希孟的《千里江山图》，重新演绎了《丹青千里》这样一首歌，在平台上线 24 小时点击 3400 万，这种传播广度在线下场景中是完

---

[1] 参见高书生：《体系再造：新时代文化建设的新命题》，《经济与管理》2020 年第 1 期。

全无法想象的。

3. 数字平台成为中华优秀传统文化海外传播的主渠道

互联网易于突破空间障碍和文化、语言差异、打破隔阂，促进不同文明交流互鉴，推动了中华优秀传统文化的海外传播。以图书外文译本为例，据统计，20 世纪百年间中文小说英译本共计仅为 580 部，[①]2000 年—2017 年中国小说英译作品也就 359 部。[②]近些年，中国网络文学的英译本数量快速增长。"武侠世界"是一个中国网络小说翻译网站，所译介的小说有相当影响力，到 2020 年 3 月 8 日，仅这一个网站，已经翻译完成 28 部中文网络小说，正在连载翻译的有 41 部网络小说。[③]根据 Alexa 统计数据显示，武侠世界网站的读者构成中，30% 来自北美、25% 来自东南亚、35% 来自西欧，[④]实现了从东亚文化圈到英语世界的海外译介传播。再如电视剧与网络小说"剧文联动"的《延禧攻略》，已发行至亚洲、北美、欧洲、南美、非洲，覆盖了日本、韩国、新加坡、越南、泰国、美国、澳大利亚等 70 多个国家和地区，引发全球观影热潮。这部作品包含了建筑、服装、绒花、昆曲、火树银花、美食等诸多中国传统文化元素，让海外受众感受到中国文化遗产的精致与华美。截至 2018 年 8 月，《延禧攻略》收获海外新媒体平台单集点击量破百万的优异成绩，在海外视频网站的累计播放量超过 5000 万次。网络小说《凰权》改编的电视剧《天盛长歌》，被网飞买下并在全球市场播出。[⑤]

数字技术还能探知海外消费者的兴趣所在，用他们习惯和喜欢的方式把中华优秀传统文化展示给他们，为现代人带来具有时代感的中华文化体验感受。一个影响广泛的案例是中国妹子李子柒红遍全球。李子柒是一个短视频

---

① 该统计包含了海外华裔作家创作的中文小说译作。

② 其中古典小说 27 部，现代小说 14 部，当代小说 318 部。

③ 笔者根据武侠网（http://www.wuxiaworld.com）统计计算所得。

④ 笔者根据 Alexa 网站（http://www.alexa.cn/wuxaworld.com）统计计算所得。

⑤ 参见欧阳友权：《提质换挡期网络文学的进阶之路》，《社会科学辑刊》2019 年第 4 期。

博主，因拍摄中国优秀传统文化如乡村古风生活、传统美食、传统工艺等内容走红。制作团队利用大数据技术了解到，看李子柒频道的用户大多是15岁到30岁的年轻人，女性偏多，热爱美食，热爱古风，对中国优秀传统文化感兴趣。因此，设计出有针对性的元素展现，使得用户对该品牌更加忠诚。2019年底，光是在YouTube上，李子柒的粉丝就有747万，如此巨量用户数据为市场的迭代开发提供源源不断的信息。

（三）传统文化数字化：保护产权与创造财富的平衡

利用传统文化发展文化产业，一个全球性的难题是传统文化的知识产权保护问题。传统文化产业化往往有外来投资者加入，并由此创造出财富。然而传统文化知识的特定持有者或者持有群体，认为这些传统文化本应为他们自己创造财富。从这个角度看，非特定持有者开发利用这些传统文化知识，就是一种侵权行为。这种诉求在国际上得到重视，自20世纪60年代以来，多个国际公约或条约公布，包括提出对民间传统文化表现形式提供国际保护的目标，[①] 明确两种侵权行为："不正当使用"和"其他损毁行为"等，[②] 这些公约和条约影响了许多国家对传统文化知识的保护理念和保护行为。

但是，现实操作有不少困难。首先，许多中华优秀传统文化知识很难确认所有者群体，例如京剧应该属于哪个特定区域所有？帝王服饰应该属于皇族吗？其次，现代社会中，传统文化在特定创造人或群体之外被大量使用，客观上会起到社会大众对传统知识的知晓度和认可度，进而对这些特定群体带来益处。这在旅游产业中特别明显。纪录片《舌尖上的中国》，描述了许

---

① 参见 WIPO, *Berne Convention for the Protection of Literary and Artistic Works*, 1886; WIPO and UNESCO, *Tunis Model Law on Copyright for Developing Countries*, 1976, https：//www.wipo.int/edocs/pubdocs/en/wipo_pub_812.pdf，2021年4月7日。

② 参见 WIPO and UNESCO, "Draft Treaty for the Protection of Expressions of Folklore Against Illicit Exploitation and Other Prejudicial Actions." 1982, https：//www.wipo.int/ edocs/mdocs/tk/en/wipo_grtkf_ic_3/wipo_grtkf_ic_3_10.pdf，2021年4月7日。

多地域和民族的美食，推动了其中不少食品的产业化商品化，也为这些地区带来不少游客。如果进行严格的知识产权保护，这些机会就都不会出现，并不符合民族艺术和知识持有群体的愿望。

在国家层面，保护独有文化资源不被国外产业侵占使用，是各个国家的明确目标。近年来发展中国家大力推动关于传统知识保护利用的讨论和相关立法进程，取得一定进展。在《生物多样性公约》项下，各国就基因资源和传统文化知识的使用和惠益分享达成不少共识，明确使用传统文化知识时应经持有人事先同意，有关惠益须公平分享。因此，要在传承弘扬传统文化、保障持有群体利益、保护知识产权和利用传统知识创造财富之间统筹考虑，要使各方面都能够从中获利获益，也要有利于传统文化的传承和发展。我国是传统文化和知识持有大国，应该积极参与并推进国际社会的这类努力。

总之，借助数字技术，中华文化在保存、展示、传播、利用各个环节，在国内国际两条线上，都呈现出蓬勃发展的良好势头。

五、数字浪潮中文化内涵的积淀与传承

数字文化产业的迅猛发展，也带来一些担忧和疑惑。数字技术具有创造绚丽景象、惊险刺激场面和奇特角色的强大能力，诱导人们更多关注这种数字化呈现方式而不是文化内涵本身。以电影为例，从黑白电影到彩色电影，观看电影的主要目的还是感受故事内涵和领略明星风采。但到了3D、4D以后，很多观众在观影中主要感受到了惊险刺激和新颖奇特的场面，内容不再是最重要的。再如，数字技术具有创作海量文化产业的能力，然而产品数量虽然巨大，却往往一闪而过，快速迭代，绝大多数不会再次出现和长期存续。

数字文化产业的这种状况，能否产生出群体共情、千载共鸣的文化积淀和结晶？我们期待，生产者对文化内涵的不竭追求和消费者对文化内涵的持久向往，将推动数字文化产业持续创造内涵丰富的文化瑰宝，源源不断呈现

于世并永久传承。

（一）创作者追求文化内涵的不竭动力

具有人文精神的艺术家，对于用数字技术替代传统方式来创作和传播难免有抵制心理，这种情形在技术发展史上多次出现。中国作家在20世纪90年代以前，还经常有要不要用电脑写作的争论，一些作家认为电脑写作没有感觉，仍然坚持用笔写作。但是，无论这种感受引起多少共鸣，文人们还是纷纷"换笔"使用电脑。时至今日，虽然有人常常怀念用笔写作的年代，怀念"书写"的酣畅兴悦，时常翻看久违的手稿，但几乎无人能够抵制现代技术带来的巨大便利。对网络写手来说，笔和纸差不多已经是古董了。现在，反对和拒绝用数字技术作为创作和传播工具的现象已经不是主流了。

然而，即使在数字时代，文化创意创作者的行为与其他产业相比仍然有鲜明特点。制造业工人并不会在意产品的样式、颜色、蕴意或者其他特性，只需要保证质量完成制作。文化产业的创意创作者却会关注自己产品的原创性、文化内涵和艺术表现等。虽然他们无法摆脱商业原则而完全依从这种意愿，但也不可能放弃对艺术的追求。这种需求源自内心，持久而顽强。文化产业中始终存在商业与艺术的对立与统一，在数字时代也不例外。

（二）消费者对文化内涵的持久向往

数字化工具和呈现形式固然重要，然而作品的永久流传却依然要靠其文化内涵。所谓高科技文化产品，如果只有科技而缺乏文化，很可能只是一时绚丽，所谓的高科技很快就会过时，总有新的科技快速出现。只有艺术的原创性和表现力，才会得到消费者当下和持久的关注力，技术持续进步中留下的是文化积淀。数字影视中，天崩地裂、海啸、千军万马等特效场面对数字技术来说不在话下，然而要创作一个栩栩如生、具有共情、可以积淀、能够长久留存的数字角色是真正的挑战，能引起消费者最深切的共鸣和记忆。最近两三年，好莱坞大片在中国受欢迎的程度持续下降。2021 年上半年中国电影市场上，《速度与激情9》等传统好莱坞特效大片没有取得预期的好票房，《你好，李焕英》《唐人街探案3》等有中华文化情怀的电影吸引力强劲，反映出人们对文化内涵的追求和向往。

数字平台制作的电影和剧集由于深谙消费者心理需求从而广受欢迎，已经在各类奖项中占据了重要地位，获得口碑高分。2015 年网飞出品的电影《无境之兽》在威尼斯电影节和金球奖上都获得提名；2018 年出品的《罗马》更是在颁奖季中拿到最多最佳影片奖的电影。亚马逊在 2017 年凭借其出品的《海边的曼彻斯特》荣获奥斯卡 6 项提名，其中包括"最佳影片""最佳导演"等重量级奖项，成为首家获奥斯卡最佳影片提名的互联网公司。最终，该片斩获最佳原创剧本奖，主演卡西·阿弗莱克也荣封影帝。[①] 我国平台制作的电影也有不俗表现。爱奇艺影业联合出品的《淡蓝琥珀》《北方一片苍茫》《芳华》等众多影片，在金马奖、上海国际电影节、鹿特丹国际电影节等众多国内外电影节中斩获奖项。2019 年联合出品的电影《气球》在威尼斯电影节入围。[②] 2019 年腾讯影业联合出品的《第一次的离别》，斩获香港国际电影节火鸟大奖、第 31 届东京国际电影节亚洲未来单元最佳影片等奖项。

（三）"高雅艺术"得到有力滋养托举

数字技术创造了雄厚的产业基础，能滋养更多被称之为"高雅艺术"的非商业化文化艺术门类。到目前为止，歌剧、芭蕾、话剧、经典音乐等文化艺术类型难以自我生存，更难以使艺术家致富。不是这些艺术不好，而是欣

---

① 参见《亚马逊、Netflix 锋芒凸起，奥斯卡不再是好莱坞的天下》，2018 年 3 月 5 日，https://new.qq.com/omn/20180307/20180307G0J75Y.html，2020 年 1 月 20 日。

② 参见《爱奇艺影业联合出品电影〈气球〉入围第 76 届威尼斯电影节》，2019 年 7 月 26 日，https://www.iqiyi.com/common/20190726/c93c533808d99d42.html，2021 年 3 月 27 日。

赏它们有较高专业门槛和较高成本，使它们无法寻求到大市场。文化产业整体实力增强，能为这些高雅艺术提供更多支持。无论是数字文化产业最发达的美国，还是处于迅速发展中的中国，在铺天盖地的各种数字文化产品中，歌剧、芭蕾、京剧、话剧等艺术类型也在继续发展和提高水平。

数字技术使文化产品受众面极大拓展，对高雅艺术创作能力和欣赏能力的培养也很重要。高雅艺术创作力类似于科学领域的直觉、方法和工具，欣赏高文化内涵和艺术内涵的作品，需要类似读懂文献的知识背景。专业化教育只能培养有限人群，数字文化产业极大拓展了艺术受众面，宽厚的艺术土壤对于全民艺术素质提升的贡献，类似于基础教育普及对提升民族文化与科技素质的贡献，从而孕育出伟大的科学家和艺术家。

（四）传统文化得以更好展示传承

许多珍贵的传统文化作品，实物形态传世极少，担心损坏而使这些文物深锁柜库，保护传承与展示利用无法兼得。以古籍保护为例，以往珍贵的文献很少有人能一窥其真面貌，更不要说开发利用了。再如遍布各地石窟的精美造像，承载的文化内涵丰富，其中有些损毁严重，为保护而不得不封存。还有，博物馆里的文物都是人类几千年甚至上万年的智慧结晶，传统博物馆受时空因素限制，在特定的时间段内，只能供有限的观众参观。数字技术提供了极为有效的新手段，使传统文化资源保护传承与展示利用的关系从矛盾转为一致。例如对古籍文献进行便捷安全的复制，易于储存，便于检索，通过多种渠道展示和传播，并进行多元开发利用，真正做到了保护、展示、利用和传承的统一。

文物院博物馆更是数字技术应用广泛的文化领域。全球多个博物馆建立数据平台，提供全域全时全覆盖的文化服务。2019 年 1 月 4 日，"谷歌艺术与文化平台"（Google Arts & Culture）推出"虚拟访问博物馆计划"，利用其街景技术，将巴西国家博物馆中曾经的展品和展厅呈现在人们眼前。在谷歌平台上，网络访客能够"进入"博物馆，360 度参观其中的文物，包括原始面具、陶器以及色彩斑斓的蝴蝶标本等，且由于这一计划运用了虚拟街景技术，因此能够产生"亲眼所见"的感觉，带给观众沉浸式的参观体验。[①]

数字化智能化的展柜展室展窟系统，让珍贵文物保存于最适宜的环境中，最大限度地减少了文物老化过程，在展示的同时依然能够得到长久有效保护。敦煌研究院完成了 200 余个洞窟的图像采集、100 余个洞窟的图像处理，全球网民都可以进入"数字敦煌"资源库，在 30 个洞窟里进行 720 度全景漫游。例如对古籍文献进行便捷安全的复制，易于储存，便于检索，通过多种渠道展示和传播，并进行多元开发利用，亦做到了保护、展示、利用和传承的统一。疫情期间，我国有 2000 余家博物馆开启了"云展览"模式，吸引了超过 50 亿人次观览。

总之，优秀传统文化是一个国家、一个民族的灵魂。然而在历史长河中，由于保存和传承方面的困难，曾经有过的灿烂文化和文明图谱，很容易被历史的烟尘所淹没。随着数字技术的快速发展，传统文化的收藏、保护和传承进入了全新时代。中华文化源远流长、博大精深，既有大量物质文化遗产，也有许多非物质文化遗产，既有文字语言，也有音乐歌舞绘画刺绣等多种形态。数字技术将各种文化遗产变成了"比特"（bit），可以储存和编辑，传承载体可以是文字，也可以成为网上互动的数字图码信息，载体多样多元、形态丰富多样。得益于数字技术创造的便利与效率，中华优秀传统文化正在以前所未有的规模和速度，跨越时空超越国度，极大丰富了当代国人的文化消费内容，极大提升了中华文化的国际影响力。

（五）原野与高峰并存构成多彩美景

文化的精英属性和大众属性是一个长久的话题。在数字时代，文化是由

---

① 参见《全球共建巴西数字博物馆的背后：让文物"浴火重生"！》，2019 年 1 月 22 日，https://www.sohu.com/a/290801592_120057219，2021 年 3 月 27 日。

社会全体成员共同创造和分享的，不可能属于少数人。

数字时代文化的大众属性更强。技术培育出简便的创作工具、丰富的表现形式和畅通的传播渠道，构成了广袤肥沃的文化原野。各类民众审美追求、生活品位、自我表达和文化关系等都在这片原野上成长，搭载各类蕴意和情怀。数字文化已经是亿万人民的日常生活，是他们的精神寄托和娱乐方式。

数字时代也有文化高原的隆起。在可供选择的产品铺天盖地时，消费者很快就见多识广，眼光挑剔，迫使产品提供方不断提升艺术水平，创造精品并构建出文化高地。近些年来，我国网络文化精品快速呈现，2018 年—2019 年，共有 6 部网络文学作品入选国家新闻出版署和中国作家协会联合评选的69 部"年度中国好书榜"。即使平台直播这种最具大众化特点的文化展示类型，消费者喜好也在变化。最近几年排名提高最快的是知识类节目。2021 年，B 站百大"UP 主"名单发布，在游戏、音乐、美妆、宠物等诸多热门 UP 主中，排名第一的是一位知识 UP 主：罗翔教授，他的在线法学课《罗翔说刑法》，粉丝数超过 1200 万。本来是法考考生的网课，近来却成了许多网民喜爱的节目，罗翔教授能生动解释枯燥的法条，激发听众关于法律和道德的讨论。

网络读者也开始呈现多元化的阅读品味。表 5 是微信读书排名前十位的榜单，那些传统意义上的好书、经典书，占据了榜单的重要位置。

表 5　微信读书热度榜 TOP200 前十数据

排　名	著　作	作　者
1	《三体》（全集）	刘慈欣
2	《明朝那些事儿》（全集）	当年明月
3	《围城》	钱锺书
4	《人类简史：从动物到上帝》	尤瓦尔
5	《红楼梦》	曹雪芹
6	《雪中悍刀行》	烽火戏诸侯

排　名	著　作	作　者
7	《杀死一只知更鸟》	哈珀·李
8	《白鹿原》	陈忠实
9	《三国演义》	罗贯中
10	《龙族》（1—4 合集）	江南

注：数据采集时间为 2021 年 2 月 8 日。

　　文化领域中有一小部分是无法进入市场的。最深刻的思想、最有难度的艺术成就和最个性化的艺术形态，并非为通俗而生、为流行而生，只有很少的人能够理解和欣赏。如果把它们比喻为高峰，就只有极少数人愿意挑战且能够攀登。任何时代都有文化学者和艺术家追求这类成就和创造，数字时代亦不例外。培育造就这些文化成果需要罕见的天赋和异常的付出，市场又如此狭小，因此市场失效无法定价，需要政府或捐助者的持续支持。

　　数字时代的文化产业，原野广袤，高原隆起，高峰耸立。原野广袤容纳芸芸众生，高原隆起展现丰富层次，高峰耸立激励有志者奋斗攀登。对亿万消费者来说，听听那些易于跟唱的歌，看看那些找乐的视频，从中获得愉悦和满足，才是文化消费的日常。文化高峰是理想，是事业，是勇者智者向往的远方，但这类场景毕竟有限，壮丽而稀少。攀登高峰实现梦想值得持久努力，但过好眼下的生活，欣赏大地上的多彩风景同样重要。

　　进入数字时代，技术在其他领域展现已久的巨大能力，终于全面进入文化领域，文化产业的创作、生产、传播、交易、消费各个环节全面转型，呈现出技术密集特征，生产效率明显提升。这些变化推动着文化消费结构、文化生产结构、文化市场结构的快速转变。与此同时，文化产业也为数字技术提供了连接广泛、迭代迅速、栖居多点、效益显著的应用领域和持续更新的巨量多元数据。当下我们所见，是数字技术主导着文化产业的非常态发展，但人类社会对文化内涵的普遍渴求是永继愿望，不会被技术表象的绚丽所淹没和取代。数字大潮的特点是后浪推前浪，新旧替换；文化的特点是积累与传承，叠加增长。对于技术与文化的长期均衡与良性互动，我们充满期待也充满信心。总之，没有数字技术就没有今日文化之繁荣景象，没有文化内容也没有数字技术如此之广阔用武之地。这个趋势将延续，技术与文化将继续相互加持，彼此成就，数字文化产业的地位将持续上升，对技术发展方向和文化创新传承产生深远影响。

《中国社会科学》2021 年第 8 期

以数字中国建设赋能经济社会高质量发展

夏学平

以习近平同志为核心的党中央高度重视数字中国建设，明确提出数字中国战略。党的十九大报告提出要建设"网络强国、数字中国、智慧社会"的战略目标，《中华人民共和国国民经济和社会发展第十四个五年规划和2035年远景目标纲要》专门设立一个章节对"加快数字化发展 建设数字中国"进行规划部署。这是党中央从党和国家事业发展全局出发作出的重大战略决策，对于在数字时代战胜前进道路上各种风险挑战，为全面建设社会主义现代化国家，实现第二个百年奋斗目标和中华民族伟大复兴的中国梦，具有十分重要的意义。

一、牢牢把握信息时代重大机遇，深刻认识建设数字中国的战略意义

习近平总书记指出："信息化为中华民族带来了千载难逢的机遇。"大数据对新一轮科技革命和产业变革具有重要意义，是信息化发展的新阶段，推动了信息化发展模式的变革创新，是我国赶超世界强国的历史机遇。

作者系中国网络空间研究院党委书记、院长。

加快数字化发展、建设数字中国是把握新一轮科技革命和产业变革新机遇的战略选择。习近平总书记指出："每一次科技和产业革命都深刻改变了世界发展面貌和格局。一些国家抓住了机遇，经济社会发展驶入快车道，经济实力、科技实力、军事实力迅速增强，甚至一跃成为世界强国。发端于英国的第一次产业革命，使英国走上了世界霸主地位；美国抓住了第二次工业革命机遇，赶超英国成为世界第一。从第二次工业革命以来，美国就占据世界第一的位置，这是因为美国在科技和产业革命中都是领航者和最大获利者。"中华民族在农业社会曾创造了辉煌灿烂的文明，却与第一次、第二次工业革命的重要机遇失之交臂。习近平总书记强调："在新科技带来的新机遇面前，每个国家都有平等发展权利。潮流来了，跟不上就会落后，就会被淘汰。我们能够做的和应该做的就是要抢抓机遇。""当今时代，数字技术、数字经济是世界科技革命和产业变革的先机，是新一轮国际竞争重点领域，我们一定要抓住先机、抢占未来发展制高点。"习近平总书记洞察每一次科技革命和产业变革给生产力带来的质的飞跃，深入分析近现代世界大国的兴衰，深刻揭示人类社会进入以数字化生产力为主要标志的全新历史阶段，能不能抓住数字技术变革机遇、引领数字化发展，成为决定大国兴衰的一个关键。

世界主要发达国家都把数字化发展作为实现创新发展的重要动能和提升综合实力的主攻方向。当今世界，互联网、大数据、云计算、人工智能、区块链等技术加速创新，日益融入经济社会发展各领域和全过程。数字经济发展速度之快、辐射范围之广、影响程度之深前所未有，正在成为重组全球要素资源、重塑全球经济结构、改变全球竞争格局的关键力量。世界主要国家都把数字化作为经济发展和技术创新的重点。大数据作为新型生产要素，被称为"信息时代的石油"，已成为一个国家重要的基础性、战略性资源。当"大数据""数字经济"对于很多人来说还是一个崭新的概念时，2000年习近平总书记在福建工作期间就提出建设"数字福建"，2003年在浙江工作期间又提出建设"数字浙江"，让数字化、信息化成为实现经济跨越式发展的重要引擎。2016年，在十八届中央政治局第三十六次集体学习时，习近平总书记强调要做大做强数字经济、拓展经济发展新空间。党的十九大报告明确提出要建设"数字中国"，这是"数字中国"首次被写入党和国家纲领性文件。党的十九大后不久，中央政治局第二次集体学习强调，"加快建设数字中国，构建以数据为关键要素的数字经济，推动实体经济和数字经济融合发展"。党的十九届四中全会首次提出将数据作为生产要素参与分配。2020年3月，《中共中央 国务院关于构建更加完善的要素市场化配置体制机制的意见》将数据与土地、劳动力、资本、技术等相并列，提出要加快培育数据要素市场，推进政府数据开放共享，提升社会数据资源价值，加强数据资源整合和安全保护，这是中央层面第一份关于数字要素市场化配置的文件。

建设数字中国开启了我国信息化发展新征程。将数据作为生产要素是一个重大理论突破，为发展数字经济提供重要指引，对于引导各类要素协同向先进生产力聚集，加快完善社会主义市场经济体制具有重大而深远的意义。数字经济是以数据资源为关键要素，以现代信息网络为主要载体，以信息通信技术融合应用、全要素数字化转型为重要推动力，促进公平与效率更加统一的新经济形态。2021年10月，中央政治局专门就"推动我国数字经济健康发展"进行集体学习，习近平总书记指出："发展数字经济意义重大，是把握新一轮科技革命和产业变革新机遇的战略选择""我们要站在统筹中华民族伟大复兴战略全局和世界百年未有之大变局的高度，统筹国内国际两个大局、发展安全两件大事，充分发挥海量数据和丰富应用场景优势，促进数字技术和实体经济深度融合，赋能传统产业转型升级，催生新产业新业态新模式，不断做强做优做大我国数字经济。"

党的十八大以来，习近平总书记深刻把握信息革命发展大势，就数字化发展、建设数字中国作出一系列重要论述、提出明确要求，深刻阐明为什么要加快数字化发展、建设数字中国，怎样加快数字化发展、建设数字中国等一系列重大理论和实践问题。这些论述内涵丰富、思想深邃、立意高远，是新时代加快数字化发展、建设数字中国的行动指南和强大思想武器。面对世界百年未有之大变局，我们要深入学习贯彻习近平总书记这些重要论述，切实增强政治责任感、历史使命感、现实紧迫感，紧紧抓住信息时代重大机遇，抢占新一轮发展制高点，牢牢把握时代主动权。

二、数字化发展蹄疾步稳，数字中国建设取得显著成就

党的十八大以来，在习近平新时代中国特色社会主义思想特别是习近平总书记关于网络强国重要论述指导下，数字中国建设迈出坚实步伐、取得显著成就。《"十四五"数字经济发展规划》《"十四五"国家信息化规划》《"十四五"大数据产业发展规划》等相继出台，描绘"十四五"时期数字化发展、数字中国建设的美好蓝图。各地区各部门充分发挥我国社会主义制度优势，不断优化数字化发展环境，持续从数字技术创新、数字基础设施、数字经济、数字政府、数字文化、数字社会、数字生态文明、数据资源、数字安全和治理、数字国际合作等方面推进数字中国建设，有力支撑经济、政治、文化、社会和生态文明建设。

数字经济发展规模保持快速增长。数字经济作为数字中国的有机组成部分，不仅是推动数字中国建设、实现经济高质量发展的重要支撑，也是推动政府治理现代化的重要动能。2017 年到 2021 年，我国数字经济规模从 27.2 万亿增至 45.5 万亿元，总量稳居世界第二，年均复合增长率达 13.6%，占国内生产总值比重从 32.9% 提升至 39.8%，成为推动经济增长的主要引擎之一。加快数字技术和实体经济融合发展，推动制造业、服务业、农业的数字化、网络化、智能化升级，培育数字新产业、新业态、新模式，促进我国产业迈向全球价值链中高端。数字化转型加快推进，农业生产信息化水平快速提升，工业互联网应用已覆盖 45 个国民经济大类，电子商务交易额从 2017 年的 29

万亿元增长至 2021 年的 42 万亿元。

数字政府治理服务效能显著增强。加强数字政府建设是建设网络强国、数字中国的基础性和先导性工程，是创新政府治理理念和方式、形成数字治理新格局、推进国家治理体系和治理能力现代化的重要举措。以数字政府建设引领驱动数字化发展。我国电子政务在线服务指数全球排名提升至第 9 位，"掌上办""指尖办"等"互联网＋政务服务"已成为各地政务服务标配，"一网通办""跨省通办"取得积极成效。超 90% 的省级行政许可事项实现网上受理和"最多跑一次"，平均承诺时限压缩超过一半以上。数字化有力支撑了新冠疫情下经济社会发展和政府公共服务。疫情发生以来，数字经济在疫情防控、助力产业复苏、保障民生福祉中发挥了重要作用。疫情加速了数字化进程，推动部门之间以及中央和地方之间的数据互通共享，健康码的普及和使用达到了前所未有的程度，对统筹推进疫情防控和经济社会发展发挥了至关重要的作用。作为数字时代国家治理的新形态，数字政府旨在运用前沿数字技术，协同社会主体，通过政府数字化转型重塑治理结构、优化政府职能、革新治理理念，以同时提升政府治理能力和社会协同能力。

数字社会服务更加普惠便捷。线上办公、线上购物、线上教育、线上医疗蓬勃发展并同线下经济深度交融，大力提升教育、医疗、卫生、环境保护等重点民生领域数字化、均等化、便捷化水平，加快弥合区域、城乡、人群、行业之间的数字鸿沟。2017 年到 2021 年，我国网民规模从 7.72 亿增长到 10.32 亿，互联网普及率从 55.8% 提升至 73%，特别是农村地区互联网普及率提升至 57.6%，城乡地区互联网普及率差异缩小 11.9 个百分点。普惠化在线教育、健康中国信息服务、新型智慧城市建设行动扎实深入，国家智慧教育平台加快建设，我国所有中小学（含教学点）全部实现联网。远程医疗、网上订餐等需求快速增长，人工智能等数字技术为教育、医疗、养老等行业赋能，持续迸发创新发展活力。构筑共建共治共享的数字社会治理体系，全国统一的医保信息平台建成，实现跨省异地就医自助备案和住院直接结算，远程医疗县区覆盖率超过 90%。互联网应用适老化及无障碍改造行动深入开展。网络扶贫和数字乡村建设接续推进，城乡居民共享数字化发展成果。持续提升全民数字素养与技能，终身数字学习，数字创新创业创造能力的培育不断加强。

数字治理成效明显。伴随数字经济的快速发展，一些新情况新问题也不断出现，如侵害个人隐私、侵犯知识产权、网络犯罪等时有发生，算法滥用、平台垄断、数据泄露等问题比较突出，网络监听、网络攻击、网络恐怖主义活动等成为全球公害，等等。所以，在加快数字化发展的同时，必须加强数字治理。习近平总书记高度重视数字经济的健康有序发展，强调"要坚持促进发展和监管规范两手抓、两手都要硬，在发展中规范、在规范中发展""要健全法律法规和政策制度，完善体制机制，提高我国数字经济治理体系和治理能力现代化水平"。党的十八大以来，数字化领域立法步伐加快，政策制度体系不断完善，网络安全法、数据安全法、个人信息保护法等一系列法律颁布实施，网络空间治理的力度、深度和广度明显加大，推动平台经济规范健康发展，诚信守法的良好氛围日渐形成。《网络信息内容生态治理规定》《区块链信息服务管理规定》《互联网信息服务算法推荐管理规定》等一系列规定陆续出台，"清朗"系列专项行动深入实施，营造良好数字生态，积极发展健康清新的网络文化，建设向上向善的网络文明。数字经济发展环境逐步优化，为推动数字化发展提供有力支撑和保障。

三、深刻把握加快数字化发展、建设数字中国的实践要求，着力推动经济社会高质量发展

习近平总书记高度重视数字技术对社会生产方式、生活方式、治理方式产生的深刻变革和深远影响，指出："数字技术正以新理念、新业态、新模式全面融入人类经济、政治、文化、社会、生态文明建设各领域和全过程，

给人类生产生活带来广泛而深刻的影响。"加快数字化发展、建设数字中国，是贯彻落实习近平新时代中国特色社会主义思想特别是习近平总书记关于网络强国重要论述的战略举措，是把握信息时代新机遇、构筑国家竞争新优势的必然要求，是坚持以人民为中心、推动信息化更好地服务经济社会发展、全面建设社会主义现代化国家的迫切需要。

着力构建新发展格局、打造高质量发展新引擎。当前，我国经济已由高速增长阶段转向高质量发展阶段，以数字经济为代表的新动能加速孕育形成。加快数字中国建设，就是要适应我国发展新的历史方位，全面贯彻新发展理念，以信息化培育新动能，用新动能推动新发展，以新发展创造新辉煌。习近平总书记指出，"数字技术、数字经济可以推动各类资源要素快捷流动、各类市场主体加速融合，帮助市场主体重构组织模式，实现跨界发展，打破时空限制，延伸产业链条，畅通国内外经济循环"，"数字经济具有高创新性、强渗透性、广覆盖性，不仅是新的经济增长点，而且是改造提升传统产业的支点，可以成为构建现代化经济体系的重要引擎"。习近平总书记的重要论述深刻揭示加快数字化发展、建设数字中国的客观规律和现实需要，科学阐释数字化发展赋能经济社会高质量发展的重要作用。这要求我们充分发挥数字中国建设在构建现代化经济体系、推动经济社会高质量发展等方面的重要作用，大力激发数字技术的创新活力、要素潜能、发展空间，促进各要素在生产、分配、流通、消费各环节有机衔接，引领和驱动产业发展升级、技术创新提速、治理格局优化，持续助推生产力跃升和生产关系变革，书写高质量发展新篇章，为全面建设社会主义现代化国家提供重要支撑。

着力提升公共服务均等化普惠化便捷化水平、满足亿万人民对美好生活的向往。党的根基在人民、血脉在人民、力量在人民，党始终坚持发展为了人民、发展依靠人民、发展成果由人民共享。我国互联网的发展始终坚持以人民为中心的发展思想，加快数字化发展、建设数字中国的目的是让亿万人民在数字化发展中有更多获得感、幸福感、安全感。习近平总书记指出，"网信事业发展必须贯彻以人民为中心的发展思想，把增进人民福祉作为信息化发展的出发点和落脚点，让人民群众在信息化发展中有更多获得感、幸福感、安全感"（《习近平谈治国理政》第三卷，外文出版社2020年6月版，第307—308页）。"要坚持以人民为中心的发展思想，推进'互联网＋教育'、'互联网＋医疗'、'互联网＋文化'等，让百姓少跑腿、数据多跑路，不断提升公共服务均等化、普惠化、便捷化水平"。数字技术极大拓展人们的生活半径，打破地域阻隔和时空限制，深度融入群众生产生活的方方面面，在便利城乡居民生活、优化公共服务能力水平、促进乡村振兴等方面提供有力支撑。习近平总书记强调，"要适应人民期待和需求，加快信息化服务普及，降低应用成本，为百姓提供用得上、用得起、用得好的信息服务，让亿万人民在共享互联网发展成果上有更多获得感""我们的目标很宏伟，但也很朴素，归根结底就是让全体中国人都过上更好的日子"，等等。这些重要论述是践行人民至上的价值理念，把实现人民幸福作为发展的根本目的，努力使发展成果更多更公平地惠及全体人民，在加快数字化发展、建设数字中国实践中的生动诠释。

着力转变政府职能、促进国家治理体系和治理能力现代化。习近平总书记指出："要全面贯彻网络强国战略，把数字技术广泛应用于政府管理服务，推动政府数字化、智能化运行。"加快转变政府职能，对于构建高水平社会主义市场经济体制、建设人民满意的服务型政府、推进国家治理体系和治理能力现代化具有重大意义。随着经济社会持续快速发展，传统的治理模式已不适应现代治理的需要，大数据在政府治理活动中的应用场景不断拓展。现代信息技术变革治理理念和治理手段，推动数字技术广泛应用于政府管理服务，打造泛在可及、智慧便捷、公平普惠的数字化服务体系，让百姓少跑腿、数据多跑路，不断优化政府服务，创造良好发展环境，全面提升政府治理效能。加快数字化发展有助于政府职能转变，对政府治理理念、治理结构、运行机制、行为模式及资源配置等带来深层次的结构性变化；有助于技术融合、业务融合、数据融合，数据高效共享和有序开发利用；有助于推进各行业各领域政务应用系统集约建设、互联互通、协同联动，构建协同高效的政府数字化履职能力体系，有力助推国家治理体系和治理能力现代化。

当今世界，信息技术创新日新月异，数字化、网络化、智能化深入发展，在推动经济社会发展、促进国家治理体系和治理能力现代化、满足人民日益增长的美好生活需要等方面作用日益凸显。面向新时代新征程，我们要深刻学习领会习近平总书记重要讲话精神，充分认识加快数字化发展、建设数字中国的重大意义，切实把思想和行动统一到党中央决策部署上来，把握机遇、乘势而上，加快推进数字中国建设，赋能经济社会高质量发展，将数字化发展全面融入"五位一体"总体布局，为全面建设社会主义现代化国家、实现中华民族伟大复兴的中国梦提供有力支撑。

《中国党政干部论坛》2022 年第 9 期

数字经济的发展与治理

黄益平

数字经济是第四次工业革命的产物，也是我国离国际经济技术前沿最近的经济部门，一些头部数字经济企业甚至排在全球的前列。作为一个发展中国家，我国的这个成就十分了不起。同时，数字经济对于我国经济实现高质量发展，也具有举足轻重的意义。但在过去一段时期，数字经济领域也出现了一些诸如损害消费者利益和不正当竞争等的不规范行为。如何构建有效的数字经济治理体系，促进数字经济健康发展，是中国式现代化的一个重要课题。

一、数字经济发展是市场化改革的重要成果

数字经济是继农业经济、工业经济之后的主要经济形态，是以数据资源为关键要素，以现代信息网络为主要载体，以信息通信技术融合应用、全要素数字化转型为重要推动力，促进公平与效率更加统一的新经济形态。《"十四五"数字经济发展规划》提出，"以数据为关键要素，以数字技术与实体经济深度融合为主线，加强数字基础设施建设，完善数字经济治理体系，

作者系北京大学国际发展研究院副院长、北京大学数字金融研究中心主任。

协同推进数字产业化和产业数字化，赋能传统产业转型升级，培育新产业新业态新模式，不断做强做优做大我国数字经济。"

数字经济包括五大类产业：数字产品制造业、数字产品服务业、数字技术应用业、数字要素驱动业和数字化效率提升业。前四类为"数字产业化"部分，指为产业数字化提供数字技术、产品、服务、基础设施和解决方案，以及完全依赖于数字技术、数据要素的各类经济活动，这是数字经济的核心产业。第五类则为"产业数字化"部分，指利用数据与数字技术对传统产业进行升级、转型和再造的过程。据北京大学课题组测算，2012 年—2018 年间，数字经济部门对 GDP 增长的贡献达到了 74.4%。另外，据中国信息通信研究院估计，2021 年，我国数字产业化规模为 8.35 万亿元，占 GDP 比重为 7.3%。产业数字化规模达到 37.18 万亿元，占 GDP 比重为 32.5%。同年美国数字经济规模蝉联世界第一，达到 15.3 万亿美元。中国位居第二，7.1 万亿美元。

平台经济是数字经济的一种特殊形态，它是指依托于云、网、端等网络基础设施并利用人工智能、大数据分析、区块链等数字技术工具撮合交易、传输内容、管理流程的新经济模式。常见的数字平台包括电子商务、网络约车、文娱、社交媒体、搜索、数字金融等。我国在自 1994 年接入互联网之后的近三十年间，涌现了数量巨大的互联网公司，其中一些已经成长为全国甚至全球的头部平台。根据美国调查公司 CBInsights 的统计，截至 2022 年 9 月底，全球总共有 1199 家"独角兽"企业，也即估值超过 10 亿美元的初创企业，其中美国公司占比 54.1%，全球第一。中国公司占比 14.4%，位居第二。

一般认为我国数字经济具有"大而不强"的特点。"大"主要体现在覆盖的用户、市场的规模和企业的数量，"不强"主要是指质量不高，技术优势不突出，关键领域的创新能力也不足。2021 年，我国数字经济占 GDP 之比为 39.8%，也显著低于德国、英国和美国的 65% 以上。对比中美最大的 10 家创新企业，我国有 7 家的业务模式是由商业模式驱动，另外 3 家则是技术创新驱动。美国则有 7 家是由技术创新驱动，只有 3 家是商业模式驱动。另外，我国几乎所有的头部平台都是以消费互联网为主，只有少数兼营产业互联网。在美国，专注消费互联网与产业互联网的头部平台的数量几乎相同。如果说美国数字经济的比较优势在技术，我国数字经济的比较优势则在市场。

考虑到我国还是一个发展中国家，数字经济"大而不强"的特征也不能算是一个缺陷。无论看数字经济的规模，还是看头部平台的数量，我国稳居全球第二，这是一个非常了不起的成就。在过去的五六年间，我国前沿数字技术的创新能力实现了突飞猛进般的进步。根据英国学者的统计，如果把美国、欧洲、日本和中国的专利数放在一起，我国的区块链技术专利占比 80%，计算机视觉技术专利占比 60% 以上，自动驾驶技术专利占比约 40%，我国在这些领域的专利数都超过了美国。自 18 世纪中叶以来，全球已经发生过四次工业革命。在第四次工业革命期间，我国第一次紧随着数字技术进步的步伐，运用大数据、云计算、互联网、区块链和人工智能等新技术创新经济活动，这是一个历史性的进步。

我国的数字经济发展能够取得巨大的成就，贡献因素很多，最为重要的是"有为政府"和"有效市场"的结合，有为政府不仅改善营商环境、克服市场失灵，还适当超前地建设了大量的数字基础设施，有效市场则将大量的资源特别是资金配置到新兴的数字经济产业。一方面，数字经济是我国市场化改革最为耀眼的经济成就之一，同时也创造了许多"中国梦"的典型案例。几乎每一家头部企业，最初都是由一位或数位年轻人形成创业的想法，然后利用市场动员起规模庞大的技术、人才、资金，让新的数字经济产品或模式迅速落地并不断地迭代、改进。另一方面，数字经济发展也得益于我国相对发达的数字基础设施。无论看移动电信的覆盖面，还是看互联网的普及率，中国都显著领先于绝大多数发展中国家，这得益于多年来政府在数字基础设施领域所做的"适度超前"的布局与投资。目前我国已建成全球规模最大、技术领先的网络基础设施。截至 2021 年年底，建成 142.5 万个 5G 基站，总量占全球 60% 以上，5G 用户数达到 3.55 亿户，行政村通宽带率达 100%。

另外一些因素在特定阶段也发挥了推动数字经济发展的重要作用，包括超大规模的人口、较弱的个人权益保护以及与国际市场的相对分隔，但其中有些因素已经发生改变或者很快就会改变。首先，超过 14 亿的人口数量有利于创新、试验新产品、新业务模式，对于发挥数字经济的规模效应尤其重要，我国一些头部平台拥有数亿甚至十亿用户。其次，过去我国对个人权益特别是个人隐私保护存在不足，这为数字经济创新提供了很大的空间，但许多业务侵犯了个人权利，野蛮生长，这正是数字经济专项整治试图重点解决的问题之一。最后，迄今为止国内数字经济行业与国际市场是分隔的，这为国内企业的成长赢得了时间和空间，但可以预期的是，国内外市场分隔的局面不可能长期持续。

随着我国经济开启新时代新征程，数字经济发展也在步入新的阶段。一方面，高质量发展是建设社会主义现代化强国的首要任务，数字经济理应承担起助力高质量发展的使命。数字经济已经形成了较大的规模，在一些技术领域也在快速地赶上来，但技术优势还需要进一步培育，在商业模式创新的基础上，更加重视关键领域的创新能力，提升数字经济发展的质量。业务重点也要进一步扩展，更加贴近实体型经济，从消费互联网扩大到产业互联网，从"新零售"到"新制造"。另一方面，现在数字经济治理从专项整治走向常态化监管，一些比较突出的问题已经得到了纠正，数字经济发展也开始走入一个新的更为规范、健康的阶段。但监管与治理是一个长期的任务，正如习近平总书记指出："推动数字经济健康发展，要坚持促进发展和监管规范两手抓、两手都要硬，在发展中规范、在规范中发展。"

二、数字经济的收益与挑战同样突出

数字技术带来的经济改变是革命性的，《"十四五"数字经济发展规划》

提出："数字经济发展速度之快、辐射范围之广、影响程度之深前所未有，正推动生产方式、生活方式和治理方式深刻变革，成为重组全球要素资源、重塑全球经济结构、改变全球竞争格局的关键力量。"加快数字经济的高质量发展，对于我国在 2035 年达到中等发达国家水平、在 2049 年建成社会主义现代化强国，都具有十分重要的意义。

数字技术对经济运营机制的改变可以用"三升三降"来概括，即扩大规模、提升效率、改善用户体验、降低成本、控制风险和减少直接接触。这些改变主要是基于数字技术所具有的一些全新的经济特性，比如规模经济、范围经济、网络外部性、双边或多边市场等。规模经济意味着企业的规模越大，平均成本越低、经营效率越高，这可能是得益于数字技术的长尾效应，即在完成固定成本投入之后，进一步扩大经营规模的边际成本很低。范围经济是指同时生产多种产品的总成本低于分别生产各种产品的成本之和，这可能是数字经济领域跨界竞争现象十分普遍的主要原因。网络外部性是指一个网络的使用者越多，其人均的使用价值也就越高，网络本身的市场价值也就越大。而双边市场是指相互提供网络收益的独立用户群体的经济网络，一组参与者加入平台的收益取决于加入该网络的另一组参与者的数量，这样，数字平台对一方的定价往往会考虑对另一方的外部影响。正是基于这些特性，许多数字平台都是动辄拥有数亿的用户，而且同时提供多种线上服务，甚至还对用户提供免费甚至补贴的服务。

数字经济给我国的生产方式、生活方式与社会治理方式带来了翻天覆地的改变：一是提升人民群众的生活质量。购物、点餐、约车、订酒店等日常生活所需要的服务几乎全部可以在线上安排，既节省时间与开支，还能享受更为丰富的消费品类。在新冠疫情期间，线上交易对于消费发挥了重要的稳定器的作用。二是改善了经济活动的普惠性。利用规模经济和长尾效应，数字经济服务已经覆盖超过十亿的个人和将近一亿的个体经营者，同时还降低了创新与创业的门槛，在活跃了经济微观细胞的同时，还创造了两亿左右的灵活就业机会。三是加速创新并孵化了许多新的数字经济业态。几乎所有的数字经济企业都是创新型机构，它们依靠新技术孵化新的制造与服务业态，大多数头部平台还都是知识产权的大户。四是利用数字技术改造传统产业，达成提质增效的目的。产业数字化从聚焦个别经营环节到覆盖整个产业链生态系统，形成了越来越强的经济动能。

我国的数字金融创新提供了一个有代表性的案例，它既是扎根中国大地的金融革命，又是国际前沿的金融创新。两家头部移动支付机构的活跃用户规模领先全球，支付效率与安全也表现出色。而几家新型互联网银行一方面利用数字平台快速、海量、低成本地获客并积累数字足迹，另一方面利用大数据与机器学习方法进行信用风险评估，这个被称为"大科技信贷"的创新业务模式，可以服务大量既无财务数据又缺乏抵押资产的"信用白户"。在新冠疫情期间，一些传统金融机构暂停了服务，但数字金融机构却在持续地提供支付、投资及信贷等服务。2020年6月，国际货币基金组织（IMF）的格奥尔基耶娃总裁因此亲自出面邀请国内学术机构一起联合组织关于大科技信贷的闭门研讨会。"北京大学数字普惠金融指数"显示，在2011年—2021年间，数字普惠金融发展水平的地区差异大幅度缩小，数字金融服务已经跨越"胡焕庸线"，触达广阔的西部地区。

但数字经济领域也出现了不少值得深入思考并解决的问题。

第一，数字经济的规模效应是否必然导致垄断？做大企业规模、形成市场势力是每一个企业家追求的经营目标，而规模效应也意味着规模越大、效率越高，但这样就可能造成一家独大、赢者通吃的局面。在现实中，许多头部数字经济企业确实都是"巨无霸"，在国内市场占据很大的份额。数字大平台冲击线下小厂小店的现象并不少见，平台的使用者更无法判定平台资源配置与定价的公平性。前些年诸如"二选一"之类的排他性协议也很常见。因此，市场参与者常常会担心大企业利用市场支配地位实施垄断行为。

第二，如何在大数据分析效率与个人隐私保护之间取得平衡？"数据是新的石油"、新的生产要素，通过大数据分析撮合供需双方、管理信用风险等大量新兴业务模式已经成功落地并取得了不错的经济效益。但过去信息保护不到位，不合规、不合法地搜集、加工并使用数据的现象十分普遍，个人隐私与商业机密泄露的事件时有发生。效率与权益之间的平衡点应该划在哪里，这是一个重要的政策难题。如果数据保护不到位，就会损害个人与机构的权益，甚至引发社会与经济风险。如果保护过度，大数据分析可能就无从做起。

第三，数字平台究竟会促进还是遏制经济创新？数字经济企业确实都具有很强的创新基因，如果没有创新能力，它们也不可能快速发展，成长为有一定规模的企业。但数字平台企业在成为"巨无霸"之后，是否还会保持创新动力与能力，是一个值得观察的问题。所谓的"猎杀式并购"，就是一些头部数字平台利用充足的现金流，大量收购相近业务领域的初创企业，然后束之高阁，其目的是消灭潜在的竞争对手。另外，一些头部平台通过烧钱做大市场，这类商业模式的创新也许会挤占过多的创投基金，从而影响硬科技创新。

第四，数字经济如何才能更好地助力我国实现共同富裕的愿景？从其普惠性看，数字经济应该是有利于改善收入分配的，约两亿个门槛低、工作时间灵活的"零工"就业机会是一个很好的例子。但可能还有硬币的另一面：一是数字经济企业的快速成长往往伴随着一大批传统企业的倒闭，这样就会有很多员工需要再就业；二是"零工"就业的工作条件并不好，许多外卖员"被困在算法里"，而且他们的社会保障通常也不是很完善；三是数字经济领域的财富集中度非常高，行业参与者并不一定都能获得与其贡献对等的收入与财富。

最后，怎样完善数字平台的治理功能？数字平台的治理功能既包括平台本身的治理，也包括社会治理。在传统经济中，企业、市场与政府分别发挥经营、交易与调控的功能。但平台企业打破了上述三者之间的分工边界，它既是经营主体，又是交易场所，同时还发挥一定的调控作用。平台兼具经营、交易和调控功能可能导致的一个问题是平台既做裁判员，又当运动员，这样就有可能破坏市场秩序，造成不公平竞争，损害消费者利益。同时，平台也可以发挥辅助政府治理的积极作用，包括参与电子政务、数字政府、城市大脑的建设。但平台巨大的影响力如果折射到社会、政治或意识形态领域，就变成一个非常敏感的话题。

三、治理体系的构建需要从理念创新入手

数字经济的优势很突出，挑战也很严峻。2020 年底的中央经济工作会议提出"反垄断"与"防止资本无序扩张"，由此开启了数字经济领域的专项整治政策。在之后的近两年间，决策部门制定了相关的法律，也采取了不少监管举措。2022 年底的中央经济工作会议则明确提出，"要大力发展数字经济，提升常态化监管水平，支持平台企业在引领发展、创造就业、国际竞争中大显身手。"从专项整治走向常态化监管，治理体系会变得更加明确，从而提供一个比较稳定的政策环境，这将有利于数字经济实现高质量发展。

数字经济具有许多全新的特性，因此不应简单地套用传统经济的治理方法，甚至也不宜照搬欧美的一些政策实践。在欧美有一种观点，认为数字经济治理只要集中关注几家头部平台就可以了，这个思路在中国不太适用。欧美的常态化监管相对比较成熟，因此，加强数字经济治理的重点就在于规范头部平台的行为，特别是反垄断。而我国的治理框架刚刚开始搭建，需要关注的不仅仅是头部平台的垄断行为，所有数字经济企业的经营行为都需要规范。

数字经济治理中经常碰到的垄断问题与数据问题提供了两个很好的实例，印证为什么不能简单地套用传统经济的治理方法。而这就要求在严谨分析的基础上，做政策理念的创新，然后才能构建适应数字经济特性的治

理体系。

反垄断是平台经济专项治理政策的主要内容之一。我国的《反垄断法》明确了四类垄断行为，即经营者达成垄断协议、滥用市场支配地位、经营者集中和滥用行政权力排除、限制竞争。2021年2月7日，国务院反垄断委员会发布《关于平台经济领域的反垄断指南》，这是第一份关于平台经济反垄断政策的完整框架。4月10日，国家市场监管总局对阿里巴巴就其"二选一"行为作出处罚，这是平台经济领域第一张反垄断的罚单。11月18日，国家反垄断局正式挂牌，标志着我国反垄断政策特别是平台经济领域反垄断政策走入全新的阶段。

自1890年颁布《谢尔曼法》以来，美国反垄断政策的思想大致可以划分为两个阶段，20世纪80年代之前的"结构主义"和之后的"行为主义"。结构主义主要基于这样一个观察，即市场集中度和企业绩效呈正相关。因此，如果政府可以直接调整市场结构，就可以起到釜底抽薪的反垄断效果。形成于20世纪初的布兰迪斯主义不仅仅反对垄断，直接反对庞大。行为主义对结构主义的主要批评是，如果单纯地惩罚大企业，就是在惩罚竞争优胜者，这对行业发展、经济增长都是不利的。是否存在垄断，不能只看市场结构，而应该看市场行为。如果企业在做大经营规模的同时增进了消费者福利，那就不应该受到惩罚。而反映消费者福利的一个指标就是价格，如果企业利用市场支配地位，提高价格从而获取超额利润，那就是垄断行为。

不过消费者福利或价格这个简单易行的标准在数字经济的垄断行为面前往往显得无能为力，因为许多平台经常压低消费者价格甚至提供免费服务。但多边市场与网络效应等特性表明，不收费并不一定意味着"免费"，也并不一定表明这些企业不拥有垄断地位。通过补贴一边的用户以扩大市场规模，恰恰是平台企业经常采用的提高营业收入甚至形成市场支配地位的重要策略。虽然"免费"的服务在短期内对消费者有利，但如果这个商业策略的目的是做大市场规模甚至改变市场结构，最终获取垄断地位，从长期看对消费者是不利的。消费者福利标准不适应平台经济领域的垄断，直接推动了布兰迪斯主义在美国的重生。

但这样又回到了行为主义对结构主义的批评，"大就是问题"的视角更不适合数字经济领域，因为它与数字技术的特性是背道而驰的。传统经济学理论认为，市场支配地位越强，价格就越高，"无谓损失"或福利损失就越大。但数字经济最重要的特性就是长尾效应、规模经济。如果以规模判定垄断，就会出现一个无法化解的矛盾：数字经济企业要么做不起来，一旦做大，就很可能被反垄断、被分拆。如果那样，数字经济也就永远无法发展。

数字经济的范围经济特性有可能让充分竞争与规模经济实现共存。不喜欢大的企业规模或者高的市场份额，主要还是担心造成"赢者通吃"的局面，但这是传统经济的理念，比如在石油或者钢铁行业。范围经济意味着一旦平台在一个行业做大，很容易展开跨行业竞争，比如短视频平台做外卖、社交平台做搜索。即便能够做大，也并不一定能够独霸市场，在2013年至2020年间，电商市场份额发生非常大的改变，原先"一家独大"的电商平台失去了超过一半的市场份额，这说明它之前并不拥有市场支配地位。

判断数字经济领域是否存在垄断，既不应该简单地看"消费者福利"，更不应该只关注"企业规模"，而应该重视"可竞争性"条件，即潜在竞争者进入或退出市场的便利度。如果便利度高，潜在竞争者就可以对在位企业形成较大的竞争压力。在这种情况下，即便一个行业只有一家或少数几家企业，在位企业就无法自由地实施垄断行为、榨取高额利润。需要指出的是，"可竞争性"条件的决定因素是潜在竞争者进入的沉没成本，这里所说的沉没成本不只包括营业牌照，也包括用户和数据等条件。另外，较强的"可竞争性"也不必然导致较高的竞争程度，但仍然可以阻止在位企业实施垄断行为。

因此，"可竞争性"条件是一个可以指导平台经济领域经济监管与反垄断执法的重要概念。用"可竞争性"的分析框架来讨论我国当前面临的问题，起码有两个方面的重要启示。一是与美国相比，我国平台经济领域的竞争程度似乎要高一些。在美国，四家头部平台长期主导一些行业，或许更应该担心垄断问题。为什么美国平台企业跨行业经营的现象相对少一些？可能有多种原因，比如更为严厉的监管限制、数据与人工智能的应用导致了更高的进入门槛以及"心照不宣的合谋"。但无论如何，目前我国平台经济的跨行业竞争的现象十分普遍，竞争程度较高。相比较而言，我国平台经济领域反垄断的紧迫性没有美国那么强烈。

二是平台经济的监管政策也应该关注"可竞争性"条件。如果保持很高的"可竞争性"，形成垄断的可能性就会下降。即便发现垄断行为的证据，也尽量不要采取分拆的做法，而应该尽力减少潜在进入企业的沉没成本、降低进入与退出市场的门槛。如果用户人数是重要的进入门槛，可以考虑在不同平台之间实现联通。以电信网络为例，只要有手机、能联网，就可以联系到所有人，并不取决于用户加入的电信系统的大小。如果数据是主要成本，也许可以考虑允许用户携带数据或者在不同平台之间实现某种形式的共享。当然，这些措施不可能彻底消除那些大平台的相对优势，也不应该无视头部平台在做了大量投资以后获取一定回报的正当要求。采取政策措施保障一定程度"可竞争性"条件的目的是防范出现垄断行为，而不是盲目地追求平台之间的绝对平等。

数据要素的治理思路也同样需要创新。2020年4月，中共中央、国务院《关于构建更加完善的要素市场化配置的体制机制的意见》首次将"数据"与土地、劳动力、资本、技术等传统要素并列，并强调要加快培育数据要素市场。数据成为生产要素，将改写生产函数，放大其他生产要素的贡献度并提高总要素生产率。这其实是为发展中国家提供了一条赶超领先经济的新途径。

根据《数字中国发展报告（2021年）》的数据，2017—2021年，我国数据产量从2.3ZB增长至6.6ZB，2021年的数据产量在全球的占比为9.9%，位居世界第二。但据国家工业信息安全发展研究中心的测算，2020年我国数据要素市场的规模约为545亿元，约为美国的3.1%、日本的17.5%。我国数据的产量巨大，但使用效率还有待提高。因此，如何培育数据要素市场，提升数据要素的供给能力，构建数据治理体系，充分发挥海量数据和丰富应用场景优势，确保数字经济高质量发展，是中国式现代化建设中的一个重大课题。

数据要素治理体系是指统筹数据要素生产、流通、使用、收益分配过程的一系列政策与制度安排。传统要素的治理体系有两个重要的原则，一是明确所有权，二是保障公平交易。这两个原则同样适用于数据要素的治理，但在具体做法上需要创新，因为与传统生产要素相比，数据要素具有一些鲜明的特征。数据要素形成过程中参与方比较多，并且在使用过程中各方的重要性也有很大差异，这意味着数据很难像土地、劳动和资本那样清晰地确定所有权。同时，数据不仅包含部分有关个人隐私和商业机密的信息，还呈现出非排他性、非竞争性和非耗竭性的特性，再加上比较难形成标准化的产品，信息不对称的矛盾十分突出，因此也无法像土地、劳动和资本那样在市场上流通。

2022年12月，中共中央、国务院发布了《关于构建数据基础制度更好发挥数据要素作用的意见》（以下简称"数据二十条"），提出了一系列创新性的数据治理思路与制度。其中最值得关注的设计可能是数据产权结构性分置制度，即数据资源持有权、数据加工使用权、数据产品经营权"三权分置"。对公共数据、企业数据和个人数据，实行分类分级确权授权。对于公共数据，主要是加强统筹授权使用和管理，打破"数据孤岛"。对于企业数据，市场主体享有持有、使用、获取收益的权益。而对于个人信息，则推动数据处理者按照个人授权采集、持有、托管和使用数据。所有这些都是基于一个重要前提，即不损害个人隐私、商业机密和公共利益。与数据产权结构性分置制度相配合，还要建立数据要素各参与方合法权益保护制度，充分保护数据来源者和数据处理者的权益。

影响数据要素使用效率的另一个重要环节是流通。近年来我国已经成立了近40家数据交易所，但业务开展很不理想，也说明数据交易比其他生产要素或商品交易更为困难。"数据二十条"明确支持数据处理者在场内和场外采取开放、共享、交换、交易等方式流通数据，并且提出要设计数据交易市场体系，统筹优化布局，严控交易场所数量，突出国家级数据交易所的基础服务功能和公共属性，同时鼓励数据商进场交易。审慎对待原始数据的流转交易行为，对于公共数据尤其要按照"原始数据不出域，数据可用不可见"的要求，以模型、核验等产品和服务等形式向社会提供。不过，无论是场内还是场外交易，除了权益保障，还有一个很重要的条件是克服数据交易中的信息不对称，这可能是当前交易所业务不活跃的主要原因。相对而言，直接交易的点对点模式和间接交易的数据商模式，增加了一道供需匹配的环节。因此，短期内也许应该把重点放在支持这类场外交易的规范发展，等条件成熟了，再鼓励他们进场交易。

数据要素治理还有一个其他生产要素不存在的问题，即算法治理。"数据二十条"提到了算法审查，但并没有具体说明怎么做。北京大学课题组曾经提出了一个算法审计的设想。算法是大数据分析生产率一个重要支柱，对于数字经济中经营效率的提升和信用风险的管控作出了重大贡献。与此同时，算法黑箱、算法歧视等问题也时有所闻，关键是数字经济企业的大部分合作者和消费者完全无法判断算法的公平性，监管部门在现行政策框架下也很难真正做到穿透式监管。算法治理的核心可以包括三个层面：一是企业自我实行合规管理并制定科技伦理准则，坚持科技向善的导向；二是建立算法备案机制，起码可以对监管部门做到规则透明；三是监管部门或受委托的第三方定期或不定期组织算法审计，也可以在收到其他市场参与者投诉的时候启动。

四、构建中国特色的数字经济治理框架

构建适应数字经济特性的治理体系，促进数字经济的健康发展，对于我国实现经济高质量发展、建设社会主义现代化强国，具有十分重要的意义。在构建数字经济治理框架的过程中，可以考虑如下几个方面的思路。

（一）明确数字经济治理体系的宗旨是创造良好的政策环境，形成稳定的政策预期，同时应准确界定"资本无序扩张"的含义，通过"在规范中发展、在发展中规范"，实现数字经济"做强做大做好"的目标

好的数字经济治理体系的核心应该是良好的政策环境和稳定的政策预期。我国的数字经济发展已经站在了全球的前排，但也出现了一些不规范甚至不合法的行为。规范行为的最有效的方法是确立并落实清晰的治理规则，而不是运动式的整治，因为规范的目的是发展。对于"资本无序扩张"含义，最好能作出更为清晰的界定，比如干预政治、影响意识形态，这有利于在政策执行过程中避免出现扩大化的解读。划定"红绿灯"的做法具有清晰的政策指向，也比较容易理解并执行。不过，如果能用"负面清单"的概念替代"红绿灯"的提法，应该会更加有利于与国际规则的接轨。

（二）搭建数字经济治理体系的顶层结构，设立高规格的数字经济治理机构，统筹政策制定并协调政策执行。同时完善数字经济的法律体系，尽快制定《数字经济法》，统领数字经济的治理政策

数字经济领域既有行业监管部门比如交通运输部、人民银行和工信部，又有一般性的监管机构如市场监管总局和网信办。大部分数字经济企业技术领先、业务综合性强，建议在国务院层面设立一个高规格的机构或者授权一家现有的综合性机构，这个机构主要是代表国务院承担两个方面的责任：一是统筹数字经济治理政策的制定，包括与全国人大的联络；二是协调治理政策的执行，特

别是要消除监管空白、防止重复施政，同时也要把握不同机构推出新政的节奏。

我国已经颁布了不少与数字经济治理有关的法律法规，包括《消费者权益保护法》《电子商务法》《反不正当竞争法》《反垄断法》《网络安全法》《数据安全法》和《个人信息保护法》等，这其中的一部分并非专为数字经济制定，不同法律之间还存在衔接不顺的问题。建议全国人大尽快推动制定一部能够覆盖所有数字经济领域的纲领性的《数字经济法》，将来作为数字经济领域的基本法，统领全国平台经济的治理实践。

（三）建立三个层次的数字经济治理构架，第一层是反垄断执法，纠正市场失灵、恢复市场效率；第二层是经济监管，维持市场有效运行；第三层是企业合规管理，确保经营活动与法律、规则和准则保持一致

这三层构架受同一套治理规则指导、追求共同的合规经营目标，但三者的功能应适当分离，在运营中则可以既有分工又有合作。

反垄断执法的目的是尽快地恢复市场秩序，特别是增强行业的"可竞争性"。目前这个责任主要在国家反垄断局以及国务院反垄断委员会。在执行的过程中，建议重点关注"可竞争性"条件，市场份额不一定能准确地反映垄断行为。如果关注消费者福利，需对数字经济中消费者的各种显性、隐形的成本和收益做综合、细致的计算。《关于平台经济领域的反垄断指南》明确表示，对于"二选一""差异化定价"等行为，需要认真分析其经济合理性。不过通常情况下应慎用反垄断执法这类刚性手段。

经济监管的职责主要是维护市场的有效运行，包括保障公平竞争、保护消费者利益。数字经济企业的监管职能同样应该适当集中，改变"九龙治水"的现象。与反垄断执法相比，经济监管更加柔性、常态化。考虑到数字经济监管本身具有很强的创新性，建议采取"回应型"的监管方式，监管与企业之间保持日常性的沟通，及时发现问题、化解问题，同时给予被监管对象申诉的机会。也可以采用在数字金融领域常见的"监管沙箱"的做法，数字经济企业提出创新计划，然后在监管的全程监测下试运营新业务。

合规管理是现代企业制度的重要部分，其目的是确保经营活动符合法律、规则和准则的要求。合规管理在数字经济领域尤其重要，因为大部分企业的业务都涉及海量的数据、丰富的场景以及复杂的算法，完全依靠外部资源实施监管，难度非常大。通过合规管理，企业主动与监管部门合作，克服技术障碍，落实治理政策。企业可以主动向监管部门备案算法，并为监管部门或第三方独立机构实行算法审计提供技术条件。企业还应该制定科技伦理准则，为"科技向善"提出更高的标准。

（四）将数字经济纳入国家的财税体系之中，先行在国内试行已经达成国际共识的数字税"双支柱"方案，改善数字经济收入在不同要素之间的分配规则，规范收入分配秩序和财富积累机制，促进共同富裕

数字经济的一些业务尚未纳入正规的统计体系，征税的难度也很大，但财税政策覆盖数字经济既有利于实现公平税负，也有助于资源在全社会的有效配置。近期税务部门已经加大了对平台企业、网络直播等偷漏税行为的处罚力度。建议以落实"双支柱"方案为切入点让财税政策体系完整地覆盖数字经济，根据各地平台经济活动的水平分配超大平台的税收收入，同时确定最低实际税率水平，避免各地恶性争夺平台企业总部。这些既能促进地区经济平衡发展，也可以为未来与国际税收体系接轨铺路。另外，建议根据数字经济的特点完善财税政策，包括充分利用数字技术，以及改善数字经济收入在不同要素之间的分配规则，规范收入分配秩序和财富积累秩序。

（五）积极参与国际数字经济与数字贸易规则的制定，推动我国数字经济实现高水平、制度性的开放，大力促进数字贸易的发展，同时也为我国的数字经济企业到国际市场大显身手创造条件

数字经济领域的开放是我国高水平开放政策的重要部分。无论是企业走出去或者引进来，还是参与数字贸易，都要基于国内国际规则的衔接。目前美国与欧盟已经分别提出了对数字贸易规则的诉求。作为数字经济大国，我国应尽快提出关于跨境数据流动、知识产权、消费者隐私、属地限制、垄断和数字税等方面的主张，积极加入全面与进步跨太平洋伙伴关系协定（CPTPP）、数字经济伙伴关系协定（DEPA）等多边协定，尽可能与数字技术较发达的欧美国家接轨，避免被排除在新规则制定过程之外。大力推进与"一带一路"国家之间的数字投资与数字贸易，边实践、便完善规则，助力我国数字经济的平稳开放。

十三届全国人大常委会专题讲座第三十一讲

中国人大网 www.npc.gov.cn

数字信息技术赋能当代文化产业新型生态圈

傅才武　明　琰

数字信息技术的发展特别是元宇宙的出现，引发了学界关于科技与文化关系以及传统文化行业形态变迁的新一轮讨论。江小涓通过划分"技术未赋能、技术加持和数字技术赋能"三个阶段，分析文化行业的演变趋势，提出了技术赋能文化行业的五种途径[①]。张康之等提出，以互联网为代表的数字技术促进了个体之间的高频互动与相互影响，为既有制度的抽离和治理边界的消解提供了新的"去中心化"场域[②]。范如国认为，数字技术支撑了平台企业重组产品生产过程、商品交易过程、信息传播过程、社会服务过程，创造出新的需求、新的组织形式、新的制度安排[③]。近两年来，元宇宙技术作为数字技术发展的新阶段，其对经济、文化和社会的深刻影响受到学界的高度关注。喻国明等认为，元宇宙技术对传统社会的深刻解构带来的一系列改变，意味着整个互联网社会从认知时代向体验时代的突破与转变[④]。屠毅力等认为，元宇宙"预示着互联网发展的新阶段、技术汇聚的新趋势、文明转型的新推力、

傅才武系武汉大学国家文化发展研究院院长。

[①]　参见江小涓：《数字时代的技术与文化》，《中国社会科学》2021 年第 8 期。

[②]　参见张康之、向玉琼：《网络空间中的政策问题建构》，《中国社会科学》2015 年第 2 期。

[③]　参见范如国：《平台技术赋能、公共博弈与复杂适应性治理》，《中国社会科学》2021 年第 12 期。

[④]　参见喻国明、陈雪娇：《元宇宙：未来媒体的集成模式》，《编辑之友》2022 年第 2 期。

人类生活的新拓展，将会带来更深刻的社会、经济、文化、交往等方方面面的变革"[①]。总体上，这些研究成果都显示了对科技与文化之间关系研究的最新进展，本文拟从文化产业数字生态环境的角度，对数字信息技术的发展与文化产业演进的逻辑作一总体性讨论。

一、文化产业从规模扩张到内涵质量发展的整体转型，须借助"数字生态圈"的路径

"十三五"后期，中国文化产业的发展和结构转型内置了高质量发展的要求，但如何借助于技术创新的路径实现文化产业的高质量发展，仍然处于文化市场实践和管理探索之中。

（一）中国文化产业总体上到了从规模扩张到内涵质量发展的"拐点"

改革开放以来，中国文化产业发展进入高速成长期。文化增加值统计数据显示，2004年—2009年，文化产业增加值年均增长24.8%，五年文化产业实现增加值增长155.4%。2011年—2018年，我国文化及相关产业增加值的年均增速达到18%左右，产业规模迅速扩大，2020年增加值为44945亿元，比上年增长1.3%（未扣除价格因素），占国内生产总值（GDP）的比重为4.43%，如图1所示[②]。2021年中国文化产业的营业收入达119064亿元，占GDP的10.41%[③]。

---

① 屠毅力、张蕾、翟振明等：《认识元宇宙：文化、社会与人类的未来》，《探索与争鸣》2022年第4期。

② 参见《2020年全国文化及相关产业增加值占GDP比重为4.5%》，2021年12月30日，http://www.gov.cn/xinwen/2021-12/30/content_5665353.htm，2022年10月18日。

③ 参见李萌：《2021年我国文化产业逐步恢复——国家统计局社科文司高级统计师张鹏解读2021年全国规模以上文化及相关产业企业营业收入数据》，2022年1月30日，http://www.gov.cn/shuju/2022-01/30/content_5671313.htm，2022年10月18日。

图 1　2011 年—2020 年中国文化产业增加值变化

　　尽管文化产业的规模迅速增长，但发展速度却在 2019 年出现了"拐点"。2019 年文化产业增速比 2018 年（18.57%）下降近 10 个百分点，且占 GDP 的比重（4.48%）仅提高了 0.05 个百分点。中国文化产业经过近 40 年的规模扩张后，这种外延式的扩张发展模式已经走到了尽头，开始转入内涵发展即高质量发展的"赛道"。

（二）文化产业发展路径的转换受制于"技术变轨"总趋势

1. 文化生活方式的变迁基于科技进步的节律

　　与制度学派关于制度创新引起技术创新的观点不同，技术学派的学者认为，是科技创新引发了社会创新和制度创新。从人类文明史的进程看，科技创新建构了社会革命的底层逻辑。科学技术发展不断孕育新的媒介、催生新的手段，推动文化艺术形式变革和业态更迭。19 世纪 80 年代，海因里希·赫兹（Heinrich Hertz）首次证明无线电波是一种电磁辐射，同时期的印度物理学家贾格迪什·钱德拉·博斯（Jagadish Chandra Bose）通过实验，成功地利用微波点燃了火药和摇响了铃铛，证明了电磁辐射无须导线即可传播，为现代电子通信技术奠定了坚实的基础。1899年，古列尔莫·马尔科尼（Guglielmo Marconi）发送了第一束跨越英吉利海峡的无线电信号。此后，无线广播的问世促进了广播公司、广告行业、大众营销和消费文化的增长。科技创新通过塑造人类新的知识体系、思维方式和生活方式，促进人类文明的传承创新和社会的繁荣发展。

2. 文化科技创新进入"轨道转换"的拐点，总体上撼动了文化产业的行业体制基础

人类社会文化形态的创新与更替，与文化科技的阶梯式演进具有正相关关系。随着数字信息技术的出现和普及，文化科技开始从类型技术的轨道向数字平台技术的轨道转进，引发了文化产业及整个文化行业的颠覆性革命。

从科技与文化的关系看，正是阶梯式演进的科技进步创造了五千年中华文化丰富多彩的形态。从农耕时代、工业时代到信息时代，伴随从身体表演技术、印刷技术、电子技术到数字信息技术的演进，印刷机、留声机、摄像机、电视信号发射台和电脑、互联网等技术的发明，使书籍、绘画、唱片、电影、电视和动漫、网络游戏等艺术形式散布于社会生活的各个角落；同时演艺行业（如传统戏曲表演等）、印刷出版行业、广播电影电视行业和移动互联网行业等各种各样的文化组织形态相继出现，并沿着各自的技术路径不断演进。

新中国成立之初，我国就按照文化艺术、文物、广播、电影、图书出版和报刊等文化产品形态建立了分类管理体制，形成了国家文化行业的基本结构，即文化艺术事业（文化部门）、广播电影电视事业（广播电影电视部门）、出版业和报刊业（新闻出版部门）、文物博物馆事业（国家文物部门）以及文学艺术联合会等。

这些泾渭分明的行业系统的背后，体现的是支撑文化产品生产的类型技术的规定性。类型技术是某一类性质相同、功能互补的专业技术集合，是解决某一类文化艺术生产和消费问题的技术模式①。它能支持建立一个完整的产品生产过程或产业链。因此，技术之间的分立与融合过程，也深刻地影响了文化行业结构的变化。

与支撑演艺、出版和广电等文化行业的类型技术不同，数字信息技术的出现，改变了文化行业的整体发展态势。以万维网的出现为标志，数字信息技术从 GSM 到 3G、4G 再到 5G 进行高速迭代，移动互联网从最初的网站式人机交互形式，演进为 APP、H5、微信公众号和小程序等不同的形态，让文化生产和消费焕发出蓬勃的生机。文化与数字技术的组合，不仅让文化传播的途径更广，也改变了文化产品的生产方式、文化消费方式和文化管理方式，造就了一种万物互联的网络生态和新的日常生活环境。

以互联网、大数据和人工智能为代表的数字技术创新，与身体技术、印刷技术和广电、文物技术的创新相比，是一种完全不同性质的技术创新。

身体技术、印刷技术和广电、文物技术等类型技术具有技术轨道的特性，即能够沿着既定的技术方向和路线不断自我强化。类型技术既为不同的文化行业提供了明晰的技术应用边界，也为文化行业的组织设计提供了明确的制度性边界。因此，在类型技术环境下，各个文化行业之间形成了明显的技术界限和行业壁垒。而数字信息技术作为平台技术，则拥有与类型技术不同的"跨界"技术属性。不同于类型技术只能为单一产品生产或产业链提供技术支持，平台技术能够同时为众多产品生产线或产业链提供公共平台支持，能够同时为基于类型技术的文化行业提供信息平台、数字平台和网络平台支持。从这一意义上说，平台技术构成了所有类型技术的"母体"。

---

① 参见傅才武：《数字信息技术构建大文化传媒行业体制的合法性》，《江汉论坛》2014 年第 1 期。

（三）平台技术对类型技术的替代，揭示了当前文化产业的结构变化现象背后的原因

根据图 1，对比 2010 年以来近 10 年的数据可以发现，文化产业的结构正在悄然变化。2019 年全国文化及相关产业增加值虽然比 2018 年增长 7.8%（未扣除价格因素），但主要依靠与数字信息技术结合紧密的文化产业门类增加值的支撑，传统文化产业门类的占比下降明显。

2021 年，文化产业行业整体恢复情况良好，但主要得益于文化产业新业态的强劲发展动力。2021 年，与数字文化新业态相关的 16 个行业小类实现营业收入 39623 亿元，比上年增长 18.9%；两年平均增长 20.5%，高出文化企业平均水平 11.6 个百分点；其中，可穿戴智能文化设备制造、互联网广告服务 2 个细分行业营业收入两年平均增速分别为 46.4% 和 31.8%[①]。

20 世纪 80 年代计算机与互联网的结合，为后世带来了极其深远的影响，信息技术进入全社会的各个领域，导致了人类社会继牛顿经典力学、爱因斯坦相对论和量子力学之后的第三范式——"数字技术范式"。这一范式的出现，极大地改变了人类社会生活和工作的方式，并催生了社交媒体、可下载娱乐内容、虚拟会议、在线购物、网络社交以及具有共享经济特征的全新产业。

数字信息技术改变了类型技术的自然逻辑进程，它赋予类型技术新的技术轨道，使多个行业部门和多条产业链在数字平台上实现对接，为传统文化行业超越类型技术的局限提供了可能性。如数字信息技术开始与戏剧表演、音乐、广播电视电影、出版、文物博物馆等行业不断融合，传统文化行业之间不再是行业边界清晰、技术属性专一、差异性产品竞争的状态，边界模糊、技术互渗、产品互补的新业态使传统文化行业的技术壁垒逐步消减，产生了诸多交叉性、互渗性的"蓝海"领域。数字技术范式从根本上改变了类型技

[①]　参见《国家统计局解读 2021 年全国规模以上文化及相关产业企业营业收入数据》，2022 年 1 月 30 日，http://www.gov.cn/xinwen/2022-01/30/content_5671313.htm，2022 年 10 月 20 日。

术的存在方式，从而引发了当前文化产业的结构变迁。

二、数字信息技术重建文化产业生态系统的机制分析

江小涓将科技赋能文化产业归纳为"赋能消费者、赋能创意者、赋能生产者、赋能社交行为和赋能文化传播"五种途径[①]。数字信息技术通过激发传统文化产业、开创新兴文化产业和建构文化产业的数字场景，改造和重构了文化产业的数字生态系统。

（一）数字信息技术激发了传统文化的"内容挖掘"和"内容活化"，支撑了传统文化业态的整体性转型升级

近十年来，移动互联、数字传播、智能终端、自媒体、大数据和人工智能等数字技术不断创新，以前所未有的便捷方式融入人们的日常生活，重建了传统文化产品生产和分配的逻辑和传统文化资源的存在状态。

2020 年，河南豫剧院院长李树建在网络上的直播首秀，创下了 156 万的点击量[②]。2021 年，传统文化类主播收入同比增长 101%，其中曲艺类主播平均每天开播 3719 场，每场获得 116 次网友打赏奖励，收入同比增长 232%。2022 年 4 月，抖音直播宣布推出"DOU 有好戏"计划，全方位助力戏曲行业，希望在未来一年内，至少帮助 10 个院团、1000 名专业戏曲演员打造"线上第二剧场"。数字技术对传统演艺产业发展的影响机制，其基本逻辑可以归纳为"挖掘—创制—优化—分发—传播—消费—增效"，通过改变价值创造方式、提高价值创造效率、拓展价值创造载体和增强价值获取能力，实现对传统文化行业的赋能。

---

① 参见江小涓：《数字时代的技术与文化》，《中国社会科学》2021 年第 8 期。

② 参见肖楠：《全国人大代表李树建快手直播首秀，超 156 万人在线感受豫剧文化》，2020 年 3 月 31 日，http://finance.people.com.cn/n1/2020/0331/c1004-31656173.html，2022 年 10 月 20 日。

2019年，"李子柒现象"红遍网络。作为现象级的文化IP，李子柒成功地利用短视频这一新型传播平台，使中国传统文化在海内外引起了广泛关注。"李子柒现象"的背后，是中华农耕文化内容在数字信息技术的催发下实现了业态和商业模式的创新。

数字技术如何改造传统出版产业，武汉理工数字传播工程有限公司提供了一个典型案例。武汉理工数字传播工程有限公司是一家专注于"互联网+出版"的高科技公司，成立于2014年，总部位于武汉，在北京、上海、重庆等地设有子公司，是全国237家出版单位的出版融合智能服务商。它以"供给端知识资源智能组织—需求端知识服务智能匹配—供需融合知识服务链智能定制"为主线，攻克基于知识图谱的海量异构知识资源组织、基于语义的知识资源多粒度融合、基于用户场景化兴趣特征的精准知识服务、面向供需融合的知识服务链大规模定制四个层次的关键科学技术，研发了RAYS（Readers At Your System）知识服务平台，打通供需两端，形成生产、加工、传播和消费全链贯通的数字出版智能服务解决方案，构建了由出版物内容延伸至线上深度个性化知识服务的创新商业模式，以及作者、编辑、出版机构、读者和外部知识资源提供者关联互动的"知识+"数字生态体系，推进了传统出版业数字化转型升级。该平台通过打通供需两端，形成生产、加工、传播和消费全链贯通的数字出版智能服务系统，构建了由出版物内容延伸至线上、满足个性化知识服务需求新的商业模式。到2019年底，在RAYS系统平台上，国内已有1.4万多名编辑进行内容生产，为出版行业创造了8亿元额外增收；已有超过1万名编辑通过"线下授课+线上活动+举办大赛"的方式优化知识结构，增强"现代纸书"的传播能力。2019年，"RAYS出版融合大数据知识服务平台"荣获"王选新闻科学技术奖"一等奖，获批成为国家文化与科技融合示范基地。

文化与科技融合一方面催生了"数字内容产业"的新业态，另一方面又改造了过去的产业形态。在传统的技术条件下，出版行业的专业化分工导致了传统出版产业链的分解，而传统出版产业一旦实现与信息技术、网络技术、数字技术对接，就立即派生出一系列具有新的表现形式和传播渠道、新的商业模式的新业态。《2016—2017 中国数字出版产业年度报告》认为，大数据智能技术将在出版发行、印刷物流、数据加工、数字阅读、数字教育等领域得以应用。语音录入稿件、机器协助校稿、机器写作、增强用户交互体验等创新应用将让出版流程实现智能化。"大数据智能技术＋数字出版"模式将重建基于文本的知识体系，形成跨媒体综合分析推理技术，开创新时期数字出版产业的新生态。

方卿等认为，随着第三次人工智能浪潮的到来，数字技术与出版产业的结合会催生出更多的产业新形态，如增强现实技术（AR 技术）与内容产业的融合，将推动 AR 出版物成为一种独立的出版物形态。"一方面，高新科技的应用，有助于传统意义上的文化作品表达和呈现，能够提供增值型知识服务，可以赋予大容量、交叉领域的信息资讯，进而为用户、观众提供更加舒适、更加丰富的阅读、视听享受"；"另一方面，高新科技的应用，催化出一批'文化＋科技'融合型企业，批量生产出新形态文化产品，进而推动新模式、新业态的萌生"[①]。

（二）数字信息技术切入人类情感领域，推动了人类精神文化生产领域的颠覆性变革

人类独有的情感被视为人类区别于机器的最后一块"自留地"。但以人工智能为代表的数字信息技术，正在进入人类的情感领域，艺术创作和精神生产的传统智力模式正在被颠覆。以最能代表人类情感的诗歌创作和绘画创作为例，AI 正在全方位地进入这些领域，并且通过算法积累不断加速。

2017 年 7 月，由北京湛庐文化策划的人工智能作家"小冰"的诗集《阳

[①] 方卿、张新新：《文化与科技融合概览》，《科技与出版》2019 年第 9 期。

光失了玻璃窗》出版，这本诗集是"小冰"用 100 个小时，"学习"了 519 位中国现代诗人的作品后，进行多达 1 万次迭代后完成的。"小冰"不仅读诗、学诗的速度远超人类，写诗的速度也非常快——一共写了 7 万首诗，几乎"每分钟都可以写"。编辑最终挑选了 139 首"小冰"的原创诗歌出版，没有经过任何人工润色①。

在绘画领域，2022 年，扩散模型（Diffusion Model）等技术的出现，已让 AI 生成图像成为现实。利用 AI 绘画工具，几秒钟内便可以生成画面优美的高清图片。2022 年 8 月 22 日，生成速度极快且具有较高艺术观赏性的 AI 绘画算法 Stable Diffusion（简称 SD）宣布开源，再次让 AI 绘画成为热点。SD 模型能在几秒钟内生成 512×512 像素的图像。SD 在不到一个月的时间内，产出 AI 图画的数量已经超过了人类画家过去几十年在 Artstation 网站上作品的总量。2022 年 8 月 31 日，由 AI 生成的画作《空间歌剧院》在美国科罗拉多州博览会的数字艺术类美术比赛中获得第一名，有人感叹"艺术的死亡在我们眼前展开"②。

相比于 SD 平台，OpenAI 推出的 DALL·E2 工具能够生成更真实准确的图像，在生成的图像上还可以直接涂抹修改。DALL·E2 完全有创作能力生成一些很具体的人像和物体，能给油画里的人物改变发型、让背对观众的大象转身……这些对于人类画家来说特别刁钻的"用户需求"，DALL·E2 都能非常轻松地完成③。

"人工智能技术＋艺术创作"的技术创新，不仅仅革新了文化产业的商业模式，而且改造了创新的社会土壤。"艺术虚构与数字虚拟，是现实土壤

---

① 参见刘湃：《人工智能将攻克诗歌？听听这位知名诗人的犀利点评》，2017 年 7 月 1 日，http://www.chinanews.com/cul/2017/07-01/8266306.shtml，2022 年 10 月 22 日。

② 陆宇婷：《当 AI 学会画画，画师们该感到害怕吗？》，2022 年 9 月 29 日，http://www.infzm.com/contents/235575，2022 年 10 月 20 日。

③ 参见乐艳娜：《大家都在谈的 AI 绘画，到底有多厉害？》，《环球》2022 年第 19 期。

上盛开的两朵智慧之花","数字虚拟技术正在经受打磨,虚拟世界也将孕育兴起。艺术虚构与数字虚拟的通约性和联动性,使得它们有可能在各自创造既相互平行又相互融合的世界——艺术世界与现实世界、虚拟世界与现实世界之后,又能在这两条平行线上进一步跨界,实现交互和互惠共赢"①。

以人工智能为代表的数字技术深度进入艺术创作领域,极大地推动了艺术和文化的民主化进程。这是人类文明发展史上前所未有的时刻——在数字技术普及和低门槛的条件下,大量的普通消费者(非专业人士)开始进入艺术创作领域,正在引发人类精神文化生产领域的结构性变迁。

(三)数字信息技术通过促进文化、旅游与市场相融合,重建了文化与其他业态融合发展新的市场环境

近年来,在文化和旅游融合领域,利用数字信息技术推进旅游业发展的典型,是"一机游"智能文旅平台。"一机游"作为全域旅游的数字化样本,实现了多方共赢、生态共建。继"一部手机游云南"后,各地纷纷兴起"一机游"平台建设热潮。"互联网、大数据、人工智能极大促进了实体经济和数字经济的深度融合发展,这是我们这个时代最鲜明的发展特征之一。近年来,5G、大数据、云计算、人工智能、虚拟现实、增强现实等新一代信息技术在旅游商业交易、市场秩序管理、产业运行监测、旅游营销推广、安全应急指挥等各个领域广泛使用,不断催生旅游新产品、新业态、新管理、新模式,我国旅游业正从资源要素驱动向科技创新驱动转变。"②

2016年6月,南京成为文化部和财政部"引导城乡居民扩大文化消费试点"的试点城市。南京文化消费试点借助于数字信息技术,建立了票价补贴精准管理系统,该平台系统以演出剧目补贴为中心,将艺术院团、演出场馆、

① 孙若风:《艺术虚构与数字虚拟》,《文化软实力研究》2022年第3期。
② 单钢新:《新时代中国旅游业发展的定位和主要任务》,《文化软实力研究》2022年第4期。

演出经纪机构（如大麦网、永乐票务、苏演票务等）和居民消费者连成一个整体。相比 1994 年北京音乐厅的局域网售票系统和 1997 年的"星期日票务在线"系统，南京试点形成了一个数字票务管理和消费激励生态系统。

《南京市促进演出市场消费实施办法（暂行）》规定，根据申报剧目的性质不同，按 5%—30% 的比例直接补贴票价，在政策补贴策略上采取消费补贴（针对消费者个人的补贴）和奖励补贴（针对本年度优秀剧目的补贴）两种方式，消费者在享受直接消费补贴后，票款剩余部分形成积分，积分在消费者再次购买政府指定剧目时可以作为现金抵用，双重补贴叠加最高可达 40%。

这种基于信息技术平台的定向激励机制产生了良好的效果。据江苏剧院 2017 年 8 月的统计数据，该院获得文化补贴的项目平均上座率约为 78.23%，比未获补贴项目 68.13% 的平均上座率高出约 10 个百分点。2016 年聚橙网为南京市民引进并主办 27 场演出。2017 年，南京市实行优秀剧目补贴政策，聚橙网年引进演出量增长至 36 场，销售总额由 2016 年全国第 12 名上升第 9 名。南京保利剧院全年票房收入在全国 53 家保利剧院中由 2016 年排名全国第 15 名上升至 2017 年第 5 名。南京市整体演出市场消费规模也有较大增长，从 2016 年的 1.6 亿元迅速增至 2017 年 2.25 亿元，同比增长达到 38.7%。2017 年的南京试点，累计实际参与近 12 万人次，使用财政补贴资金 796 万元，直接拉动文化消费规模 3400 余万元，直接拉动消费比例超过 1∶5。至 2018 年 9 月，共有 15 万人直接参与南京文化消费试点，其中外地人口占比 30%。按照官方测算数据，文化消费试点政府资金拉动消费比例达 1∶7.5，间接拉动消费比例为 1∶12.5。可见，传统的演艺市场在数字信息技术的驱动下出现了明显的结构性变化[①]。

数字技术推动的这种底层商业逻辑的变革，对传统行业产生了深刻的影

---

① 本案例来源于作者作为专家组成员时的调查，由南京试点单位报送的材料整理得出。

响。进入 21 世纪，移动互联网、信息技术和大数据技术向演艺领域等传统文化领域的全面渗透，已成为当代文化和科技融合创新的一大特征，大大推动了传统文化行业向更高水平、更高层次的演进，这是文化产业高质量发展的基本内涵。

（四）元宇宙加速了数字生态圈的建设进程，并形塑了未来文化行业数字生态圈的基本状貌

一般认为，所谓"元宇宙"是一种起始于游戏平台，奠基于数字货币，并由一系列集合式数字技术和硬件技术同步涌现所支持的人类生活深度介入其中的虚拟世界及生存愿景[①]。从传播学视角看，元宇宙是集成与融合现在与未来全部数字技术于一体的终极数字媒介，它将实现现实世界和虚拟世界连接革命，进而成为超越现实世界的、更高维度的新型世界[②]。易欢欢等提出元宇宙的三个阶段：第一个阶段，随着数字化技术的完善，它会形成一个无比巨大的虚拟世界；第二个阶段，随着参与主体的增多，会出现大量除了物理人之外的虚拟人、数字人；第三个阶段，随着虚拟社会进一步进入实体社会，将形成一个虚实共生的世界[③]。我们认为，"元宇宙"是数字技术环境下地理（几何）空间、社会（机制）空间、赛博（虚拟）空间的互相嵌套、叠加的一种新的空间模式；基于与现实空间的关系，"元宇宙"所拥有的"平行宇宙"包含了数字孪生型、增强现实型与完全建构型（纯虚拟世界）三种虚拟文明类型，体现在社区、区域、国家和全球等不同范围的"距离缩放"和"空间重构"形态。

---

① 参见袁园、杨永忠：《走向元宇宙：一种新型数字经济的机理与逻辑》，《深圳大学学报（人文社会科学版）》2022 年第 1 期

② 参见喻国明、耿晓梦：《元宇宙：媒介化社会的未来生态图景》，《新疆师范大学学报（哲学社会科学版）》2022 年第 3 期。

③ 参见易欢欢、黄心渊：《虚拟与现实之间——对话元宇宙》，《当代电影》2021 年第 12 期。

1. 元宇宙通过改变地理空间内涵和社会空间的时空关系，重建人类社会的数字化时代的文化交往方式

作为数字生态环境的集成性表达方式，"元宇宙"的出现改变了地理空间的内涵，也将改变基于地理空间的维度和时空关系。基于"元宇宙"的空间构建、时空感知和社会应用，催生出新的空间认知模式、社会交往方式、经济运行形式，进而给生产生活、文化教育、社会管理乃至人类精神世界带来革命性变化。

数字时代的文化交往方式，主要依靠自然身体（"具身"）之外的"数字替身"来实现，可能由数字替身来支撑起一个虚拟文化世界。数字替身，是人们在现实世界中身份虚拟化的产物，是人们现实身份在虚拟世界的延伸和映射，这也让数字替身成为人们的"第二身份"。数字替身的出现，让人们得以在虚拟世界中完成交互。在这里，虚拟世界的居民是数字替身，依托数字替身来构建元宇宙的虚拟社会基础。借助数字替身所形成的"第二身份通道"，现实活动可以映射元宇宙，从而塑造元宇宙中的虚拟文明社会。借助数字替身，人们可以完成现实世界与虚拟世界的交互[1]。

在虚拟世界中，与现实中的人相对应的"数字第二身份"（数字虚拟人替身）具有了个体的虚拟社会关系特征，数字虚拟人聚集而形成虚拟社群，随着虚拟社群数量与规模不断扩大，进而形成虚拟社会系统（制度与文化）。依赖于虚拟社会制度和规则而运行的虚拟社会系统，必然要围绕一个社会大多数认同的基本价值观（否则制度和规则就无法确立与运行），这就建构起元宇宙中"精神空间"的基本框架，赋予了虚拟社会系统特定的人文色彩——一种虚拟文明社会逐步形成（政治系统、经济系统、文化系统、生态系统等）。"数字第二身份"在参与和推动虚拟文明社会形成的过程中，也必

---

[1]　参见方凌智、沈煌南：《技术和文明的变迁：元宇宙的概念研究》，《产业经济评论》2022年第1期。

然要对虚拟社会系统的运行规则进行拟定与确立。

元宇宙不同于现世的文明系统，就在于其建构了具有文明社会形态的"全息孪生社会"，通过建构一个小区、一个街道、一个县、一个城市等"全息孪生社区"，逐步组成一个"全息孪生社会"生态系统，逐渐拼接成一个整体国家图景，这即是虚拟文明世界的图景。

作为元宇宙的主角，虚拟数字人日益走到了文化消费场景中的前台。在金融领域，2019 年 4 月，浦发银行推出了 AI 驱动的 3D 金融数字人——小浦；在文娱领域，2021 年的"双十一"期间，"快手"推出了首个电商虚拟主播"关小芳"；在服务领域，2022 年 1 月 7 日，尚美生活发布酒店行业首个虚拟数字人"尚小美"，中华书局依托元宇宙技术，推出了"苏东坡 3D 写实数字人"项目，希望借助先进的数字技术"复活"苏东坡。"苏东坡 3D 写实数字人"可开展的线上活动包括形象代言、线上直播、精准带货、游戏、数字文创衍生等 [1]。

清华大学新闻与传播学院新媒体研究中心发布的《2022 虚拟数字人综合指数评估报告》，通过对 2022 年 4 月的 182 个虚拟数字人的技术身份、社会身份、功能身份三个维度的评估，总结了我国当前虚拟数字人行业的发展现状，并对其未来发展状况进行了研判。预计到 2028 年，全球虚拟人经济规模将达到 5047.6 亿美元，到 2030 年中国虚拟人经济规模将达到 2700 亿元 [2]。

2. 元宇宙深度进入公共文化服务领域，将重新定义文化治理的内涵，推进公共文化服务的精准治理

元宇宙的出现将促进文化产业全面数字化和智能化。元宇宙借助于技术系统和人的感知体验所创造的独特共享空间，业已开始应用于演唱会、游戏

---

[1] 参见张婧：《虚拟数字人在元宇宙沃土落地》，《中国文化报》2022 年 9 月 6 日，第 7 版。

[2] 参见清华大学数字与传播学院新媒体研究中心：《2022 虚拟数字人综合指数评估报告》，2022 年 10 月。

开发、艺术收藏、文化旅游、博物馆和图书馆建设等行业领域。比如"第二人生图书馆"，通过虚拟场馆、虚拟信息产品、虚拟社区服务实现三维场馆导航、图书馆体验服务、用户咨询与培训服务、用户社区服务等功能，使元宇宙图书馆成为可能。元宇宙图书馆不是简单地在元宇宙世界建起一座数字化图书馆馆舍，还需要重构图书馆的"人、场、物"之间的关系，通过VR/AR设备和人机交互等技术链接物理世界和虚拟世界，联通元宇宙图书馆中的人、声、图书和活动，形成一种新的文化场景体验。

元宇宙打造一个虚实融合的数字感知世界，实现在线平台的深度互联和随意切换，这种超越性将会内生出文化和旅游领域的新业态。对于现实的人类社会来说，元宇宙改变了虚实世界中人与人的连接方式，从而改变了人与人的社会关系，让人类社会进入人的本体性被改写的"数字人类世界"①。"元宇宙的可贵之处就在于，它终结了人类世界中最基本的时空框架，让时间和空间失去了意义，让基于时空之上的全部价值判断失去了意义"，"元宇宙给人类的启示，很有可能不是让人类如何更好地在元宇宙中生存，而是如何更好地在人类世界中生存"②。

3. 元宇宙技术通过重建族群的历史场景，建立社会成员的文化身份和文化归属感

20世纪90年代的互联网技术发展，实现了随时随地的人与人的连接，社会进入世界互联的上半场。进入21世纪后，人们尝试在作为工作和生活场所的物理空间植入一种舒适性——一种由象征符号和媒介信息所营造的影响参与者行为和心理的文化氛围。在空间维度上又增加了制度机制维度和符号价值维度，形成了空间与情境、现实与虚拟、公域与私域等诸多空间的叠合。移动终端、社交媒体、大数据、传感器和云计算所提供的技术环境，为

---

① 参见王天夫：《虚实之间：元宇宙中的社会不平等》，《探索与争鸣》2022年第4期。

② 彭锋：《元宇宙的诞生与人类世的终结》，《探索与争鸣》2022年第4期。

消费者营造了一种在场感———一种与数字技术本质相融合的具象的、可体验的和可满足用户个性化需求的复合场景。数字技术锻造了一个"场景时代"。

元宇宙技术，能够设计人类社会形态的场景、元素、道具、进化、路径、规则等，从而构建起"全息社会场景"。族群过往的社会知识体系，如经典古籍、名人传记、历史记载、神话传说、学术著作等，包括人类历史上的一切文字、图片等多模态记录，都将成为构建特征鲜明、自成体系的全息游戏剧本，成为全息社会的组成要素。国内部分博物馆（如三星堆）已采用沉浸技术、VR技术等打造身临其境之感。"元宇宙"通过尽可能地还原黄帝部落、炎帝部落、蚩尤部落等，重建其社会生产、生活方式。"技术对传统社会的深刻解构带来的一系列改变，意味着整个互联网社会从认知时代向体验时代的突破与转变。"[1] 因此，在民族国家文化领域，元宇宙具有独特的文化身份建构作用和意义。

（五）国家主导的文化科技融合创新工程，为文化产业数字生态圈建设提供了科技意识形态的支撑

2011 年 7 月 26 日，科技部和文化部在国家博物馆签署部际会商议定书，旨在跨越文化科技工作的行业局限，发挥部际协同的力量。在部际会商机制的推动下，2011 年，文化科技项目《文化资源数字化关键技术及应用示范》《文化演出网络化协同服务及应用示范》被纳入 2012 年度国家科技支撑计划项目。随之，《演出效果呈现关键支撑技术研发与应用示范》等 4 个项目列入国家科技支撑计划项目，涉及网络音乐、文化旅游和主题公园等领域。这种制度创新的溢出效果，就是在纯艺术领域植入了科技意识形态，带动全行业的科技意识。

2004 年，文化部设立"创新奖"，先后共有 69 个项目获奖，涵盖了我国文化资源保护和活化利用等多个领域。如《数字新媒体技术在"数字版清明

---

① 喻国明、陈雪娇：《元宇宙：未来媒体的集成模式》，《编辑之友》2022 年第 2 期。

上河图"项目中的展示与应用》《2010 年上海世博会中国国家馆展示总体设计》《科技创新促进民乐的创新与发展》《跨界艺术创新与融合——多媒体音乐剧场〈白娘子·爱情四季〉的创排与实践》等项目，体现了舞台科技与艺术深度融合对艺术发展的推动作用。

2009 年，在财政部的支持下，科技部会同中宣部、财政部、文化部、广电总局、新闻出版总署启动了"国家文化科技创新工程"；2010 年，文化部出台了《国家文化科技提升计划项目管理办法（暂行）》等一系列文件。2012 年 5 月，科技部等审议通过了《国家文化科技创新工程纲要》，并对文化科技创新工程的实施作出了具体部署；2014 年 7 月，科技部会同有关部门，以国家文化科技创新工程为依托，颁布了《国家文化科技创新工程西部行动方案》；2017 年 1 月，中共中央办公厅、国务院办公厅印发《关于实施中华优秀传统文化传承发展工程的意见》，提出到 2025 年基本形成中华优秀传统文化传承发展体系的建设目标；2019 年 8 月，科技部等六部门印发《关于促进文化和科技深度融合的指导意见》。

在文化行业加速数字化的过程中，数字文化资源共享对于公共文化服务、文化产业发展具有基础性作用。"国家文化大数据体系建设"旨在解决标准化采集、存储、标注问题，涉及大数据关联解构和从生产到体验全链条服务。2020 年 5 月 26 日，中央文改领导小组办公室发布《关于做好国家文化大数据体系建设的通知》，旨在打通文化事业和文化产业、畅通文化生产和文化消费、融通文化和科技、贯通文化门类和业态，面向全社会开放。

2022 年 5 月，中共中央办公厅、国务院办公厅印发《关于推进实施国家文化数字化战略的意见》（以下简称《意见》）。《意见》聚焦战略目标和战略重点，成为推动实施国家文化数字化战略、建设国家文化大数据体系的框架性、指导性文件。这一系列制度以及政策的出台，不仅是要解决文化和科技融合的技术难题，更重要的是为文化行业的市场化和产业化改革、文化和科技融合创新提供合法性，为文化行业的数字化、信息化改造提供方法论指引，实践证明，取得了良好效果。

三、简要结论

文化与科技日益相互渗透、相互促进，不仅成为文化发展的重要引擎，而且成为科技创新的智力源泉，在当下的文化领域孕育出以数字信息技术为核心的文化数字生态革命。

20 世纪 80 年代开启的全球信息技术革命，是第四次科技革命的浪潮，也是人类社会第四次科技范式的转换。如果说前三次科技革命主要围绕物质生产的效率目标而展开，以移动互联网、人工智能和大数据技术为标志的第四次科技革命，则更多地转向了非物质生产领域，它以提升精神观念与物质生产的融合创新效率和全社会的文化价值总量为核心目标。

进入数字信息技术时代，人类社会进入一种全球性网络市场：社会交易网络（市场）中由需求调控或产品供给控制的相对封闭的价值链系统，变为生产—消费价值链开放共生系统。在数字信息技术对文化产业的全方位、全行业、全链条改造之下，文化与其他产业边界、与国民经济各行业、与区域性经济社会全面融合，数字信息技术的创新不仅仅出现在某个价值链环节中，甚至不仅仅是在某个行业中，而是将几乎所有行业卷入到一个数字经济的生态网络，重构了生产和消费全链条，形成了线上和线下全方位联动的全新数字生态圈。这种"生态系统"的重建，对于文化产业发展的深远影响和意义，将会在未来五到十年内逐步显现。

数字经济赋能绿色发展的现实挑战与路径选择 [①]

韩 晶 陈 曦 冯晓虎

改革开放以来，中国经济长期保持高速增长，但与此同时也出现了一系列资源和环境问题。从能源资源来看，中国能源消耗总量巨大。2021 年，中国能源消费总量高达 52.4 亿吨标煤，比 2020 年增长 5.2%，原油和天然气的对外依存度分别达到 72.2% 和 46%，能源安全担忧持续上升。从大气环境来看，中国空气质量达标的城市数量较少。2021 年，中国 339 个地级及以上城市中仅有 218 个城市空气质量达标，城市空气质量达标率仅为 64.3%。从温室气体排放来看，中国二氧化碳排放总量多年来居于世界首位。为应对气候变化，加快绿色低碳发展，中国提出力争于 2030 年前二氧化碳排放达到峰值、2060 年前实现碳中和的远景目标，这既是立足于自身发展阶段和国际责任对世界作出的承诺，又是统筹谋划国内国际两个大局的重要战略决策。一方面，近年来中国二氧化碳排放量始终居于高位。《BP 世界能源统计年鉴

韩晶系北京师范大学经济与资源管理研究院教授、博士生导师，对外经济贸易大学成都研究院清洁能源研究中心主任；陈曦系北京师范大学经济与资源管理研究院博士研究生；冯晓虎系对外经济贸易大学成都研究院院长。

① 基金项目：教育部哲学社会科学研究重大课题攻关项目"习近平总书记的绿色发展理念研究"（20JZD002）。

2021》数据显示，2020 年中国二氧化碳排放量高达 98.99 亿吨，占世界二氧化碳排放总量的 30.7%。另一方面，作为负责任的大国，中国陆续制定了一系列控制温室气体排放、应对气候变化的相关政策，并且始终坚持共同但有区别的责任原则，积极参与全球气候合作，为推动构建公平合理、合作共赢的全球气候治理体系贡献了中国方案。

面对日益趋紧的资源环境约束，推进绿色发展成为建设美丽中国的应有之义，对实现国家"十四五"规划纲要中提出的"生态文明建设取得新进步"意义重大，而数字经济正是赋能绿色发展的重要引擎。数字经济是指以使用数字化的知识和信息为关键生产要素、以现代信息网络为重要载体、以信息通信技术的有效使用为效率提升和经济结构优化重要推动力的一系列经济活动，其高技术、高增长、高清洁的发展特性可为中国实现绿色发展提供新思路。已有研究认为，数字经济能够对经济发展质量产生深刻影响，具体体现在以下方面：第一，数字经济可以实现生产要素的集中整合和高效利用。数字经济的发展能使数据要素通过物理载体实现技术要素、劳动力要素、资本要素、资源要素的网络化共享、集约化整合和高效化利用，最终促使经济社会运行效率成倍提升。第二，数字经济改变了传统的生产方式和消费模式。一方面，数字经济实现了劳动对象、生产工具和劳动力的重大变革，推动生产力实现指数式增长。具体而言，在劳动对象层面上，数字经济使得劳动对象从传统的物质资料向海量数据要素转变；在生产工具层面上，数字经济使得生产工具由机器系统向信息物理系统转变；在劳动力层面上，数字经济使得劳动力由产业工人向数字劳工转变。另一方面，数字经济能够以经济价值网络为纽带，持续冲破行业信息不对称的壁垒，催生出平台经济、共享经济、"人工智能+"、"互联网+"等一系列新型经济形态和商业模式，推动"产消者"时代加速来临。第三，数字经济能够有效提升政府治理能力。中国正处于开启全面建设社会主义现代化国家新征程的关键阶段，国际环境日趋复杂、国内经济下行压力加大等多重困难给政府治理带来了新的挑战，而数字经济能够通过推动政府数据共享开放和开展数字治理等方式揭示传统治理方式下事物之间难以展现的深层次关联，大幅提高政府管理效能。

从整体来看，现有文献普遍认为数字经济能够成为推动经济社会转型发展的主要动力，但专门探讨数字经济与绿色发展内在联系的研究尚不多见，在新发展阶段，数字经济的绿色价值必将持续凸显。因此，如何紧抓新一轮科技革命带来的重大发展机遇，通过数字经济为中国绿色发展提供强劲动能，是"十四五"时期中国经济发展亟须重点关注的问题之一。在此背景下，深度剖析数字经济赋能绿色发展的逻辑架构与实践路径，既有利于寻求理论层面的创新方向，又有利于进行实践层面的统筹谋划。

一、数字经济赋能绿色发展的基本机理

党的十八大以来，中国数字经济发展进入快车道，现已成为国民经济的核心增长点之一。蓬勃发展的数字经济能够引发从生产要素到生产力再到生产关系的全面变革，提供更加高效的运行方式、更加强劲的发展范式、更加绿色的生产方式、更加现代化的治理模式，全方位赋能绿色发展。

（一）数字经济为绿色发展夯实要素基础

在数字经济时代，数据作为一种全新的生产要素，被纳入生产要素体系，这种禀赋独特的生产要素为绿色发展提供了新的可行性路径。第一，数据要素是获得绿色发展信息的重要原材料。数据要素现已成为经济社会绿色发展的基础性和战略性资源，数据要素采集、传输、计算、分析、共享、开放、交易与应用的过程都蕴藏着绿色发展的信息属性。基于数据要素生产的信息，人们可以更加准确地把握绿色发展进程中的堵点，从而采取更加有效的措施积极应对。第二，数据要素能够突破传统要素的供给约

束。与传统生产要素不同，数据要素的复制过程没有产生新的知识和信息，但这些复制后的数据仍具有原始数据的要素价值，即数据要素不仅对拥有数据的人具有要素价值，而且对其他开发和利用数据的人也具有同样的要素价值，这有助于推动形成规模报酬递增的经济发展模式。第三，数据要素能够显著提升其他生产要素的利用效率。数据要素能够与劳动力、资本、土地、资源等传统生产要素高度融合，一方面通过数据分析获得其他传统生产要素所蕴藏的信息，部分替代其他传统生产要素投入生产过程，大幅节约生产成本；另一方面通过物理实体作用于其他传统生产要素，显著提升其他传统生产要素的投入产出效率，且常常具有倍增效应，最终带来绿色全要素生产率的快速增长。

（二）数字经济为绿色发展提供广阔空间

数字产业化和产业数字化作为数字经济的核心组成部分，通过产业变革为绿色发展提供广阔空间。

一方面，数字产业化通过产业替代和产业关联对经济社会发展产生巨大的正外部性，促使经济社会向更加高效、更加绿色、更高质量的方向转型。第一，随着 ICT（Information and Commu‑ nications Technology，信息与通信技术）产业规模的持续扩大，ICT 产品种类将极大丰富、产品价格将持续下降，从而能够在一定程度上实现对非 ICT 产品的替代，最终促进 ICT 产业通过"创造性破坏"部分或完全替代传统产业。第二，ICT 产业对传统产业的替代不是简单的线性替代，而是通过持续加强自身与传统产业之间的技术关联、产品关联和结构关联实现二者之间的融合替代。第三，ICT 产业作为典型的技术密集型产业，其高成长、高效率的特性也将吸引大量要素、企业和机构持续进入该行业，从而引起既有主导产业变迁，带动国民经济重心由劳动密集型和资本密集型行业向技术密集型行业转移，助力绿色发展。

另一方面，产业数字化通过产业融合和产业创新催生出一系列新产业、新模式、新业态，促进传统产业加快转型升级步伐，最终实现经济增长方式的转变与经济的集约式发展。第一，立足于共同的数字技术基础，在ICT行业内部或边缘率先衍生出一些新的融合或交叉产业，这使得原本清晰的产业界限开始模糊，从而为产业初步融合奠定了基础。第二，随着各个产业数字化程度逐步加深，产业融合将不再局限于ICT产业内部或边缘，传统产业之间的界限将被彻底打破。通过数字技术对传统产业全方位、全角度、全链条的改造，数字经济对绿色发展放大、叠加和倍增的作用也得以充分释放。第三，产业由初步融合走向高度融合的过程也是各类生产要素融合创新并催生新模式的过程。在数字经济时代，各类"互联网+""人工智能+"等数字服务的新模式持续涌现，传统产业由单一线下提供产品和服务的模式向线上—线下或单一线上提供产品和服务的模式持续转变。与此同时，一些单一线上服务如在线教育、在线娱乐等新模式能够部分或全部取代单一线下服务，由此产生的能源消耗和污染排放也将随之减少。

（三）数字经济为绿色发展提供根本保障

数字经济通过推动政府形成数字化治理模式为绿色发展提供根本保障。第一，数字化治理能够充分缓解信息不对称导致的资源配置不均问题。以智慧电网为例，智慧电网的建设以特高压电网为骨干网架、以各级电网协调发展为分支网架，以信息通信平台为支撑，涵盖电力系统发电、输电、变电、配电、用电和调度全过程。通过及时捕捉企业和公众的电力消费数据实现"电力流、信息流、业务流"的一体化融合，能够在满足企业和公众电力需求的同时，尽可能地减少资源损耗，有效提升资源利用效率。第二，数字化治理能够实现对生态环境的智能监测和高效防护。基于生物传感器、红外传感器、卫星遥感等数字技术，政府环境部门能够全面获取生态要素所蕴含的环境信息并及时有效地处理环境污染物，从而实现对生态环境的高效防护。此外，数字化治理还能够实现精准到厂、户、人的节能减排信息统计，在降低环境监管成本的同时有效提升环境治理的精准性。第三，数字化治理能够推动完善生态环境的保护和治理机制。基于互联网、大数据等数字技术，政府能够全面感知企业和公众的环境需求，从根本上协调数字经济赋能绿色发展过程中不同主体的利益关系，为绿色发展制定切实有效的环境政策、人口政策、财政政策等，在制度层面保障绿色发展行稳致远。

二、数字经济赋能绿色发展的理论阐释

数字经济和绿色发展分别作为中国经济发展的重要推力和目标函数，二者之间存在着某种不容忽视的内在联系。从整体来看，技术创新是数字经济赋能绿色发展的核心动力，而要素融合和精准匹配带来的企业成长和产业优化则是数字经济赋能绿色发展的重要机理。此外，数字经济还能通过建立有效社会体系，让参与绿色发展的主体逐步多元化。与此同时，数字经济还是助力中国实现"碳达峰、碳中和"目标、构筑全球应对气候变化合作新模式的重要抓手。

（一）动力转换：以技术创新为核心

技术创新是在生态环境容量和资源承载力有限的约束条件下实现绿色发展的根本途径。与传统粗放型发展模式下只考虑劳动力、资本等有形要素投入和有形经济产出不同，绿色发展模式下，要将环境要素投入和生态污染等非期望产出一同纳入发展框架，追求经济效益和环境效益的最大化。Aghion & Howitt 将环境污染和不可再生资源约束引入熊彼特"创造性破坏"模型后发现：如果通过技术创新保持一个连续的创新流使得创新的生产率大于时间的贴现率，就可以在新的发展阶段推动经济均衡点向外移动，获得更多的经济产出，最终实现经济社会的可持续发展，即技术创新是绿色发展的核心动力。

数字技术是数字经济时代最重要的技术创新，也是数字经济赋能绿色发展的核心动力。一方面，数字技术是典型的共性技术[①]。基于通用目的性、技术积累性和创新互补性的共性技术特征，技术创新主体能够在数字技术的基础上进行众多专有技术的开发，这不仅可以增加技术创新主体研发专有技术成功的可能性，而且可以节约技术创新主体研发专有技术的机会成本，最终实现全社会技术创新水平的整体提升。另一方面，数字技术本身就具有一定的绿色属性，且数字技术的能力提升遵循"摩尔定律"，从而能够为绿色发展形成大规模的"技术蓄水池"。比如 CAD（计算机辅助设计）、CAM（计算机辅助制造）以及 PDM（产品数据库管理）等在生产环节的应用能够在更大范围、更高层次上实现精准分工、精准协作和精准生产，在大幅提高劳动生产率的同时有效降低要素耗损；ST（传感技术）能够实现对生产过程的实时监测与智能控制，推动环境治理模式由控制型的末端治理走向预防型的清洁生产；智慧托盘、条码技术以及 RFID（射频识别）等在流通环节的应用能够加速各类运输主体和商贸主体的数字化转型步伐，在最大程度上实现生产和消费的无缝衔接，为畅通绿色发展体系提供有力支撑；WLAN（无线局域网）、EDI（电子数据交换）、CTP（共享技术平台）以及 MPLS（多协议标签交换）等能够推动闲置交换、共享交通、废弃回收等绿色循环模式和回收模式持续涌现，推动经济运转由传统的"生产—流通—消费—废弃"线性模式向绿色的"生产—流通—消费—回收—再生产"闭环模式转变，最大限度地降低污染物排放甚至实现污染物的净零排放。

（二）演化机理：要素融合与精准匹配

1. 要素融合与企业成长

数据要素能够通过与劳动力、资本、资源等传统生产要素紧密融合，推

---

① 除数字技术外，典型的共性技术还有蒸汽机技术、纳米技术等[24]。

动传统要素发生深刻变革与优化重组，助力绿色发展。智能机器人是数据要素和劳动力要素深度融合的典型代表。将智能机器人广泛应用于生产生活中，能够在低端领域替代部分简单、重复性高的体力劳动，在视觉信息处理、智能控制等高精尖领域，智能机器人的效率和精确度也远高于人工，这将更加凸显绿色发展的高效特征。Fintech（金融科技）是数据要素和资本要素深度融合的重要体现。基于物联网、大数据等数字技术，金融机构可以全面掌握企业的生产经营参数，并根据这些信息将信贷资金提供给资源节约、环境友好型企业，有效引导资本要素流向绿色发展领域。工业互联网则是通过数据要素和资源要素的深度融合，将生产过程中所涉及的资源要素进行更加合理的组合和分配，持续改善优化资源要素的使用和回收状况，大幅提升资源要素的使用效率。

要素融合显著提升了生产要素的经济效益和环境效益，为企业快速成长奠定了重要基础。一方面，数据要素与传统生产要素紧密结合能够推动传统生产要素数字化、网络化和智能化转型，为企业带来更大的利润空间。与传统工业经济范式下企业生产规模持续扩大、生产边际成本快速增加，从而最终形成确定性的规模空间不同，在数字经济时代，当产品用户规模达到临界容量后，正向因果累积循环的反馈机制能够实现"马太效应"，这将促使生产的边际成本持续降低。另一方面，数据要素与传统生产要素紧密结合能够显著减少企业要素损耗。如前所述，数据要素与传统生产要素紧密结合能够持续提升传统生产要素的投入产出效率。在此基础上，数据要素与其他传统生产要素更深层次的融合还能够推动企业生产空间由传统大工厂的公共空间向多个工厂独立车间的转变、生产时间由集体时间向闲置时间的转变、组织方式由企业内部分工向平台生态协作的转变，有效激活全社会所有闲置资源。

2. 精准匹配与产业优化

数字经济的发展能够在一定程度上消除传统经济发展范式下时空错位引

发的信息不对称，有效降低资源供需双方的交易成本，提升匹配效率，促进绿色发展系统流畅运行。在数字经济时代，消费者获取信息的能力显著增强，由此产生了一个新的经济现象：在供求关系中，需求逐渐替代供给占据主导地位，需求被收集后成为供给的决策依据，而这将对传统的标准化生产和大批量生产模式产生挑战，倒逼企业运用数据要素来分析消费者的消费能力和消费偏好，转向精准对接、完美匹配的生产模式，有效破除低端无效供给。进一步地，这种以需求为核心的精准匹配模式将进一步凸显人民日益增长的美好生活需要，尤其是人民日益增长的优美生态环境需要在经济社会发展中的重要作用。这种新需求引致形成的新供给将持续推动三次产业优化，成为数字经济赋能绿色发展的重要内容。

第一，数字经济为农业绿色发展注入新动能。一方面，数字经济能够提高农产品的竞争力。数字农业能够显著增强农产品生产者和消费者之间的联系。以区块链溯源技术为例，消费者能够通过"扫码"等方式获悉自己所购买的产品种植（养殖）、生长、运输等各个环节的全部身份信息，生产者也能够通过这种方式更好地展示产品优势并通过收集消费者信息反馈持续改良产品，不断提高产品竞争力。另一方面，数字经济能够有效保护农业生态环境。数字农业能够实时监测农作物的生长环境及生长情况，生产者则能够利用实时传感数据和历史数据及时调控农作物生长所需的最宜温度、湿度等条件，推动农作物生产实现无须依赖其他任何外在辅助就能够最大限度地发挥生长潜力，从根本上减少农业发展对化肥、农药的依赖，显著提升农业发展的环境效益。

第二，数字经济为工业绿色转型升级提供无限空间。一方面，工业数字化转型可以将制造优势与网络化、智能化优势叠加，形成新的数据变现模式，显著提高生产制造的灵活度与精细度，在安全绿色的基础上持续提高生产效率，通过流程优化减少无序生产造成的浪费。另一方面，借助于柔性电子、机器视觉、工业传感器等数字技术而建立起来的覆盖能源供给、生产、运输、消耗的全流程能源综合监测系统，能够实现能源生产和能源消耗的一体化优化和协同，大幅提高能源利用效率。特别地，在中国能源消费和污染排放的主体工业部门，数字化转型正成为推动工业领域节能减排的重要渠道。随着工业数字化转型步伐的持续加快，数字经济必将逐步推进碳排放与经济发展脱钩，助力实现"碳达峰、碳中和"的远景目标。

第三，数字经济推动服务业发展模式发生根本变革。基于自身智力要素密集度高、产出附加值高、资源消耗少、环境污染少的发展特性，服务业是与数字经济结合得最好的产业。2020 年，中国服务业数字经济占行业增加值的比重达到 40.7%[①]，在三次产业中数字化水平最高，转型速度最快。从供给侧依靠技术创新和模式创新改变传统供给方式、提高供给质量，从需求侧适应消费者日益增长的个性化、多样化、柔性化需求，提升用户体验，正成为服务业以服务创新推动数字经济赋能绿色发展的重要抓手。具体来看，依托互联网、大数据、云计算等基础数字技术而日益兴起的电子商务、智慧物流、移动支付几乎从根本上改变了零售、物流、金融等领域的传统商业模式，而这些新型商业模式能够更加精准地对接消费者的实际需求，有效避免无效供给。

（三）参与主体：政府治理、企业支撑、公众参与

不完全竞争、负外部性导致的市场失灵使得绿色发展对市场的依赖程度有所衰减，而政府恰好能在纠正资源配置扭曲、实现帕累托最优中发挥积极作用，因而绿色发展对政府有更深的依赖，而数字经济能够为政府深度参与绿色发展提供重要支撑，具体体现在三个方面：第一，通过互联网、云计算和大数据等智能方式建立起来的数字监管和动态分析系统，能够助力政府实现智慧监管，尤其是关于能源消耗、污染排放等环境问题的实时监管。第二，借助数字技术再造的政府治理模式，能够有效推动政府对各类资源进行综合

---

① 数据来源：中国信息通信研究院。

管理和统一调配，持续提高各类资源的使用和流通效率，全面助推绿色发展。第三，有效的制度供给能够对绿色发展产生事半功倍的效果。政府作为制度供给的主要主体，能够基于数字技术全面感知企业和公众切实的环境需求，建立健全能够切实保障绿色发展行稳致远的体制机制。

作为国民经济的细胞，企业直接承担着生产和流通的责任，因而企业必须充分借助市场的力量让要素有序流动、资源高效利用、产品自由流通。数字经济时代下的企业能够更加有效地畅通绿色发展的主动脉，系统推进绿色发展，具体体现在三个方面：第一，数字技术能够推动企业生产向以数字劳工、实时监测为特征的高效生产和智能管理的方向转型；第二，海量数据能够助力企业决策向以数据建模、深度学习、快速行动为特征的精准适配和动态调整的方向转型；第三，优质平台能够推动企业关联从要素集聚和组织赋权转变为资源整合与组织赋能，持续完善良好产业生态，推动全产业链的绿色转型。

相较于国家和企业，公众才是环境问题最直接的承受者，公众参与能够在最大程度上弥补绿色发展过程中的政府失灵和市场失灵，是绿色发展中不可或缺的组成部分。但是，在传统的绿色发展尤其是绿色治理的进程中，往往忽视了公众参与的力量，这使得公众在绿色发展的进程中普遍面临功能缺位和主体缺位。数字经济的快速发展为公众在绿色发展的议题上实现了信息崛起，这将推动公众参与成为数字经济赋能绿色发展的重要力量，具体体现在以下方面：第一，数字媒介广泛宣传绿色发展理念，可以唤起公众尊重自然、保护自然的意识，进而引导公众主动参与到绿色发展中。第二，在线网站实时发布的空气、水等环境质量信息能够有效保证公众的环境信息知情权，为公众参与绿色发展提供信息保障。第三，数字技术能够改善、优化公众投诉和公众监督机制，为公众根据自身环境诉求积极参与到政府决策过程中提供有效途径。

（四）"双碳"目标与气候合作

作为绿色发展的重要引擎，数字经济在中国实现"碳达峰""碳中和"战略目标的过程中大有可为。一方面，数字经济的快速发展能够减少不必要的经济活动，减少碳排放。基于电子商务、电子政务、在线教育、在线医疗、远程办公等新业态，线上服务可以全部或部分取代线下服务，由此产生的碳排放量也将大幅度减少。另一方面，数字经济能够实现资源要素尤其是煤炭资源的优化利用，尽可能地减少碳排放。其一，数字技术能够通过数字技术外溢优化生产过程中的 APC 技术参数，减少能源过度消耗，提升能源利用效率。其二，数字技术尤其是区块链技术能够有效应对碳交易市场中诸如重复计算、透明度不高、可扩展性较低等问题，加快培育碳交易市场。

当今时代，没有一个国家能在全球气候变化的挑战中独善其身，世界各国应该携起手来共同应对，而在合作应对气候变化、建设全球生态文明的进程中，数字地球将成为全球气候合作的核心基础。数字地球是以地球空间信息为框架，依托对地观测技术、通信技术、计算技术、网络技术等数字技术综合集成空间对地观测数据、陆地数据、海洋数据、大气数据等与人类所有活动相关数据的一个系统平台。它能够通过海量的数据资源推动形成地球大数据与云服务平台，突破现有数据开放共享的瓶颈问题，还能够基于先进的数字技术，再现人类社会活动和气候变化各个参数的空间分布和时间动态，更深层次地揭示不同区域尺度下二者之间复杂耦合的相互作用。欧洲中期天气预报中心（ECMWF）、欧洲航天局（ESA）和欧洲气象卫星开发组织（EUMETSAT）联合构建的"数字孪生地球"就是数字地球的重要组成部分，该项目通过建立一个全方位、高精度的"数字孪生地球"，在空间和时间上精确监测和模拟气候变化、人类活动和极端事件等，能够帮助管理者更好地制定环境政策、促进欧盟地区 2050 年实现"碳中和"，未来将为世界各国应对全球气候变化合作提供更加清晰的可行性路径。这种合作的实质超越了对工业文明时代追逐私人利益最大化的偏好和工具理性的路径依赖，是一种迈向以高效、创新、生态、平等为基础的国际合作新模式。

三、数字经济赋能绿色发展的现实挑战

蓬勃发展的数字经济能够实现对绿色发展的全方位赋能，但在具体的实践过程中，还存在数字鸿沟与地区绿色发展水平差距相互交织、核心数字技术基础薄弱、传统产业数字化转型困难、新型基础设施建设风险溢出、数字流通体系运行不畅、数字治理能力不强等诸多制约因素，影响数字经济对绿色发展赋能作用的充分发挥。

（一）数字鸿沟与地区绿色发展水平差距相互交织

受多重因素制约，数字经济的扩散程度从来都不是匀速、无差别的，其扩散路径普遍呈现从发达地区到欠发达地区、从城市到农村的特点，由此在地区间形成了显著的数字鸿沟。第一，从数字经济发展水平的地区差距来看，北京、浙江、广东等相对发达的东部地区抢先布局了数字经济，而部分中西部地区在数字经济的浪潮面前则显得相对沉寂。截至 2020 年 6 月，东部地区千兆及以上宽带接入网络用户超 155 万户，占全国千兆及以上宽带用户总数的 58.1%；5G 基站总规模超 26 万个，占全国 5G 基站总规模的比重达 63.4%[①]。第二，从绿色发展水平的地区差异来看，中国东部地区的绿色发展水平也明显领先于中西部地区。2019 年，东部地区单位 GDP 能耗仅为 1.035 吨标准煤 / 万元，中部地区的单位 GDP 能耗为 1.326 吨标准煤 / 万元，而西部地区的单位 GDP 能耗则高达 2.009 吨标准煤 / 万元[②]。第三，从数字经济发

[①] 数据来源：《中国宽带发展白皮书（2020 年）》。

[②] 数据来源：《中国统计年鉴》。

展水平的地区差距和绿色发展水平的地区差距来看，一个地区的数字经济发展水平与经济发展水平、技术创新能力、区域经济协调程度有着密切的关系，而这些因素同时又会深刻地影响地区的绿色发展水平。数字经济发展红利的空间分配差距与地区绿色发展水平差距相互交织，可能会进一步加剧地区间绿色发展的不平衡、不协调。

（二）核心数字技术基础薄弱

技术基础薄弱是数字经济赋能绿色发展的核心约束。第一，关键数字技术掌握不足。现阶段，中国核心数字技术的自主研发创新力度不够，核心基础材料、先进技术基础相对匮乏且对国外的依赖程度较高。以本土电子设计自动化（EDA）为例，80%的规划软件、50%的制作软件长期被外企占据。第二，企业的数字技术创新成果不足。企业作为创新活动的重要主体，在数字技术创新领域未能充分发挥创新主体的引领和示范作用。2019年，中国研究与发展试验（R&D）项目中，高等学校主持项目占比高达58.5%，而企业主持项目占比仅为33.7%。第三，数字技术与绿色技术融合发展动力不足。绿色技术创新的研发和运行周期长、产生直接经济效益慢，现阶段大多数技术创新主体仍将追求经济效益作为第一要务，缺乏利用数字技术对绿色技术进行升级改造的内在动力。

（三）传统产业数字化转型困难

传统产业数字化转型困难是数字经济赋能绿色发展的重要障碍。第一，从外部环境来看，在全产业链协同数字转型的大背景下，部分拥有核心数字技术垄断优势产业的极化效应持续凸显，这将在一定程度上加剧部分传统产业长期被锁定在价值链中低端的风险。第二，从内部环境来看，部分传统产业自身发展观念滞后。产业转型是企业自主选择、自我发展的过程，而传统产业的生产技术、生产工艺、核心产品早已成熟，加之其市场表现依然活跃，往往不会主动追求数字化转型。第三，从发展实际来看，大部分传统产业数据资产积累与数据运用的水平较低。由于缺乏统一的技术平台和信息系统，覆盖全流程、全产业链、全生命周期的工业数据链也尚未构建，数据要素应用仅停留于市场营销、风险控制等有限场景，数字化转型带来的经济收益尚不明显。

（四）新型基础设施建设面临风险

与其他新兴产业相比，新型基础设施建设在投入同等成本的条件下，提振经济的效率更高，改善环境的效益更明显，对绿色发展的引领作用也更加突出，但也必须清醒地看到，中国新型基础设施建设仍面临诸多风险。第一，新型基础设施建设容易引发产能闲置风险。一般来说，新型基础设施建设和使用需求与当地经济发展水平高度相关，因此部分欠发达地区容易出现超前投资、产能闲置问题。第二，资本逐利性容易加剧投资结构失衡风险。新型基础设施建设由于政策利好形成的强大吸管效应，将在一定程度上促使资本大量涌入短期回报率较高的投资项目，而忽视那些能够真正提升核心竞争力但短期收益较低、回报周期较长的项目，从而引发投资失衡风险。第三，仅依靠政府主导的投资模式容易引发财政负担风险。由于新型基础设施的市场应用前景不确定性较高、前期研发投入较大，部分项目需依靠政府主导才能顺利实施，但仅依靠政府主导的投资模式可能会加重地方政府债务，引发财政负担风险。

（五）数字流通体系运行不顺畅

流通体系不顺畅是数字经济赋能绿色发展的重要堵点。流通作为连接生产与消费的桥梁，在经济发展中的基础性和先导性作用持续增强，但现阶段数字流通体系仍存在诸多短板亟待补齐。第一，大量新型的"数字＋流通"模式难以实现持久盈利。当前，"数字＋流通"模式主要依靠资本市场估值溢价吸引投资来维持企业的正常运转，但这种过度依赖资本市场融资输血的做法将引发商业模式的单一化和同质化，从而导致企业陷入"规模不经济"的发展怪圈。一旦资金链断裂，很容易引发整体崩盘。第二，流通基础设施建设的数字化水平整体不高。现有流通基础设施建设存在明显瓶颈，多数流通基础设施建设缺乏综合性及多式联运作业系统的有效支撑，物流信息、仓库中转、设备租赁等共性服务平台也十分匮乏，严重阻碍了流通体系的高速运转。第三，中国城乡、地区间流通基础设施建设水平参差不齐。与城市、东部地区相比，中国农村、中西部地区的流通基础设施建设水平相对落后，末端"最后一公里"的物流配送网络不健全，导致这些地区流通效率偏低，难以满足建设数字流通体系的必要条件。

（六）数字治理能力不强

数字治理能力不强是数字经济赋能绿色发展的关键瓶颈。第一，政府汇集数据的意识相对淡薄。政府部门过去凭主观经验，用抽样数据进行决策的单向思维模式在短时间内较难改变，导致数据采集的维度相对分散，难以对海量数据形成有效抓取。第二，"数字孤岛"与"数据滥用"现象广泛存在。在数据开放层面，部分政务信息在各个部门之间的联通、共享和业务协同水平较低，部门之间的数据缺乏有效整合，而在数据保护层面，个人数据概念及产权界限模糊、数据安全监管体系缺失等问题使得用户信息被过度采集和使用，数据安全面临较大风险。第三，多元主体参与绿色发展协同共治的积极性较低。目前，企业和公众对于政府主导的官方协同共治平台的参与意愿并不强烈，而对于企业和公众自身开辟的信息交流平台也存在参与度不高，提出的建议方案可实施性、规范性较低等问题。

四、数字经济赋能绿色发展的路径选择

将加快数字经济发展上升为国家战略，旨在充分发挥数字经济的效率优势和技术优势。与此同时，中国尚未实现经济增长与环境污染的完全脱钩，绿色发展仍然存在诸多短板。因此，中国绿色发展应充分利用好数字经济对绿色发展的赋能效应。

（一）全面推进数字中国建设，探索绿色经济协调发展新路径

以数字经济推动绿色经济协调发展，应重点培育具有国际竞争力的空间载体，同时立足于地区资源禀赋和比较优势，以提高综合承载能力和数字经济发展水平为导向，探索新阶段区域协调发展新路径。

第一，打造一批具有卓越数字竞争力的中心城市。着力完善一线城市数字经济发展的各项软硬件，加快数字技术向生产、分配、交换、消费等环节的渗透，引领生产方式、组织方式、流通方式、商业模式、消费方式和治理模式的全方位绿色变革，逐步将其打造成为数字经济引领下的全球资源配置中心和国际化绿色大都市的典范。

第二，有效发挥中心城市和城市群的引领作用。一方面，积极推动城市群中心城市与外围城市就数字经济发展展开深度合作，充分释放中心城市的辐射效应，带动外围城市加快数字化转型进程；另一方面，以长三角、珠三角、京津冀等发展相对成熟的城市群为样本，以城市群城市规模调整与空间结构优化为重要抓手，在更大范围、更高质量上集聚数字经济与绿色经济发展的必备要素，加速数字经济与绿色发展协同发展进程。

第三，因地制宜，鼓励数字经济的地区差异化发展。东部地区可以充分利用技术优势、资金优势、人才优势等加快培育具有国际领先地位的数字技术研发和高精尖产业；中部地区可以依靠人口规模优势和地理位置优势推动数字消费模式持续创新和数字流通产业快速发展；西部地区可以依靠自身资

源优势，在清洁能源和电网布局选址就近着力发展大数据产业，同时更多地开发和利用水力发电、光伏发电和风能发电等清洁能源，增加与大数据产业相适应的可再生能源供给。

（二）提升技术创新能力，塑造数字经济赋能绿色发展新优势

面对数字经济赋能绿色发展中的技术约束，整体思路是要加强核心数字技术供给和加快绿色技术创新的整体布局，充分发挥数字技术在企业绿色技术创新中的基础性作用，破解目前数字技术与绿色技术脱节的困境，深入推进数字技术与绿色技术融合发展。

第一，政府要智慧地运用制度之手，为技术创新提供有力保障。一方面，政府要完善科技成果奖励机制，对于参与技术创新活动的企业和机构给予必要的资金补贴和政策支持，充分缓解创新主体在科技创新中面临的各种压力和困难；另一方面，政府要深入实施科技成果保护机制，加强对知识产权的公共服务和市场监管，努力提升知识产权创造、运用、保护、管理和服务能力，积极营造公平公正、开放透明的法治环境和市场环境。

第二，企业及企业家要主动增强创新主体意识。企业要以未来经济发展趋势为导向，改善企业内部机制，在持续增加研发投入的同时优化投入产出比例，确保自身经济绩效与社会环境绩效都能得到有效改善。在此基础上，企业要积极探索数字技术在绿色技术创新领域的应用场景，加快数字技术与能源挖掘、新能源开发、清洁技术、绿色制造、污染控制、资源回收等领域的深度融合，不断提升绿色技术中的数字含量。

第三，科研机构和高校要发挥科技创新主力军的作用。一方面，围绕核心数字技术领域的基础理论、前沿理论和交叉学科，为核心数字技术研发提供充分的理论储备；另一方面，以人工智能、云计算、大数据、物联网、网络安全、芯片制造等领域为突破口，加快核心技术的攻坚，形成一批具有完全自主知识产权的重大成果。与此同时，高校要积极优化高等教育的学科专业体系，扩大国家"强基计划"试点范围，加快培育具有科学探索精神的研发型人才，为数字技术研发提供人才支撑，主动塑造人才红利。

（三）推动传统产业数字转型，培育数字经济赋能绿色发展新动能

推动传统产业数字化转型，应加快数字技术在传统产业企业内部的扩散及应用，全面提升传统产业企业的自动化、网络化、智能化水平，同时依托数字化平台实现生产要素的横向高效组合，并以此为抓手带动整个产业数字化转型。

第一，以数字赋能为核心推动传统产业数字化转型。一方面，要强化数字技术对传统产业的改造。积极引导大数据、人工智能等数字技术与传统产业融合发展，大力促进传统行业企业的机器设备、人员等软硬件设施上网上云；另一方面，要推动数据要素深度嵌入传统产业企业生产经营的各个环节，切实将数据要素的优势运用到生产制造的核心过程中，打通生产设备、生产数据和生产网络之间的内在关联，推动形成万物互联的全新发展模式。

第二，以平台赋能为依托推动传统行业数字化转型。鼓励具有先进技术和资金实力的龙头企业搭建数字化平台，促使龙头企业通过在线平台围绕采购、营销、设计等环节带动中小企业开展供需对接、物资流转、配套分工等应用，从而实现大、中、小企业在产业链不同环节的良性互动发展，加快推动形成完整的产业生态。

第三，以政策赋能为保障推动传统行业数字化转型。一方面，政府要及时调整传统产业政策的发展方向。适当减少对传统产业的优惠政策和补贴政策，同时以"数字升级""质量升级""绿色升级"的政策导向积极引领传统产业数字化转型。另一方面，政府要加大对数字产品及数字服务需求侧的政策支持力度。通过税收减免、价格补贴等政策工具，为数字产品和数字服务创造更大的市场需求，在一定程度上对部分传统产业的市场空间形成挤压，倒逼其进行数字化转型。

（四）加快新型基础设施建设，引领数字经济赋能绿色发展新未来

推进新型基础设施建设，既要坚持全面系统，又要抓住关键，既要着眼于应对短期经济社会发展面临的风险挑战，又要立足于"十四五"时期和中国经济中长期发展的切实需要，充分释放新型基础设施建设对绿色发展的引领作用。

第一，政府要科学有序地布局新型基础设施，避免"大水漫灌"的风险。中央政府要以提高新型基础设施的长效供给质量和效率为重点，注重长期战略与短期计划相结合，优先布局外溢效应大、带动性强的建设项目，而地方政府应立足于当地经济发展基础、产业需求与社会治理需要，优化布局规模与布局密度，尽可能地减少产能闲置与浪费。

第二，以市场机制为主导，加快建立多元化投融资模式。对于新型基础设施建设中的经营性项目，要充分发挥市场机制的作用，合理运用政府和社会资本合作的模式来激发社会资本参与新型基础设施的积极性，适时引入债券、信托融资、私募投资等持续拓展投融资渠道。

第三，全面把握新型基础设施发展特征，分级分类推进实施。对于以5G基站为代表的信息基础设施建设，要鼓励通信运营商强化合作，从竞争走向竞合，依靠市场竞争机制保持行业相对均衡发展；对于以智慧交通、智慧能源等领域为重点的融合基础设施建设，要积极探索数字技术在交通、能源领域中的传统基础设施建设运营模式，采用政府引导、企业主导相结合的方式重构更加高效、绿色、智能的服务供给模式；对于国家科技基础设施、教育基础设施等公共产品属性较强的创新性基础设施建设，在投资建设阶段依靠政府来确保项目有序落地，而在项目建成后的运营阶段则以市场为主导促进经营效率大幅提升。

（五）畅通数字流通体系，服务"双循环"新发展格局

畅通流通体系的核心在于以智能、绿色、高效为导向，以期能够充分发

挥流通体系在国民经济中的基础性和先导性作用，从而实现生产和消费的有机衔接。

第一，促进"数字＋"模式在流通领域的纵深发展。立足于不同行业、不同环节、不同商品的发展特征和发展要求，加快"数字＋流通"模式的创新探索。通过推进线上与线下的积极互动，持续提升服务能力、改善消费体验，有效培育广泛而又稳固的市场需求。

第二，加快推动流通基础设施数字化转型。加快流通大数据平台建设，在更大范围内实现资源整合和数据共享，持续消除由于信息不对称导致的流通壁垒。与此同时，积极运用北斗导航技术、物联网技术等优化数字流通通道，加快数字仓储体系、智慧物流体系持续落地，大幅降低流通成本，提升流通效率。

第三，加快建立区域一体、城乡一体的流通基础设施。中央政府要通过专项拨款或转移支付等方式加大对欠发达地区流通基础设施的改造力度，不断提高跨区域、城乡流通基础设施的网络化水平和运输保障能力，持续深化区域、城乡间流通基础设施水平的横向协同发展能力，确保商品和要素能够在全国范围内自由流动。

（六）推进政府数字化转型，发挥数字治理在绿色发展中的保障作用

为充分发挥数字治理在绿色发展中的保障作用，政府要借助数字技术持续提升自身在管理公共事务、解决公共问题和维护公共利益等方面的履职能力，全面提升治理效能。

第一，将大数据作为提升治理能力的重要抓手。各级政府要充分利用大数据技术处理和解决公共事务问题，特别是在自然灾害、社会突发事件和污染事件处理等领域，全面加强对城市的动态监控，实现全域、全时段的无死角覆盖。与此同时，尝试建立基于大数据技术的决策分析机制，有效提升政府决策的科学性、预见性和准确性。

第二，在确保国家安全、商业机密和个人隐私的前提下加快推进数据要素开放共享。各级政府要综合运用技术、法律、行政等手段，在坚守数据应用法律底线的基础上，明确数据资源的共享边界，加快推进数据资源跨层级、跨地域、跨系统、跨组织、跨业务的开放共享，创建高质量的数据生态和流通体系。

第三，调动多元主体参与治理的积极性。各级政府要大力破除主体之间的横向交流堵点，使企业和公众能够真正参与到城市绿色发展的过程中来。在此基础上，探索建立城市绿色发展的协调机制和成果同享的激励机制，切实推进城市绿色发展的协同治理进程。

《改革》2022 年第 9 期

04

四、强化数字中国关键能力

《数字中国建设整体布局规划》指出，要强化数字中国关键能力。

一是构筑自立自强的数字技术创新体系。健全社会主义市场经济条件下关键核心技术攻关新型举国体制，加强企业主导的产学研深度融合。强化企业科技创新主体地位，发挥科技型骨干企业引领支撑作用。加强知识产权保护，健全知识产权转化收益分配机制。

二是筑牢可信可控的数字安全屏障。切实维护网络安全，完善网络安全法律法规和政策体系。增强数据安全保障能力，建立数据分类分级保护基础制度，健全网络数据监测预警和应急处置工作体系。

改革创新 数据赋能 以数字政务建设助力数字中国高质量发展

周 民

近日，中共中央、国务院印发了《数字中国建设整体布局规划》（以下简称《规划》），这是我国数字中国建设的第一部纲领性文件，对全面建设社会主义现代化国家、全面推进中华民族伟大复兴具有重要意义和深远影响。《规划》提出"发展高效协同的数字政务"，明确了新时期数字政务建设路线图。数字政务作为数字中国建设的重要组成部分，是对数字政府涵盖范畴的拓展，包含了中国特色社会主义制度下各方治理主体，包括党委、人大、政府、政协、纪委监委、法院、检察院等七大体系。深入贯彻落实《规划》任务要求，以数字思维、数字技术驱动党政机关数字化发展，对于加快数字中国建设、推进国家治理体系和治理能力现代化具有十分重要的意义。

以改革为驱动，明确数字政务发展导向

《规划》提出，"加快制度规则创新，完善与数字政务建设相适应的规章

作者系国家信息中心副主任。

制度"。数字政务建设是一场深刻的变革，需要始终坚持党的全面领导，注重顶层设计和基层探索的有机结合、技术创新和制度创新双轮驱动，全方位推动制度变革、业务变革、模式变革。

一是推动数字政务建设的制度变革。数字政务建设必须以数字化为驱动，形成与数字化时代发展相适应的组织架构，完善与数字政务建设相适应的规章制度，依法依规推进技术应用、流程优化和制度创新。推进体制机制改革与数字技术应用深度融合，健全完善与数字化发展相适应的政府职责体系。加大数字政务标准推广执行力度，提升应用水平，以标准化促进数字政务建设规范化。

二是推动数字政务建设的业务变革。数字政务建设要从政务治理、行政资源配置等方面引领改革创新，形成各项业务整体联动、协同推进的数字政务建设和管理新格局。推行政务服务事项集成化办理，提高主动服务、精准服务、协同服务、智慧服务能力。积极推动数字化治理模式创新，推进社会治理模式从单向管理转向双向互动、从线下转向线上线下融合。

三是推动数字政务建设的模式变革。各地数字政务建设要充分立足人才资源、基础设施等方面的发展现状，统筹谋划、整体规划、统一推进。各地要结合自身情况，适当借鉴先进地区"管运分离"等管理机制，探索制度创新与技术创新相结合的新模式。推动各类行政权力事项网上运行、动态管理，强化审管协同，打通审批和监管业务信息系统，形成事前事中事后一体化监管能力。

以数据为抓手，提升数字政务发展动能

《规划》提出，"强化数字化能力建设，促进信息系统网络互联互通、数据按需共享、业务高效协同"。数字政务建设要统筹党政机关全面数字化建设，关键是在促进设施互联互通的基础上深化数据的共享开发利用，充分激

发数据要素价值，赋能数字政务创新发展。

一是进一步畅通数据共享大通道。优化完善国家电子政务网络体系，强化电子政务网络统筹建设管理，促进高效共建共享，降低建设运维成本。统筹推进政务云平台和大数据中心建设，整合联通各级各部门分散建设的业务系统、自建机房和业务专网，形成"一朵云、一张网"的数字底座，集约化构建统一基础支撑平台，为数据的统筹开发利用奠定坚实基础。

二是构建开放共享的数据资源体系。建立完善数据管理机制，汇聚整合多源数据，统筹管理政务数据、公共数据和社会数据，强化数据全生命周期管理，加强数据分类分级管理。充分利用隐私计算、区块链等技术，按照"统一目录、全量汇集、按需申请、安全使用"的原则，构建统一的数据资源体系。推进政务数据共享工作，提升数据共享成效。明确公共数据开放安全管控要求，有序推动公共数据开放。

三是构建智能精准的决策支撑体系。建立健全大数据辅助决策机制，统筹推进决策信息资源建设，为科学决策提供支撑。围绕重大问题决策研判、经济社会运行监测预测预警等需求，形成跨部门的基础信息库、主题信息库和社会大数据资源，增强行政决策力。综合运用大数据、人工智能等数字技术手段，提升经济调节、市场监管、社会治理等数字化决策能力。促进各领域政策有效衔接，助力打造便利化、市场化、法治化、国际化的一流营商环境。

以人民为中心，增强数字政务服务效能

《规划》提出，"提升数字化服务水平，加快推进'一件事一次办'，推进线上线下融合，加强和规范政务移动互联网应用程序管理"。数字政务建设要始终把满足人民对美好生活的向往作为出发点和落脚点，破解企业和群众反映强烈的办事难、办事慢、办事繁问题，着力提升政务服务数字化、普

惠化、智慧化水平。

一是提升政务服务数字化效能。近年来，我国"互联网＋政务服务"取得显著进展，在线政务服务水平跃升至第 15 位，近两年稳定在世界第一梯队。接下来，要进一步提升政务服务数字化能力，加快推进线上线下融合，持续发挥全国一体化政务服务平台作用，促进政务服务标准化、规范化、便利化水平持续提升。充分利用大数据、云计算、移动互联网和人工智能技术，加快全国范围内实现跨省通办。按照数字化创新趋势和社会公众习惯，拓展移动服务、智能服务和个性服务，不断扩大在线服务的覆盖程度，整合各种服务方式和访问渠道，打通更多信息系统，推动更多政务数据共享支撑政务事项，促进"一网通办""一次办成"，探索个性化知识推送、全生命周期服务等，不断增强人民群众的获得感。

二是提升政务服务普惠化水平。拓展公平普惠的民生服务，探索推进"多卡合一""多码合一"，推进基本公共服务数字化应用，积极打造多元参与、功能完备的数字化生活网络，提升基础性、普惠性服务能力。探索依托银行等基层服务网络资源，实现政务服务"一网通办"向偏远山区延伸扩面。围绕老年人、残疾人等特殊群体需求，完善线上线下服务渠道，推进信息无障碍建设，解决特殊群体在运用智能技术方面遇到的突出困难。推出长者关怀及助残服务专区，为老年人和残疾人提供退休养老、健康医疗、身份户籍、交通出行等领域服务。依托社区志愿服务队资源，建立常态化上门服务机制，通过上门"零距离"服务、"手把手"指导，帮助老年人、残疾人等特殊群体线上办事。

三是提升政务服务智慧化水平。当前，各地依托数字技术，通过政务服务改革，出现"秒批""不见面审批""千人千面"等个性化服务，打造"掌上办事"服务新模式，探索实现服务精准直达、智慧服务。接下来，我们要从群众企业办事的视角，围绕个人从出生到死亡、企业从准入到退出两个全生命周期，整合便民惠企的高频刚需服务，实现各类场景化应用"网购式"

办事。借助人工智能、大数据等数字技术，逐步实现事前服务"免申即享"及主动推送、事中服务精准化引导和审批精准化分发、事后评价精准化反馈。探索智能推荐、智能审批等服务创新，丰富并优化服务体验。

《中国网信》2023 年第 3 期

筑牢数字安全坚实屏障
护航数字中国全面发展

魏　亮

《数字中国建设整体布局规划》（以下简称《规划》），明确了数字中国建设的指导思想、主要目标、主要任务和保障措施，部署了"筑牢可信可控的数字安全屏障"重大任务以及"切实维护网络安全""增强数据安全保障能力"重点工作，为新时代数字安全能力建设指明新方向、提出新目标、谋划新蓝图。

充分认识数字时代做好数字安全工作的重大意义

习近平总书记强调："没有网络安全就没有国家安全，就没有经济社会稳定运行，广大人民群众利益也难以得到保障。"如今的网络安全，内涵和外延不断拓展，不仅关乎个人安全、企业安全，也关乎国家安全，已经成为社会治理、国家治理的重要议题。建设数字中国，必须筑牢可信可控的数字安全屏障。

数字安全成为重塑国家竞争新优势的战略支点。新一轮科技革命和产业

作者系中国信息通信研究院副院长。

变革深入发展，国际力量对比深刻调整，国际环境日趋复杂，不稳定性不确定性明显增加。自 2015 年起，全球已有超过 170 个国家将数字安全作为优先发展的战略方向，围绕数字技术、数据要素、产业生态、安全标准等的国际竞争日趋激烈。例如，以德法为代表的传统技术强国通过强化"数字主权"理念以及数据、数字技术和数字基础设施安全，保障数字空间发展安全；欧盟倡导建立"单一欧洲数据空间"，构架符合欧洲数字化转型需求的数据要素安全保护模式……这些行动都体现了主要经济体进一步强化数字安全核心优势的宏伟愿景。数字安全已经成为各国抢抓战略主动权、发展主动权的关键方向，是国家数字竞争力发展中不可或缺的要素。

数字安全成为护航数字中国建设的重要因素。当前，在世界百年未有之大变局和国际形势复杂多变的动荡环境下，数字化发展正在与经济社会各领域全过程全面融合，以 5G、人工智能、云计算等为代表的数字技术正以新理念、新业态、新模式全面融入人类经济、政治、文化、社会、生态文明建设各领域和全过程。伴随数字中国建设的深入推进，各领域数字化转型加快，数字领域安全风险演进升级，并不断延伸渗透，数字安全成为数字中国发展建设过程中不可或缺的要素。全方位认识国家开展数字安全工作的系统性、复杂性，强化数字安全战略引领和统筹布局，完善安全保障制度和管理措施，切实保障国家网络安全和数据安全，护航数字中国行稳致远。

数字安全成为落实总体国家安全观的重要体现。2014 年 4 月 15 日，习近平总书记在中央国家安全委员会第一次全体会议上首次提出总体国家安全观，擘画了维护国家安全的整体布局，锚定了新时代国家安全的历史方位。当前，世界经济数字化转型成为大势所趋，政治、经济、文化、军事等各领域都深深植入数字基因，网络空间与物理世界全面融合，海量工业设备泛在连接、业务系统云化应用、网络化协同制造成为新常态，病毒、木马、高级持续性威胁攻击等向数字空间传导渗透，面临"一点突破、全盘皆失"的严峻安全形势。作为国家安全的重要组成部分，数字安全在国家安全体系中的基础性、战略性、全局性地位更加突出。统筹好国内国际两个大局，主动发展数字安全能力，成为落实总体国家安全观系统性、全面性、辩证性的典型体现，是积极应对复杂威胁挑战的战略选择和应有之义。

系统部署数字安全的方向举措

为加快提升数字时代安全保障能力，《规划》紧紧把握数字安全作为数字中国建设基本保障的整体定位，聚焦网络安全、数据安全两大主线，提出工作部署，指明了数字中国建设整体布局下数字安全重点工作方向和实践路径。

夯实制度根基，增强网络安全整体协同性。《规划》提出"切实维护网络安全，完善网络安全法律法规和政策体系"。网络安全的重要地位和重大意义从根本上取决于数字化、网络化、智能化的发展程度。当前，数字中国发展速度之快、辐射范围之广、影响程度之深前所未有，正成为抢占发展制高点、构筑国际竞争新优势的必然选择。与此同时，面临的网络安全风险挑战更加复杂严峻。一是网络攻击事件频发。近年来，全球针对能源、电力、金融等重点行业的网络攻击事件引发业务停滞、工厂停产等严重后果，给社会稳定运行和民众生产生活带来深远影响。二是网络攻击威胁深刻变化。网络安全具有很强的隐蔽性，近些年网络攻击手段演进升级、强度持续提升、规模不断增大，监测、响应、处置、溯源等难度加大。加快凝聚政府、地方、企业等工作合力，深化关键信息基础设施安全保护、网络安全等级保护等制度建设，强化多主体协同联动，坚持监管和服务并重，督促压实各方网络安全责任，服务提升国家网络安全能力。

构筑顶层设计，开创数据安全管理新格局。《规划》提出"增强数据安全保障能力，建立数据分类分级保护基础制度，健全网络数据监测预警和应急处置工作体系"。随着全球数字经济的蓬勃发展，数据已成为关键生产要素和核心战略资源，数据安全的基础保障作用和发展驱动效应日益突出，事关国家安全、经济运行和个人利益。当前，数据的大规模运用，数据安全风险呈现常态化、未知化、显性化的特点，以重要数据为标靶的安全事件显著增加。一是数据安全风险常态化。数据应用场景不断扩展，深度融入经济社会各领域，资产暴露面和风险敞口不断扩大，流通链条和参与主体增加，数据滥用、泄露风险加大。二是重要数据安全威胁显性化。从现实来看，窃取和破坏金融、能源等领域数据被视为有效攻击手段。政务、医疗以及生物识别信息等高价值特殊敏感数据泄露逐渐成为数据泄露的重灾区。加速完善数据分类分级保护制度，推动建立健全安全可控、包容弹性的数据安全规则体系，明确重要数据安全分类要求，划定数据流通利用安全基线，成为提升数字安全保障水平的必要举措。

以《规划》为指引，奋力筑牢数字安全发展屏障

数字时代，数字安全迎来发展机遇期。面向数字中国建设和数字化转型安全重大需求，健全数字安全制度体系、壮大数字安全供给体系、优化数字安全治理体系，构建灵活、稳健、强大的数字安全产业生态，不断释放数字化叠加倍增效应，加快构筑数字安全综合竞争优势，为我国网络强国、数字中国建设提供强大牵引力。

加强统筹谋划，强化政策落实与实施推进。衔接国家数字安全顶层设计，构建完善数字安全体系架构，持续开展数字安全前瞻研究和理论探索，明确数字安全发展建设路线图，构建数字安全能力评价指标体系，绘制数字安全技术产业能力图谱，合理规划数字安全发展路径，统筹实现技术、产业和应用的良性互动，指引大中小企业高效推进数字安全建设，形成适应数字化发展的安全保障能力，织密数字领域安全网，筑牢数字安全屏障。

夯实技术底座，构建安全高效的保障体系。统筹调动行业网络安全技术

能力，聚合网络资产、基础资源、威胁信息等数据资源，打造大数据驱动一体联动的网络安全监测发现、预警通报、指挥调度、应急处置技术体系，全面增强数字基础设施安全态势感知和联合防御能力。构建完善行业数据安全管理平台，强化数据挖掘分析，扩展应用覆盖场景，提升行业数据安全保障能力。加强人工智能、区块链等数字技术安全应用和风险防控。

强化供给服务，增强数字安全产业发展韧性。 在传统网络安全产业技术创新、产品升级、产融合作、人才培养等基础上，进一步加强以安全能力为导向的产业生态建设，以资源池、实验床、工具箱等形式，打造数字安全服务基础设施和解决方案，为产业数字化重点领域提供安全供给，保障产业数字化安全需求。同时，加强 ICT（信息与通信技术）产业链供应链安全升级整合协同，开展数字安全技术产品供应链的长短板分析、风险监测和攻关等，增强数字领域技术产业本质安全水平。

《中国网信》2023 年第 3 期

全球数字人才与数字技能发展趋势

陈煜波　马晔风　黄　鹤　崇　滨

随着数字领域技术创新步伐的加快，经济社会各领域对数字人才的需求急剧增长，针对人才和技能的培养不再局限于高技能人才，而是扩展到所有公民。对我国来说，加强数字人才和数字技能的培养尤其重要，随着"劳动人口红利"逐步消失，劳动力质量的重要性日益凸显，提升劳动力技能使之与经济数字化转型需求相匹配，既是数字经济发展的内在要求，也是经济高质量发展的重要保证。

以大数据、云计算、人工智能为代表的数字技术正在全球范围内推动经济社会的转型变革，各行各业数字化转型加速推进，成为全球经济增长的新动能。世界银行的一项研究显示，2020 年数字经济规模相当于全球 GDP 的15.5%，在过去 15 年里，其增长速度是全球 GDP 的 2.5 倍。新冠疫情全球大流行之后，数字经济的重要性进一步凸显。一方面，在传统经济活动普遍受到抑制的情况下，数字经济逆势增长，为全球经济恢复做出了重要贡献；另一方面，在应对传染病流行带来的疫情防控、社交隔离等问题时，数字产品和服务发挥了重要作用，各国对数字领域的依赖进一步加强。

陈煜波系清华大学经济管理学院教授，清华大学经济管理学院互联网发展与治理研究中心主任；马晔风系中国社会科学院数量经济与技术经济研究所数字经济研究室副主任、副研究员；黄鹤系中国地质大学经济与管理学院讲师；崇滨系清华大学经济管理学院互联网发展与治理研究中心博士后。

当前，新冠疫情的发展依然存在巨大的不确定性，全球数字经济发展既拥有重要的机遇，也面临更大的挑战。推进产业数字化转型，依托数字经济，构建经济增长的新动能，为经济和社会可持续发展提供更好的支撑，将是未来各国关注的重点和政策的优先事项。随着数字领域创新步伐的加快和国际竞争的日益激烈，各行各业对具备数字技能的人才的需求将快速增长，数字人才作为数字化转型的核心驱动力，将成为影响数字经济发展的关键因素。与此同时，疫情使数字经济发展的不平衡问题更加凸显，全球对数字包容性发展的关注度显著提升。随着网络基础设施带来的数字鸿沟逐渐被填补，人才和技能正在成为数字包容性发展的新制约。欧盟的一项研究显示，在欧盟国家中，虽然 2019 年已经有 85% 的公民使用互联网，但只有 58% 的人具备基本的数字技能。

数字人才和数字技能将成为数字经济发展的基础。中国作为全球数字经济引领性国家，一直高度重视数字经济发展和人才培养。2020 年，党的十九届五中全会审议通过了《中共中央关于制定国民经济和社会发展第十四个五年规划和二〇三五年远景目标的建议》，将"加快数字化发展，建设数字中国"作为重要内容。2021 年 12 月 12 日，国务院发布《国务院关于印发"十四五"数字经济发展规划的通知》，提出要"提升全民数字素养和技能"，鼓励将数字经济领域人才纳入各类人才计划支持范围，积极探索高效灵活的人才引进、培养、评价及激励政策。与此同时，美国、英国、德国等发达国家均已将数字人才培养和劳动力数字技能提升纳入国家数字经济战略。

由此，本研究将视野拓展到全球范围，通过分析和对比全球主要创新城市的数字人才和数字技能发展现状，分析不同地区如何基于数字人才和技能建立起数字经济的发展优势。我们希望这项研究可以帮助政府、业界和个人更好地了解不同地区数字人才的特点以及未来的发展趋势，为政策制定、企业发展和个人的技能提升带来有价值的参考和启示。更重要的是，我们希望这项研究能够推动人才和技能层面的数字包容性发展。

全球数字人才发展现状与趋势

根据清华大学经济管理学院互联网发展与治理研究中心（CIDG）与全球职场社交平台领英（LinkedIn）经济图谱团队的合作研究，数字人才可以定义为"拥有ICT专业技能的人才以及与ICT专业技能互补协同的跨界人才"。本研究基于该定义，结合行业专家和学术专家意见选择31个全球最具代表性的数字创新城市（地区），提取它们2019年和2020年的数字人才数据，对疫情影响前后的全球数字人才和数字经济发展趋势进行分析。这些城市在区域以及全球的数字创新中扮演着重要的角色，汇集了来自世界各地的创新人才和数字人才，城市名单见表1。

表1　全球代表性数字创新城市（地区）及所属国家和区域

区域	国家	城市
北美	美国	旧金山湾区、波士顿、华盛顿、纽约、洛杉矶、芝加哥
	加拿大	温哥华、多伦多
欧洲	德国	慕尼黑、柏林
	英国	伦敦
	荷兰	阿姆斯特丹
	法国	巴黎
	意大利	米兰
	瑞典	斯德哥尔摩
	丹麦	哥本哈根
	比利时	布鲁塞尔
	爱尔兰	都柏林
	西班牙	巴塞罗那
亚太	印度	班加罗尔
	新加坡	新加坡
	中国	北京、上海、广州、深圳、杭州、南京、苏州、香港
	阿联酋	阿联酋
	澳大利亚	悉尼

数字人才行业分布

我们首先分析了不同城市数字人才在 ICT 行业和非 ICT 行业的比重，图 1 表示 2020 年的情况。从 31 个城市（地区）整体来看，数字人才在非 ICT 行业的比例更高，意味着数字人才已经不断向传统行业渗透，全球产业数字化向纵深发展。具体来看，欧美地区数字人才在传统行业的比例更高，其中，洛杉矶、纽约、香港、阿联酋、芝加哥、伦敦、布鲁塞尔、哥本哈根非 ICT 行业数字人才占比均超过 80%。亚太地区数字人才在 ICT 行业的占比更高，班加罗尔、杭州、北京、旧金山湾区、南京、深圳、都柏林在 ICT 行业数字人才占比位居前列，均超过 30%。

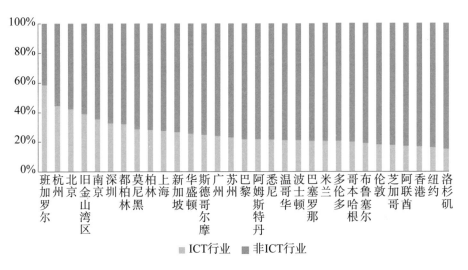

图 1　2020 年城市（地区）数字人才 ICT 行业 / 非 ICT 行业分布

与 2019 年数据相比，31 个城市（地区）在 ICT 或非 ICT 行业的数字人才分布占比排序变化不大，但各城市（地区）在占比数值上均有所调整。如图 2 所示，波士顿、班加罗尔、慕尼黑以及我国的南京、北京、杭州、上海、深圳、广州等城市数字人才在非 ICT 行业的占比持续增加，这反映了这些城市在新冠疫情之后传统行业数字化转型步伐的加快，特别是我国数字经济引领性城市在 2020 年取得了明显的进展。

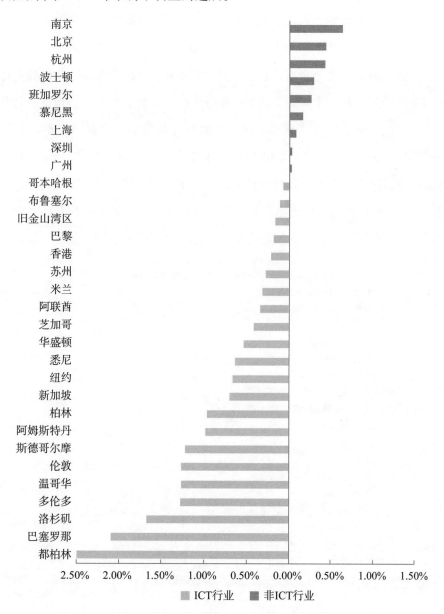

图 2　城市（地区）数字人才在 ICT 行业／非 ICT 行业同比 2019 年增长变化

我们进一步对 31 个城市具体行业的数字人才分布情况进行分析，并对比了 2019 年和 2020 年的情况。如图 3 所示，软件与 IT 服务、制造、金融是三大数字人才引领型行业，其中软件与 IT 服务业数字人才分布占比超过 20%。公司服务、消费品、教育、医疗、媒体通信、计算机网络与硬件位列第二梯队，数字人才分布占比在 4% 到 8% 之间，为这些传统行业的数字化转型奠定了坚实的人才基础。娱乐、旅游度假、零售、非营利、设计、公共管理、建筑、交通物流、能源矿产、房地产行业数字人才占比在 4% 以下，处于第三梯队。对比 2019 年和 2020 年的数据可以发现，软件与 IT 服务业和医疗业数字人才占比提升最为显著，反映出新冠疫情对两大行业的促进作用；金融、公共管理也呈现出上升趋势，体现出全球金融数字化和公共服务数字化的不断迈进。反之，旅游度假、娱乐、公司服务、消费品、媒体通信

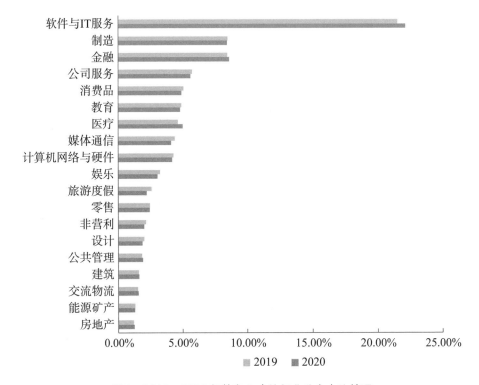

图 3　2019—2020 年数字人才的行业分布占比情况

等行业的数字人才占比呈现下降趋势，反映出新冠疫情下行业数字化转型减缓的风险。相比之下，娱乐、旅游度假等行业数字人才占比下降幅度较大，表明疫情对这些行业将产生长期效应，而对公司服务、消费品、媒体通信等行业则产生短期效应。

相比之下，娱乐、旅游度假等行业数字人才占比下降幅度较大，表明疫情对这些行业将产生长期效应，而对公司服务、消费品、媒体通信等行业则产生短期效应。

重点行业的代表性城市分析

从前文分析可以看出，在全球代表性创新型城市中，数字人才主要集中在ICT行业，非ICT行业的数字人才则主要集中在制造、金融、消费品、公司服务四大行业。因此，我们选择ICT行业（软件与IT服务和计算机网络与硬件）和四大非ICT行业（制造、金融、消费品和公司服务），对比这些重点行业中前十代表性城市（最具数字人才优势）数字人才的发展变化情况，如图4所示。

从图中变化率可以看出，计算机网络与硬件行业数字人才占比在各城市均呈现下降趋势，这可能是由于近几年疫情冲击和产业结构调整导致的，同时表明ICT基础产业逐渐从普通硬件设备向软件集成服务转变。金融业排名前十城市（地区）的数字人才占比大部分呈现上升趋势，这可能是由于金融数字化是其他产业数字化的重要基础，数字化转型带来数字人才的聚集程度增加。从区域角度来看，近年来欧洲的数字化转型在不断加深，欧洲城市数字人才在软件与IT服务、制造业的占比大幅增加。如在制造业，慕尼黑、米兰、巴塞罗那、布鲁塞尔的数字人才占比在增加，尤其是德国的慕尼黑、柏林，不仅在软件与IT服务、制造业数字人才占比增加，在公司服务业也进入前十。亚太地区特别是中国大陆在ICT行业和制造业、消费品行业的数字人才占比下降，表明我国的数字人才正由传统优势行业向其他行业逐渐渗透，如上海在公司服务业中进入前十。北美地区的数字人才主要向金融和其他非代表性行业渗透。

 软件与IT服务　　 计算机网络与硬件　　制造

	占比变化率		占比变化率		占比变化率
班加罗尔	−0.17%	深圳	−2.01%	苏州	−4.08%
杭州	−0.56%	南京	−4.98%	慕尼黑	3.92%
北京	−0.41%	苏州	−1.15%	上海	−4.15%
旧金山湾区	−0.96%	旧金山湾区	−2.20%	深圳	−6.91%
都柏林	9.9%	上海	−1.94%	南京	−4.22%
柏林	3.69%	杭州	−3.46%	米兰	13.56%
南京	−0.23%	班加罗尔	−2.77%	广州	−3.93%
慕尼黑	1.46%	新加坡	−1.96%	巴塞罗那	−11.46%
华盛顿	2.65%	北京	−5.60%	巴黎	0.31%
新加坡 NEW	3.58%	慕尼黑	−9.83%	布鲁塞尔 NEW	4.59%

 金融　　 消费品　　 公司服务

	占比变化率		占比变化率		占比变化率
香港	2.37%	深圳	−5.58%	伦敦	−4.16%
多伦多	7.78%	广州	−6.36%	米兰	−2.45%
伦敦	−7.19%	米兰	−2.93%	阿姆斯特丹	−5.74%
纽约	0.20%	香港	−3.48%	巴黎	0.22%
悉尼	6.59%	巴塞罗那	−1.72%	布鲁塞尔	−4.40%
新加坡	2.29%	旧金山湾区	−0.48%	阿联酋	−6.71%
芝加哥	1.89%	洛杉矶	−1.80%	巴塞罗那	−2.54%
都柏林 NEW	14.74%	纽约	−3.17%	慕尼黑 NEW	0.28%
斯德哥尔摩	−5.79%	阿姆斯特丹 NEW	6.70%	柏林 NEW	0.92%
巴黎	5.13%	上海	−1.38%	上海 NEW	3.78%

图 4　重点行业数字人才占比最高的前十大城市

（注："New"表示与 2019 年数据相比，新出现在该行业排名 TOP 10 的城市或地区）

全球数字人才的技能分析

不同行业对数字人才的技能需求存在很大差异，且随着数字技术的快速发展，对数字人才的技能提出了越来越高的要求。我们从数字人才的技能角度展开，参考领英的"Skills Genome"方法对 31 个城市（地区）的代表性技能进行深入分析，从而更好地展现不同城市（地区）在行业数字化转型方

面的人才特点和优劣势。

首先，计算各城市拥有某项技能的人才在该城市所有人才中所占的比重，将之定义为该项技能的渗透率。其次，对该项技能在 31 个城市（地区）中的渗透率进行几何平均，得到该技能的平均渗透率。最后，计算该技能在各城市的渗透率与 31 个城市平均渗透率之比，并将这一比值定义为相对渗透率。通过相对渗透率，能够直观地展现出该项技能在某城市的发展水平，同时能够方便地对不同技能进行比较。例如，对于某城市的两项技能 A 和 B，如果技能 A 的相对渗透率更高，意味着相比于技能 B 该城市在技能 A 比 31 城市平均水平领先程度更大，从而技能 A 对该城市来说更具代表性。

代表性技能

我们对各城市的技能按照相对渗透率进行排序，并选择排名前五的技能作为该城市的代表性技能。这些技能中有一部分是数字技能，如软件测试、开发工具、计算机网络等，有一部分是行业技能，如外语、医疗管理、建筑工程等。全球创新城市（地区）中，数字技能正表现出越来越高的代表性，但不同地区差异较大。我们分别分析了 2019 年和 2020 年 31 个城市的代表性技能（如表 2 所示），整体来看，2019 年和 2020 年的情况比较接近。中国大陆和印度创新城市代表性技能以数字技能为主，欧洲和亚洲其他创新城市代表性技能既包括丰富的数字技能，也包括丰富的行业技能，北美地区代表性技能以行业技能为主。从具体城市来看，与 2019 年数据相比，2020 年中国大陆各城市代表性技能中数字技能的占比和排名均持续提升。电子学、数据科学进入北京代表性技能的前五名；南京的计算机硬件上升至第一位；苏州的材料科学、机器人进入前五名；上海的开发工具、杭州的数据存储取代了数字营销进入前五名；广州的制造运营、数字营销的排名上升；深圳的计算机硬件排名上升，计算机网络进入前五名。相比之下，亚太地区其他城市

（地区）行业技能的排名较2019年数据有所上升。北美与欧洲各城市（地区）整体变化不大，教育管理和医疗管理的排名在北美多个城市（地区）有所上升，信息管理和房地产类技能排名在欧洲城市（地区）有所下降。

表2　2019—2020年各城市（地区）排名前五的代表性技能

城市		年份	排名前五位技能				
北美	华盛顿	2019	房地产	医疗管理	公共政策	网络安全	建筑工程
		2020	医疗管理	房地产	公共政策	建筑工程	教育管理
	纽约	2019	医疗管理	房地产	建筑工程	图像设计	社交媒体
		2020	医疗管理	房地产	建筑工程	教育管理	社交媒体
	波士顿	2019	医疗管理	房地产	建筑工程	制药	教育管理
		2020	医疗管理	房地产	建筑工程	教育管理	制药
	芝加哥	2019	医疗管理	房地产	建筑工程	制药	零售
		2020	医疗管理	房地产	建筑工程	教育管理	零售
	旧金山	2019	房地产	医疗管理	建筑工程	计算机硬件	软件测试
		2020	房地产	医疗管理	计算机硬件	建筑工程	开发工具
	洛杉矶	2019	房地产	医疗管理	建筑工程	图像设计	社交媒体
		2020	房地产	医疗管理	建筑工程	教育管理	社交媒体
	温哥华	2019	房地产	建筑工程	游戏开发	图像设计	建筑学
		2020	房地产	建筑工程	动画	游戏开发	图像设计
	多伦多	2019	房地产	建筑工程	医疗管理	软件测试	零售
		2020	房地产	建筑工程	医疗管理	软件测试	软件全生命周期开发
欧洲	伦敦	2019	建筑工程	房地产	公共政策	技术支持	图像设计
		2020	建筑工程	技术支持	建筑学	图像设计	房地产
	巴黎	2019	网站开发	开发工具	房地产	信息管理	数据存储
		2020	开发工具	图像设计	网站开发	数字营销	建筑工程
	柏林	2019	网站开发	图像设计	信息管理	数字营销	外语
		2020	图像设计	网站开发	外语	开发工具	数字营销

续表

	城市	年份	排名前五位技能				
欧洲	慕尼黑	2019	计算机硬件	航空航天工程	数字营销	开发工具	信息管理
		2020	计算机硬件	开发工具	航空航天工程	外语	数字营销
	米兰	2019	图像设计	数字营销	零售	数据存储	社交媒体
		2020	图像设计	数据存储技术	技术支持	建筑学	社交媒体
	阿姆斯特丹	2019	图像设计	技术支持	外语	数字营销	信息管理
		2020	外语	图像设计	软件测试	技术支持	数字营销
	巴塞罗那	2019	社交媒体	图像设计	数据存储	外语	企业软件
		2020	社交媒体	外语	图像设计	数据存储技术	企业软件
	布鲁塞尔	2019	公共政策	开发工具	外语	数字营销	信息管理
		2020	公共政策	开发工具	外语	图像设计	技术支持
	哥本哈根	2019	企业软件	开发工具	外语	公共政策	制造运营
		2020	开发工具	图像设计	公共政策	技术支持	建筑工程
	都柏林	2019	技术支持	外语	软件测试	社交媒体	软件全生命周期开发
		2020	技术支持	建筑工程	外语	数据存储技术	软件测试
	斯德哥尔摩	2019	建筑工程	技术支持	开发工具	信息管理	外语
		2020	建筑工程	开发工具	技术支持	电信	软件测试
亚太	北京	2019	开发工具	计算机硬件	动画	数字营销	计算机网络
		2020	计算机硬件	开发工具	计算机网络	电子学	数据科学
	上海	2019	计算机硬件	制造运营	电子学	数字营销	外语
		2020	计算机硬件	制造运营	电子学	外语	开发工具
	杭州	2019	开发工具	计算机硬件	人工智能	网站开发	数字营销
		2020	开发工具	计算机硬件	网站开发	人工智能	数据存储
	南京	2019	制造运营	计算机网络	计算机硬件	开发工具	远程通信
		2020	计算机硬件	制造运营	计算机网络	开发工具	电信

	城市	年份	排名前五位技能				
亚太	苏州	2019 2020	制造运营 制造运营	计算机硬件 计算机硬件	电子学 材料科学	建筑工程 电子学	软件测试 机器人
	广州	2019 2020	外语 制造运营	制造运营 数字营销	数字营销 外语	零售 零售	开发工具 开发工具
	深圳	2019 2020	电子学 计算机硬件	计算机硬件 电子学	制造运营 电信	远程通信 制造运营	外语 计算机网络
	香港	2019 2020	零售 建筑工程	建筑工程 零售	房地产 外语	外语 房地产	数字营销 金融科技
	班加罗尔	2019 2020	软件测试 软件测试	计算机硬件 计算机硬件	数据存储 数据存储技术	计算机网络 开发工具	开发工具 企业软件
	新加坡	2019 2020	建筑工程 建筑工程	外语 外语	技术支持 技术支持	软件测试 数据存储技术	企业软件 企业软件
	阿联酋	2019 2020	建筑工程 建筑工程	医疗管理 医疗管理	外语 建筑工程	计算机网络 外语	信息管理 零售
	悉尼	2019 2020	房地产 建筑工程	建筑工程 房地产	技术支持 技术支持	信息管理 软件全生命周期开发	软件全生命周期开发 公共政策

注：红色表示行业技能；灰色表示数字技能

对于数字经济发展来说，基础性数字技能和颠覆性数字技能同样重要，基础性数字技能是利用和拥抱数字时代的能力，颠覆性数字技能将为数字时代创造新的场景，体现数字技术与基础科学领域的融合。

数字技能的发展

随着颠覆性技术的快速发展，以机器学习、基因工程等为代表的技能成为数字技能的前沿领域，是推动数字经济创新发展的重要驱动力。本文基于世界银行关于颠覆性技术的定义，将与颠覆性技术相匹配的数字技能定义为颠覆性数字技能，其他数字技能则定义为基础性数字技能。与基础性数字技能相比，颠覆性数字技能不仅能够提高产品或服务的生产效率，而且可能颠覆传统的生产方式，进而颠覆传统的经济发展模式。对于数字经济发展来说，基础性数字技能和颠覆性数字技能同样重要，基础性数字技能是利用和拥抱数字时代的能力，颠覆性数字技能将为数字时代创造新的场景，体现数字技术与基础科学领域的融合。

我们研究了 2019 年和 2020 年全球 31 个城市（地区）十大颠覆性数字技能的相对渗透率，并进行了比较（如图 5、图 6 所示）。数据显示，整体来

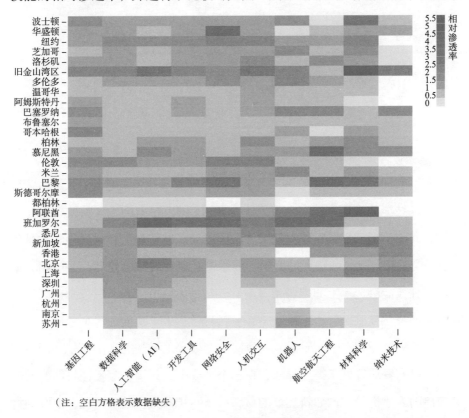

（注：空白方格表示数据缺失）

图 5　2019 年各城市（地区）颠覆性技能渗透率

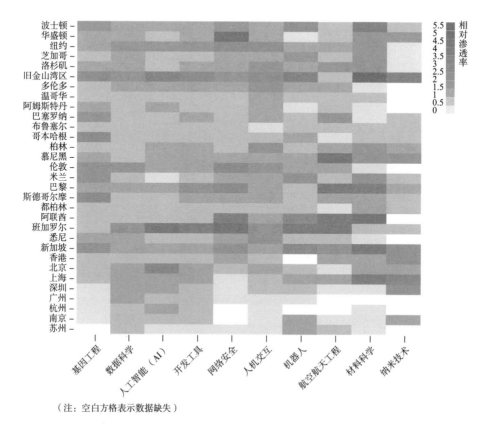

（注：空白方格表示数据缺失）

图 6　2020 年各城市（地区）颠覆性技能渗透率

看北美、欧洲和亚太地区颠覆性数字技能呈现差异化发展趋势：北美地区城市颠覆性技能的渗透率较高，且处于全球引领地位；欧洲地区整体排名比较靠前，其中德国慕尼黑在航空航天、法国巴黎在航空航天和材料科学均具备领先优势；亚太地区印度班加罗尔、阿联酋、新加坡排名较高，而中国城市在颠覆性技能渗透率上的排名相对落后。从具体城市来看，旧金山湾区、班加罗尔颠覆性技能的渗透率最高，在材料科学、人工智能等多个领域均处于全球引领地位；阿联酋、新加坡、上海、巴黎、慕尼黑、伦敦、纽约、波士顿、柏林、巴塞罗那等处于第二梯队，在单个（或少数几个）颠覆性技能领域具有突出的人才优势，例如新加坡的材料科学、机器人、基因工程，上海的材料科学、纳米技术和机器人，巴黎的材料科学和航空航天工程等技能具有较强的人才优势。

与 2019 年相比，2020 年全球主要创新城市（地区）对颠覆性数字技能的发展各有侧重。中国各城市在颠覆性数字技能方面展开重点突破，北京在人工智能、航空航天工程和材料科学的相对渗透率不断增加，上海的材料科学，广州的人机交互，南京的机器人、纳米技术，苏州的开发工具、网络安全等技能的渗透率均有所提升，尤其深圳在基因工程、机器人、航空航天工程和纳米技术的渗透率增长明显。这一结果不仅反映了我国硬核科技方面所做出的努力，同时表明我国数字经济已经迈入与基础科学领域深度融合的新阶段。

总结与展望

数字技术给全球经济和社会发展带来深远的影响，数字领域的技术创新正在推动各行各业的深刻变革，不仅重塑产品和要素市场，也对传统商业和工作模式带来巨大改变。随着数字领域技术创新步伐的加快，经济社会各领域对数字人才的需求急剧增长，针对人才和技能的培养不再局限于高技能人才，而是扩展到所有公民。2020 年以来，新冠肺炎疫情的全球流行让人们进一步意识到数字革命对经济发展的重要性，以及数字技能对疫情下维持经济和社会活动的重要支撑作用。疫情应对中，仅仅缩小基础设施方面的数字鸿沟是不够的，必须同时充分发挥人的数字技能，才能更好地发挥数字社会的优势。

对我国来说，加强数字人才和数字技能的培养尤其重要。随着"劳动人口红利"的逐步消失，劳动力质量的重要性日益凸显，提升劳动力技能使之与经济数字化转型需求相匹配，既是数字经济发展的内在要求，也是经济高质量发展的重要保证。本文在分析全球主要数字创新城市的数字人才和数字技能发展趋势的基础上，将我国数字经济引领性城市和国际城市进行对比，分析了我国数字人才和数字技能发展的优势和劣势，这对未来数字人才培养和技能提升政策的实施具有重要的参考价值。

未来数字经济的发展需要加强颠覆性数字技能的培养和场景数据构建，加强数字技术与生物、材料、能源等技术的交叉融合，依托产业数字化构建新一代科技革命的全球竞争力。

数字经济发展质量依赖于传统优势行业的数字化转型

数字人才在 ICT 基础行业和 ICT 融合行业的重要性不断上升。我们通过对 31 个全球创新城市与地区的研究发现，总体来看数字人才在 ICT 融合行业的比重高于 ICT 基础行业。这个结果表明，数字化转型正在从 ICT 基础行业向传统行业延伸，包括制造、医疗、金融、公司服务、消费品、教育和媒体通信等行业。

数字人才的行业分布可以反映出一个城市经济发展的侧重点。例如，香港、伦敦、纽约作为全球金融中心，金融行业的数字人才比重高于其他城市，深圳和广州作为全球重要的商业和创新中心，其消费品行业的数字人才比重非常高。从这些结果可以看出，城市的数字化转型依赖于该地区已有的行业优势。数字化转型进程与所在地区的资源禀赋、产业优势紧密相关。在优势行业推动数字化转型，更有利于数字化基础设施建设，数字化生态系统构建，从而更有利于经济数字化转型。

新冠疫情扩大行业数字化转型差距

新冠疫情虽然给数字经济的发展带来了重大机遇，但对不同行业的数字化转型影响程度不均。通过对数字人才的分析发现，疫情之后软件与 IT 服务业和医疗业数字人才占比显著提升，而旅游度假、媒体通信、消费品和公司服务四大行业的数字人才占比均出现较大降幅。这反映了疫情之后不同行业在数字化转型方面存在差距扩大的风险。行业发展的不平衡将对相关就业带来不利影响，使这些行业对数字人才的吸引力降低，数字技能培养落后。如何帮助受疫情冲击严重的行业推进数字化转型，加强数字人才和数字技能的培养，是未来政策需要关注的重点。

数字技能与基础学科深度融合是数字经济发展的重要趋势

在我们对全球 31 个城市（地区）的代表性技能的研究中发现，不同城市在技能上表现出差异化的优势。城市的数字技能优势与其行业优势紧密相关，基于现有优势行业的技术基础进行高新技术的突破更加容易。如何更好地基于当前行业优势，结合基础学科优势发展相应的前沿技术和颠覆性技术，是未来数字经济发展和数字人才培养的重要方向。此外，对于数字经济发展来说，颠覆性数字技能的培养非常重要，它不仅为数字时代创造新的场景，是推动数字化深层次转型的核心力量，同时也是数字经济与基础学科深化融合的重要趋势。未来数字经济的发展需要加强颠覆性数字技能的培养和场景数据构建，加强数字技术与生物、材料、能源等技术的交叉融合，依托产业数字化构建新一代科技革命的全球竞争力。

《清华管理评论》2022 年 Z2 期

数字科技下的创新范式

陈　劲

　　当前，中国的发展应重视两个方面的"力量"，一是数字化的力量，二是创新的力量。创新是重要的科技和经济活动，但其实施过程面临着成本高、风险大的问题，而利用数字化技术不仅可以打破创新过程中面临的困境，还可以提高创新的精准度，提高决策效率，增加创新效果。传统理念认为，提高科研投入、增加科技人才是促进发展的关键举措，但是 2016 年 Gartner 和麦肯锡全球研究院的研究表明，数字化对产业发展的贡献力量大于产品研发。事实证明，作为传统产业升级的驱动力，数字化对中国经济乃至全球经济的增长贡献卓越。如果我国能够提高数字化投入、增加数字化人才，并将创新与数字化战略相结合，必将为产业和经济的发展带来巨大力量。

　　从互联网走向物联网时代，对系统连接和信息整合的要求越来越高，数字化战略从数字表征、系统连接和整合等方面对原有系统作出了革命性改变，使得网络的发展实现从量变到质变的跨越。可见，数字化战略必将成为企业发展的核心战略，数字化转型将推动所有行业的企业以不同的方式创造和获取价值，促进新的业务模型和生态系统迅速形成，管理新的知识产权形式，以不同

作者系清华大学经济管理学院创新创业与战略系教授，GIDEG 学术委员。

的方式扩大规模和范围，并为组织设计和管理实践创造新的机会和挑战。

一、数字科技带来的创新现象

（一）加速的创新

数字化技术的发展带来了加速的创新。企业的传统竞争优势来自领先的产品和服务、卓越的运营能力及顾客亲密度。随着云计算、大数据、社交平台、移动设备等技术的发展，企业的竞争优势已发生了变化。

第一，在流程和资源方面，从卓越的运营能力升级为动态的、丰富的信息提供能力。数字化技术的发展使得流程进一步得到优化，人们可以通过捕捉动态信息实现点对点交互联系。例如，出行方式的变革，顾客乘坐出租车时一改传统的固定等待模式，可以利用移动智能终端设备实现定位，实时掌握车辆位置信息，寻找最佳的司机／车辆。这种动态信息的提供能力能够为顾客带来更高的价值。

第二，在产品和服务方面，从领先的产品／服务升级到领先的解决方案。例如，达美乐比萨（Domino's Pizza）就是数字化转型的成功案例之一，其成功之道在于转型为电商平台，当有更多消费者使用达美乐比萨的电商平台时，达美乐比萨就很容易获得消费者的口味变化并预测新的消费需求。尤其是针对新冠疫情的蔓延，达美乐比萨推出的 GPS 技术及车边送餐应用程序实现了非接触式配送方式，进一步提高了顾客对比萨的需求。

第三，在客户关系方面，从顾客的亲密度上升到集体亲密度。例如，Netflix（奈飞公司）从在线 DVD 租赁服务中不断积累用户数据，通过与内容创作者的密切合作和利用全球资源推出创建和分发原创内容等新服务，并利用数字化和网络化针对用户画像提供差异化服务，不仅极大地丰富了产品类型，还进一步提升了与用户之间的集体亲密度。在此模式下，Netflix 于

2013 年推出的在线电视连续剧《纸牌屋》使其取得了重大商业成功。

（二）大爆炸式创新

数字化技术的发展带来的第二大创新现象是大爆炸式创新。数字创新改变了传统商业模式和商业业态，突破了传统竞争战略，使得企业能更好地融合产业资源、更加精准快速地应对需求，不仅可以实现差异化竞争，还能为消费者推出更新颖、成本更低的产品和服务。这就是蓝海战略。数字化使得创新速度更快，低成本、差异化及用户友好关系更容易实现，在蓝海战略的基础上出现了大爆炸式创新。大爆炸式创新，是指某种创新从诞生之时起，就比其他竞争产品和服务质量更优、价格更低。例如，谷歌搜索是免费的，但是谷歌同时还能提供丰富的创新产品。再如，亚马逊的 Kindle 阅读器，为读者提供了丰富、低价甚至免费的电子书，这无疑给传统图书阅览带来了极大挑战。大爆炸式创新终结了波特理论，使得颠覆式创新和竞争优势等理论达到更新的状态，在这场数字化革命中，企业不仅能够为用户提供新颖的、低价（甚至免费）的产品，还能快速响应用用户需求，以分布式提升模式来整合全球资源，并且形成了不受环境约束的动态能力。

数字科技对产业发展的贡献非常显著。在信息化时代，人们更为关注 500 强大公司在发展中强调传统信息化平台，如 ERP（Enterprise Resource Planning，企业资源计划）、数据库等。在消费互联网时代，人们关注的是技术极客和创业公司，如 APP Store（application store，应用商店）、大数据、云计算、小程序等。在未来，产业数字化或者工业互联网时代更加强调产业极客和社会协同网的作用，典型竞争热点是 AIoT（人工智能物联网）、区块链和芯片等。现在越来越多的中国企业关注业态的变化并开始数字化转型，特别是海尔集团，其转型比较快，提出了重要思想——产品被场景替代、行业被生态覆盖，引发了全球关注。再如用友，其实现从 ERP 到 BPR（Business Process Reengineering，业务流程重组）的创新升级。

二、数字科技的新浪潮

数字科技对创新的影响是未来重要的研究领域，数字科技主要包含大数据、云计算、人工智能及区块链技术，通常被称为 ABCD：A 即人工智（Artificial intelligence），B 即区块链（Block chain），C 即云计算（Cloud），D 即大数据（bigData）。

（一）数据驱动的创新

数据对于企业来说是最原始、最实用的资源，拥有数据的创新者可以分配资源、参与价值分配。2020 年深圳经济特区成立 40 周年之际，中共中央办公厅、国务院办公厅印发《深圳建设中国特色社会主义先行示范区综合改革试点实施方案（2020—2025 年）》，其中就包括"加快培育数据要素市场"。这项政策制度上的激励机制，将进一步加快我国数字化发展的步伐。

世界级企业不仅将业务与技术结合起来实现创新，在采用数据和数据分析技术方面也保持联系。71% 的企业利用大数据和大数据分析技术开发创新产品和服务，这些企业的业绩比同行高出 36%。目前我国很多企业不具备数据深度分析能力，对数据分析不够全面。要想更好、更有效地利用大数据，必须要突破以下两个关键点。第一，企业应在更大范围内应用大数据和大数据分析技术进行创新，坚持数据产生洞察和洞察产生创新理念。第二，有效地利用大数据和分析工具开展创新，提出新想法、创建新业务。数据的应用能够帮助企业适应环境的变化，帮助企业作出快速决策，使决策和分析更加精准、动态化。

以往强调工业化与信息化的"两化融合"，如今已是"三化融合"，即"信息化＋工业化＋管理现代化"。这不仅能促进数字科技在企业的应用，也会带来管理模式的新变化。数字化的发展趋势带来了企业管理模式的深度变革，催生了一类新型企业——智慧企业。"智慧企业不是企业传统的数字化、信息化、智能化，它是企业在实现业务量化的基础上，将先进的信息技术、工业技术和管理技术高度融合，从而产生的一种全新的、具备自动管理能力的企业组织形态和管理模式，即企业管理实现自动预判、自动决策、自我演进。

当前的智慧企业能够做到数据感知和数据互联，但还无法完全做到数据集成，而继续升级让数据产生知识以从中洞察智慧，则是对智慧企业更高层面的要求。图1是笔者研究团队提出的智慧企业成熟度模型。智慧企业是企业发展的高级阶段，是一项复杂的系统工程；智慧企业运行平台是承载企业全部经营活动，全要素实现数字化、网络化、智能化的物理载体，更承载着组织成员不断思考战略、商业模式、领导能力、组织结构及价值创造的方法，是提高企业竞争力的新方向，也是下一个万亿级产业发展方向，对中国经济发展具有重大的潜在影响。

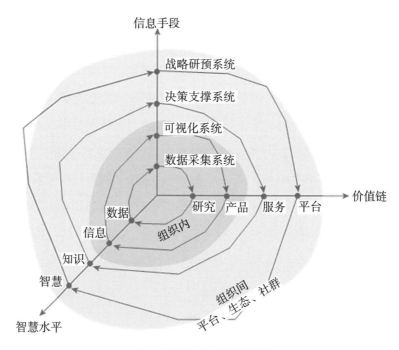

图 1　智慧企业成熟度模型

数字化发展使得企业的经营战略也随之发生了改变，"国电大渡河智慧企业"建设战略是业内首份智慧企业战略，形成了"决策指挥中心"的"决策脑"；形成了工程建设类、电子生产类、安全监控类、市场营销类、人财物管理类、后期保障类、党群工作类等多个"专业脑"，其中企业机关本部的企业财务数据共享中心建成运行使得公司财务管控更加有效，大大降低了融资成本，管理人员和成本大幅度下降，资金使用水平大幅度提高，每年节约管理成本约 1000 万元，融资成本达 3 亿元；形成了"智慧工程""智慧电厂""智慧检修""智慧调度"四个"单元脑"的智慧企业体系，其中"智慧调度"的建成实现了大渡河下游梯级水电站群的远方集控、统一调度和人工智能化协同运行，多项集控调度技术达到国际国内领先水平。

数据驱动创新方面具有代表性的互联网企业如阿里巴巴，其在电子商务、智慧物流及金融服务等领域都拥有强大的大数据平台作为支撑。阿里巴巴创立的阿里研究院发起了"阿里开放研究计划"活动，目标是搭建"网商 + 研究者"在线对接的平台，发掘阿里平台案例和数据的价值，同时支持研究者成长，促进世界一流研究成果诞生，从而提高中国电子商务研究水平。此外，智慧城市的建设同样强调大数据平台的支撑作用，典型代表是浙江大华的 HOC 新型智慧城市架构，其是以全感知、全智能、全计算、全生态为能力支撑的智慧城市发展引擎，实现面向城市级、行业级和民用级构建"1 个平台、2 个中心、N 类应用"（1+2+N）的新型智慧城市架构。其中，"1 个平台"是指城市大数据平台，"2 个中心"是指城市运营管理中心和城市安全中心，"N 类应用"则包括智慧警务、智慧交管、雪亮工程、智慧消防、智慧教育等领域的应用。总之，数据应用是智能化发展进程中最基础、最容易实现的一项，事实证明目前在我国社会经济发展中数据的应用程度已经非常良好，数据驱动必定会在社会经济未来发展中提供源源不断的动力。

（二）人工智能驱动的创新

人工智能是数据应用更深层次的挖掘，可以提高数据使用深度，能够进一步驱动创新。近年来人工智能领域的迅速发展对经济乃至整个社会的发展都产生了深远影响，这些创新有可能直接影响一系列产品和服务的生产和特性，对生产力、就业和竞争产生重要影响。但与这些影响一样重要的是，人工智能也有可能改变创新过程本身，其结果可能同样深远，并且随着时间的推移，可能会产生更多直接效应。尽管最初人工智能的应用领域较为局限，其最初的商业化应用主要局限在机器人等领域，但未来人工智能可能与更多的领域相结合。例如，成立于 2012 年的 Atomwise 是一家药物挖掘与人工智能结合领域的比较有代表性的初创公司，Atomwise 的核心技术平台是一种深度卷积神经网络，利用自主分析大量的药物靶点和小分子药物的结构特征并学习小分子药物与靶点之间相互作用规律，并且根据学习到的规律预测小分子化合物的生物活性，不仅加快药物研发进程，还节约了药物研发成本。2020 年，中国科学院张钹院士提出了第三代人工智能，这种超越现代人工智能的提法以及相关技术的进步，对人类未来的发展势必会产生更加深远的影响。

人工智能的三大核心技术是符号系统、机器人技术和深度学习。从这三项技术对创新的影响来看，尽管符号系统的工作停滞不前，但是未来其对创新的影响可能相对较小。目前，机器人技术正在被使用且持续探索中，其发展可能在许多商品和服务的生产中进一步取代人类劳动，但机器人技术本身的创新改变创新本身性质的潜力相对较低。深度学习是高度通用的研究领域，它有可能改变创新过程本身。人工智能不仅仅要利用计算机学的知识，更需要数据技术的支撑，如统计学。使用统计学知识可以研究神经网络，对模型进行预测或者研测，所以研究者应该重视统计学在人工智能发展中的应用。因此，在未来人工智能的研究中，建议研究人员采用统计学＋计算机学＋电气工程相结合的学科方向。

近年来，中国人工智能研究增速迅猛，尤其是 2016 年以来在一系列人工智能技术创新和实践创新的带动下，中国学界人工智能研究正呈现"井喷状"增加。美国斯坦福大学发布的《2019 人工智能指数报告》(*Artificial Intelligence Index Report 2019*)显示,在人工智能研究领域,中国以微弱优势超过欧洲,在全球出版物中所占比例为 28%,而欧洲为 27%。该报告还显示,2018 年中国人工智能期刊论文发表数量位居世界之首。而且,中国人工智能研究正出现学科快速扩散的趋势,经济与管理学科正迅速加入人工智能的研究热潮。同时,创新研究在人工智能研究中具有广泛的应用前景,但当前总体研究水平不高,留有大量的研究空白。

人工智能创新的协作机理是基础创新与应用创新并存、单领域与多领域并存、技术创新与制度创新并存的过程。人工智能创新的技术机理是深度学习算法实现了人工智能创新的方法论突破,数据驱动的基本原理实现了人工智能创新的思维方式转变。例如,谷歌 DeepMind,其软件控制着谷歌数据中心的风扇、制冷系统和窗户等 120 个变量,使谷歌的用电效率提升 15%。研究表明,谷歌 DeepMind 可以应用于健康、科学和能源等领域。

目前,在人工智能的市场蓝海里,我国已有企业成功试水并顺利落地于产业应用。例如,灵伴科技是一家面向新兴人工智能技术的科技创新企业,其优势是通过实验室成果的商业化,来推动人工智能的产业化过程。灵伴科技通过人工智能技术为企业赋能,专注声音信号处理、语音识别、语音合成、自然语言理解的核心技术研发与应用,尤其是在人机交互方面具有超前的决策和思考方式,其产品覆盖银行、保险、运营商等传统客服中心,并向电商、物流、教育、医疗等新兴客服中心不断延伸。

(三)区块链驱动的创新

如果说人工智能加快了数据使用的深度,那么区块链则拓宽了数据使用的广度,而且区块链技术将进一步加快数据驱动的创新。区块链的特征是去中心化、开放性、自治性、安全性、可追溯性。维基百科(Wikipedia)是非常典型的利用区块链技术来管理知识创造的模式,其没有真正的管理者,用户在网络中自我协调、自我控制、互相监管，完全自由开放、自组织创新。相对来讲，人工智能侧重于内部创新，而区块链则更多利用外部资源进行创新。区块链改变了发展业态，在这个系统里每个人都是知识贡献者，每个人同样也是知识获取者，贡献和索取两者相互兼容，这样就带动了分布式创新的展开，用户可以利用外部资源创造新知识。

基于区块链技术的创新生态系统中的企业创新能力体现在以下三个方面：一是基于区块链技术的企业知识管理平台可以一方面从多部门同时搜集技术，避免信息孤岛，并保证数据在不被篡改的情况下实现开放共享；二是建立在区块链数据库上的知识管理平台能够通过其去中心化的结构提升搜集效率，形成由下而上的企业知识库，并产生协同效应；三是基于区块链技术激励机制可以促进知识多元化、独创性的发展。区块链技术可以准确记录员工参与创新的每一个动态（提供知识、阅读知识、分享知识、评价知识），并形成个人创新绩效档案。在这个档案基础上，设计出相应的创新激励共识算法，根据个人的创新贡献程度给予定量激励，形成价值网络。此外，区块链技术的使用可以提升企业的开放度，用去中心化的技术系统让外部角色更加高效地参与企业的创新过程，从而提升企业吸收能力。在开放式创新的理论基础上，区块链技术可以作为有效的技术支撑。区块链技术的可追溯性和不可篡改性在解决技术溢出问题上有无可比拟的优势。区块链技术的可追溯性可以记录技术使用过程中经过的每一个节点，并通过设计可以形成专利保护的有效机制，能有效保护知识产权，同时还大大提高了知识产权的管理效率。

基于区块链的企业创新战略不仅包括系统化战略，还包括个性化战略。系统化战略即企业采用区块链技术可以有效梳理企业自身的业务体系，并通过企业管理过程中各节点之间的协同促进企业内部管理的"系统化战略"。个性化战略即企业在管理过程中不断积累的隐性知识，因为"系统化战略"会被有效收集、积累和分析。例如，惠氏奶粉采用供应链溯源体系收集到的供应链相关的数据，可以被用来分析并在未来形成提升效率的方案，产生企业自身的"个性化战略"。可见，区块链技术不仅适用于企业内部资源的管理，还能够用于管理企业用户、科研机构、政府机构以及社会网络中的开放性资源。在区块链环境下，企业内部创新进行有效管理之后形成创新的"骨骼"，开放性地整合外部创新资源就形成了创新的"血液"，"骨骼"与"血液"相连会极大地促进我国企业创新生态的进一步落实。

随着区块链概念持续火热，越来越多的大型互联网企业瞄准区块链市场。例如，京东集团推出的区块链专属品牌——智臻链，以产业为核心，兼顾了产业、政府和民生，强调了区块链管理的五个模式：区块链供应链溯源、数字存证、信用网络、金融科技和价值创新，面向各种应用场景，从电商、物流到政务、税务、社会治理，再到融资、资产、民生等构建了区块链管理体系，有效支撑了京东集团的创新发展。京东智臻链区块链服务平台解决了惠氏奶粉的供应链溯源问题，通过京东智臻链以及与京东物流、仓储系统的合作，惠氏奶粉在进入我国之后的每一个节点信息，包括出港、入港地点和时间，出入库时间，装箱、快递员配送信息等都能够做到数据上链，让消费者随时获得供应链条的实时信息。在未来，通过搭建供应链上游信息的追溯系统，从奶源开始进行品质把控，解决奶粉本身的质量风险问题。同时，结合国内外相关监管部门和质量专家的介入，定期维护关键质量指标并设计质量管理标准，真正做到从源头到消费者手中的每一个环节都公开透明、数据可信、不可篡改，完成奶粉供应链的全周期技术迭代。

区块链技术实现了知识的开放和共享，形成了大众创新和公民创新的创新氛围，推动用户创新进一步走向开放式创新。开放式创新的典型代表是宝洁，宝洁利用全球资源进行创新，促进宝洁创新能力的建设，在 2000 年—2009 年的十年间，宝洁的研发成功率从 35% 提高到 65%，研发占销售额的比例从 4.9% 下降到 2.6%，同时通过区块链技术的应用实现了企业网络化，进一步推动了企业的变革。从国内来看，海尔集团搭建了开放式创新服务平台 HOPE，是创新者聚集的生态社区，是全球范围的庞大资源网络，把技术、知识、创意的供方和需方聚集到一起，提供交互的场景和工具，促成创新产品的诞生。海尔集团正是利用区块链理念进行了组织变革，如今海尔集团的员工数量在逐渐减少，外部专家资源的利用能力则越来越强。

大数据、人工智能、区块链等数字科技正在迅速改变产业形态，这些技术将有效地协助人类进行高质量的创新，改变传统的效率低、风险大、失败率高等问题，进而帮助人类构建智慧组织，构建创新大脑和打造无际创造。在未来发展中，笔者建议首先应利用数据技术建立拥有全面感知、精准决策、敏捷反应、资源共享、主动创新等能力的智慧企业。其次，要构建创新大脑，构建基于大数据、云计算和人工智能的"新脑"，特别是利用人工智能技术实现自主学习，利用云计算实现高能处理，从而帮助人类创造知识和科学决策。最后，打造无际创造，应从封闭式创新走向用户与开放式创新，走向创新生态体系创新，发展维基式创新，走向公民创新或者公众创新。

创新是高质量发展的第一动力。在数字经济时代，数字化不再是可选项，而是企业生存的必选项。企业不仅需要考虑如何借助技术手段实现数字化转型，而且需要探索如何将行业专长与数字技术相结合，重新塑造其所在的市场，重新定义企业自身在数字化创新生态体系中的新角色。

三、未来数字科技下的创新有如下五个特征

第一，大数据、云计算和人工智能的协同。创新存在着成本高、风险高的困境，前文提到的颠覆式创新以及科学的创新都需要企业投入巨大的研发资源才能完成，但是数字化可以让企业大大减少无谓探索。通过数字化手段，特别是大数据分析及相关的文本分析去获得关键可靠有效的用户创新方案，对企业创新是很有效果的。因此，如何把大数据、云计算和人工智能用好对于企业来说意义重大。

第二，AR（Augmented Reality，增强现实）、VR（Virtual Reality，虚拟现实）、元宇宙发展迅速。法国哲学家列斐伏尔在《空间的生产》一书中提出人人具有进入城市的权利，城市和社区的舒适体，以组合的方式共同创造独特的场景。上述场景则赋予了城市生活的意义、体验和情感共鸣，这是多伦多大学社会学副教授西尔和芝加哥大学社会学教授克拉克的著作——《场景：空间品质如何塑造社会生活》所阐述的重要观点之一。法国哲学家列斐伏尔创造了三元辩证论，他的后续研究者埃尔登对列氏空间理论做了进一步的解读。埃尔登认为空间包括三类，即感知空间、构思空间及体验空间。感知空间是一种物理空间，构思空间是一种精神构造和想象的空间，而体验空间则是在一种日常生活中被加工过的空间。基于此，我们可以把未来经济增长的发展空间定位成三类空间，即物理空间、人际空间和赛博空间（cyberspace）。物理空间、人际空间在此不再赘述。赛博空间是哲学和计算机领域的一个抽象概念，指计算机及计算机网络里的虚拟现实。虚拟现实在这个空间的范围和扩展性比传统的物理空间或者人际空间更大。赛博空间的出现为经济和社会活动提供了虚拟现实仿真模拟的更多可能，加快了以信息生产、分配、使用为基础的知识经济和创意产业的发展。由于赛博空间能够实现能源和资源的高度节约，因此赛博空间的建立也为可持续发展找到了新路径。在以仿真模拟为基础的元宇宙的发展背景下，仿真的创新受到了人们的高度重视，其在医学癌症研究、城市建设、新型冠状病毒肺炎疫情的控制等方面都具有重要应用前景。

第三，自动化技术与创新的关系日益密切。这两个词正在重塑世界上每一个行业，创新需要自动化的支撑，自动化释放了更多资源，使员工能够将注意力集中于创新之上。反过来，研究也表明创新是流程的改进和采用新的工作方式，创新有助于实现自动化，使得公司的生产运营变得更加灵活。例如，赫兹（Hertz）是汽车租赁行业的领先企业，也是率先采用甲骨文股份有限公司开发的自动化数据库的公司之一，以往赫兹需要数周的时间来批准、安装和调整一个新的数据库，这大大减慢了数据收集的速度，并且延长了客户的等待时间，而在采用自动化数据库后这一切均得以改善。这充分说明，自动化技术的日益成熟将使"创新的自动化"成为常态。

第四，数字科技如何做到"科技向善"。物联网、人工智能、区块链等技术的发展，进一步影响了管理方式的变革，这种管理更加强调人与人之间的美好连接，形成以关爱为驱动，以尊重为导向的温情式管理。数字化用得好的话，会推动人的全面发展，甚至是文明的进化。因此，如何让数字化提供更好的创造平台，管理创新则显得尤其关键。

第五，数字化思想是开放、整合的思想，这恰恰与中国传统文化思维一脉相承。中华文化博大精深，其精髓正是开放和融合，重视社会关系之间的联络，只是在没有借助信息化技术的情况下，联络效率较低。相信在数字科技的支撑下，我国数字化发展必定如虎添翼，未来应进一步研究数字科技和创新的外延，扩大中国企业、中国产业创新发展的力度和深度，助力我国早日发展成为社会主义现代化强国。

清华大学技术创新研究中心学术集刊《数字创新评论》第一辑

政务数据安全框架构建

余晓斌

导读： 随着国家对数据安全的重视不断提升，政务数据作为新时代数字政府的核心资产，不仅涉及公民个人信息数据，还涉及政府机构相关的敏感信息等重要数据，因此政务数据的安全防护保障能力不容忽视。目前国内针对政务数据安全方面的防护机制与研究相对欠缺。本文从法律法规政策、复杂的业务场景以及新型技术3个层面给政务数据带来的风险进行剖析，结合政务数据的安全管理、安全技术和安全运营3大安全层面，提出符合政务数据安全需求的政务数据安全组织能力框架，为后续政务数据安全保障体系的研究提供思路。

随着国务院《关于加强数字政府建设的指导意见》的印发，各级政府对数字政府建设全面深化，政府在履行职责的过程中产生或收集了大量各种各样的数据。在我国，各级政府部门掌握了超过80%的数据资源，庞大的数据资源是政务各种业务的基石，因此，数据安全显得尤为重要。《中华人民共和国网络安全法》《中华人民共和国数据安全法》（以下简称《数据安全法》）《中华人民共和国个人信息保护法》等法律法规的相继颁布也说明了国家对数据安全越来越重视。近年来，关于政务数据安全相关的事件

作者系深圳市信息安全管理中心信息安全五部部长。

也逐渐增多，人资社保、工商税务、专利信息等政务公开数据被批量爬取，并在互联网上泛滥，用于非正常的数据应用服务以及线下的非法数据售卖，或者经过干净分析、加工后对外提供有偿性服务。由于政务移动端的应用业务环境比较复杂，加之各平台间政务数据的横向、纵向打通共享，令政务数据愈加面临更多的风险。为解决政务数据安全面临的安全风险，需要从多视角建立一套针对政务数据的数据安全能力建设框架。本文从政务数据安全风险评估的角度出发，基于数据安全治理框架结合数据安全全生命周期管理，对政务数据的安全形势进行分析研判，在此基础上，提出政务数据安全组织能力建设框架的思路，探索政务数据安全组织能力建设实现的有效路径。

1 政务数据安全形势

1.1 政务数据开放共享导致权责不清

如今是数据时代，各类数据的影响已渗透到生活、经济、社会的方方面面，同时生活、经济和社会所产生和聚集的数据也会涉及民众个人隐私、政府敏感信息等，数据价值极大，更容易遭受攻击。随着政务数据的开放共享，政务数据在多个部门组织之间交换和共享，政务数据的收集、存储、使用、加工、传输、提供、公开等处理活动，存在数据所有权与控制权（或使用权）分离的复杂场景，政务数据的权责边界也变得模糊不清，无法明确责任人，也无法对政务数据的权限进行控制，导致政务数据面临扩大暴露面、超范围共享等安全隐患和风险。

1.2 新政策对数据安全提出了新要求

随着国家对数据安全的重视程度不断提升，国家针对数据安全方面不断出台新的法律法规和标准规范，对数据安全提出了新的要求。2021 年 6 月 10 日通过的《数据安全法》，更加明确了数据安全在国家安全体系的重要地位。为保障政务数据符合国家对数据安全的相关要求，政务数据也需与时俱进，不断修订调整自身的数据安全能力体系。

1.3 复杂的业务场景给政务数据安全带来新的挑战

信息化的高速发展，政务部门的"数字政府""智慧城市"等新型业务场景，使政务数据从传统的信息孤岛转向跨领域、跨系统、跨业务、跨组织的信息资源共享协同。因此，政务数据的数据类型也发生了天翻地覆的变化，从以前的结构化为主转为非结构化为主，从单一转为多样，从政府专用转为民众共享，复杂的业务场景为政务数据安全保障带来巨大的挑战。

1.4 新技术让政务数据安全面临更多风险

大数据技术和人工智能技术的迭代更新，可以对众多的政务数据进行关联智能分析，挖掘政务数据更多的价值，从而更好地为民众提供各种便民服务。但是，同时大数据技术与人工智能技术衍生的众多针对数据的新型攻击手段，通常具有攻击范围广、命中率高、危害大、不易被发现等特点，政务数据通过传统的技术防护手段往往难以应对，给政务数据安全带来极大的安全隐患。

2 政务数据安全组织能力框架构建

根据政务数据的现状及面临的安全风险，基于数据安全治理框架，结合政务数据的业务平台系统的各种业务场景和使用场景，本文提出一种符合政务数据安全需求的政务数据安全组织能力框架，具体如图 1 所示。

政务数据安全保障框架

政务数据安全运营体系
- 数据安全隐患发现及处置机制
- 数据安全风险评估机制
- 数据资产的管理
- 数据安全突发事件应急响应机制
- 数据安全监控与审计机制

政务数据安全技术体系

数据安全生命周期安全技术体系
- 数据采集安全
- 数据存储安全
- 数据传输安全
- 数据处理安全
- 数据交换安全
- 数据销毁安全

数据安全管理与运营保障管理平台

运营保障子系统
- 数据调用
- 数据传输

业务服务子系统
- 安全管理子系统
- 数据中台系统
- 自动化响应子系统
- 设备调用
- 数据传输

数据采集管理系统
- 业务采集
- 业务和数据统一对接接口
- 平台日志数据
- 设备流量数据
- 数据采集
- 填报数据

政务数据安全管理体系
- 组织架构
- 责任机制建设
- 数据安全管理制度及机制建设
- 合规管理
- 数据安全管理制度及机制建设
- 数据安全规划评审修订

图 1 政务数据安全组织能力框架

政务数据安全组织能力框架构建主要包含政务数据安全管理体系、政务数据安全技术体系、政务数据安全运营体系3部分内容。

1.政务数据安全管理体系。构建政务数据安全管理体系,从责任机制建设、组织架构、合规管理、政务数据安全规划和政务数据安全管理5方面提升数据安全管理能力。2.政务数据安全技术体系。参考GB T 37988—2019《信息安全技术 数据安全能力成熟度模型》的数据安全PA体系,结合政务数据的特点,构建一套政务数据安全技术保障体系,从数据采集、数据传输、数据存储、数据使用、数据交换、数据销毁全生命周期保障政务数据安全。通过完善数据安全基础设施、数据安全服务和建设数据安全管理与运营保障管理平台,为安全管理、安全技术和安全运营的业务提供基础支持。3.政务数据安全运营体系。构建政务数据安全运营体系,通过数据资产管理、数据安全隐患发现及处置机制、数据安全风险评估机制、数据安全突发事件应急响应机制、数据安全监控与审计机制的有效结合,支撑数据安全运营工作的顺利开展。

3　政务数据安全管理体系

政务数据安全管理体系应按照"谁主管,谁负责"的原则明确各政府机关单位对自身主管的数据安全责任,制定适合自身的政策标准和规范,建立行之有效和及时响应的合规管理机制,建立有效落地的安全管理制度和机制。从责任机制建设、组织架构、合规管理、数据安全规划和数据安全管理5方面构建政务数据安全管理体系。

3.1　责任机制建设

建设政府内部安全联动和应急响应机制,建设数据安全责任制,保障数据全生命周期安全。数据安全责任按照谁所有谁负责、谁持有谁负责、谁管理谁负责、谁使用谁负责、谁采集谁负责的原则确定。

3.2　组织架构

基于"责任明晰、协调高效"的原则设计各参与方的安全权责，构建参与方的安全权责。可分为领导层、管理层、执行层。

3.3　合规管理

建立一套行之有效的合规管理机制，可以快速对数据安全法、数据安全管理办法等相关政策法规进行分析解读，形成具体的工作指标，在运营流程和业务环节中开展相应的数据安全工作，使得政务信息化建设符合数据安全相关法律法规的要求。

3.4　数据安全规划评审修订

建设政务数据安全规划评审机制，在规定时间内或技术发生重大变革和自身业务发生重大变化时，对现有的政务数据安全规划重新进行评审和变更，保障安全规划的可落地性。

3.5　数据安全管理制度及机制建设

依照网络安全相关法律法规要求，参考《基于 ISO 27001 的数据安全防护体系应用研究》关于某化学集团公司所实施的数据安全防护体系建设项目的研究成果，结合数据安全管理现状，建立由安全策略、管理规范、操作手册、记录表单等构成的 4 级安全数据管理制度结构，明确数据采集、数据传输、数据存储、数据交换、数据共享和数据销毁各阶段的数据安全要求和操作细则。在数据分级分类方面，参考 GB T 37973—2019《信息安全技术　大数据安全管理指南》的数据分类方法和数据分级方法，完善《数据分类分级指引》细化数据分类分级的方法，建立数据分级分类清单，对数据生命周期保护机制和数据分级分类的关键问题进行处理。在数据采集方面，建立数据采集安全合规管理规范，明确数据采集规则、数据采集岗位职责、数据采集风险评估流程、数据采集过程保护和合规性说明；建立《数据源安全管理制度规范》，明确数据源识别和管理、采集源的安全认证机制和采集源安全管理要求等内容；建立《数据质量管理规范》，明确职责要求、度量与标准、控制流程、数据修订规范、数据质量事件处理和数据质量审计等内容。在数据传输安全管理方面，在做好数据分类分级工作的基础上，进一步通过制度明确不同安全级别数据的加密传输要求，包括采用的算法要求和密钥的管理要求。明确不同安全级别的数据采用不同的加密算法，确定密钥的加密强度与密钥的更换周期等。在数据存储安全管理方面，制定数据共享交换系统安全配置要求，明确认证鉴权、访问控制、日志管理、安全策略、通信矩阵、安全加固、文件防病毒等方面的安全要求；针对政务数据共享交换系统业务特性制定详细的备份恢复流程，备份和恢复相关人员职责，灵活运用完全备份、增量备份和差异备份等方式进行备份，保证信息系统出现故障时能够满足数据恢复的时间点和速度要求。在数据处理安全管理方面，制定《数据脱敏制度规范和流程》，明确数据脱敏的业务场景，以及在不同业务应用场景下数据脱敏的规则和方法；制定政务数据分析过程中《数据资源操作规范和实施指南》，明确各种分析算法可获取的数据来源和授权使用范围，并明确相关的数据保护要求；制定政务数据《数据权限管理制度》，建立不同类别和级别的数据访问授权规则和授权流程，明确谁申请、谁授权、谁审批、谁使用、谁监管，确保所有的政务数据使用过程都是经过授权和审批的。在数据交换安全管理方面，制定《数据导入导出安全管理规范》，明确导入导出场景、安全要求（包含工具及介质等）、岗位职责说明、导入导出工具和流程；制定《数据发布安全管理制度》，明确数据发布的内容和适用范围、相关人员职责和分工、管理和审核流程、数据发布事件应急处理流程和数据发布的监管要求；制定政务数据《数据共享安全管理制度》，明确安全责任、共享场景、审核流程、审计策略和审计日志管理规范等内容；制定《接口开发规范》，明确数据接口设计要求。在数据销毁安全管理方面，制定《数据销毁管理规范》，明确介质销毁方法、介质销毁审批流程、数据销毁监督流程和数据销毁指南。

4 政务数据安全技术体系

基于《政务大数据安全防护能力建设：基于技术和管理视角的探讨》，从技术与管理层面对政务大数据安全防护能力建设的探讨可知，技术层面，防护技术涉及网络安全技术、平台安全技术和应用安全技术等。政务数据安全技术体系同样并非由单一的安全产品或安全平台构建而成，而是通过建设数据全生命周期的安全技术保障体系，结合部署数据安全管理与运营保障管理平台统一构建完整的政务数据安全技术体系。按照政务数据安全组织能力构建的方针总则，政务数据安全技术体系包含数据全生命周期安全技术保障体系和数据安全管理与运营保障管理平台，体系架构如图2所示。

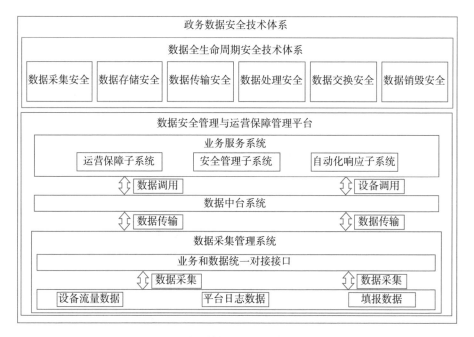

图 2 政务数据安全技术体系架构

数据全生命周期安全技术体系：基于数据全生命周期的各个阶段，针对性提出对应的安全技术保障措施，包括数据采集安全、数据传输安全、数据存储安全、数据处理安全、数据交换安全、数据销毁安全共 6 个方面，将数据安全覆盖到政务数据的整个生命周期。数据安全管理与运营保障管理平台：由数据采集管理系统、数据中台系统和业务服务系统组成。数据采集管理系统采集各类安全设备数据、业务平台系统数据以及人工填报数据作为平台的资源基础；数据中台系统对采集管理系统采集的数据进行提取、过滤、分析，转化为高价值的数据，交付给业务服务系统；业务服务系统落实数据安全主要业务工作，为数据安全工作提供技术支撑手段。

4.1 数据全生命周期安全技术体系

4.1.1 数据采集安全

数据采集安全包括以下方面：

1）**数据分级分类**。面对种类繁多的政务数据，构建安全技术措施时不能一概而论，需要根据不同种类的政务数据的重要程度构建相应的技术保障能力，因此，数据分级分类为后续构建政务数据安全技术保障能力提供了必要的基础。利用数据分级分类工具，根据政务数据的价值、敏感程度、被泄露后的影响程度、被篡改后的影响程度等因素进行分级，根据政务数据的用途、内容、业务领域等因素进行分类，针对不同级别不同类别的政务数据采取不同的技术防护措施，以实现敏感数据的识别和跟踪管理。根据分类分级规则建立标签库；给结构化数据与非结构化数据打上相应标签，快速基于数据库的权限模型对底层数据表的列权限进行控制，以及加速机器自学习技能。

2）**数据采集安全技术**。通过部署数据采集系统或相关的工具技术，对数据采集设备进行准入控制与访问控制，设置统一的政务数据采集策略（如采集周期、频率、采集内容等）对政务数据进行采集，禁止不符合采集策略的政务数据传输到采集设备，保证政务数据采集流程实现的一致性；并且在采集过程中对被采集方授权同意采集的过程和信息进行日志记录；通过采集政务数据的加密、采集链路加密、敏感信息和字段的脱敏、权限的访问控制等技术措施，建设政务数据采集过程的数据防泄露安全措施。

3）**数据源鉴别与记录**。使用数据采集识别和记录工具与数据血缘管理工具，梳理数据采集设备采集到的政务数据，并对政务数据的来源去向进行分析标记，形成以数据流为主线的血缘追溯的安全能力。

4）**数据质量管理**。使用数据质量管理工具，对数据采集设备采集到的政务数据进行质量监测与检测。依据政务数据质量事件处理流程，根据监测结果，一旦发现政务数据质量异常，及时进行告警和上报，并及时采取更正等处理措施。

4.1.2　数据传输安全

数据传输加密：在政务数据传输前，建立加密传输通道，对政务数据的发送方和接收方的身份进行有效认证与鉴别，确保政务数据传输双方是可信任的，使用加密产品或工具落实制度规范所约定的加密算法要求和密钥管理要求，确保政务数据传输过程中机密性和完整性的保护，同时加密算法的配置、变更、密钥的管理等操作过程具有审核机制和监控手段。采用数据库防火墙设备，防止政务数据传输过程中的 SQL 注入风险。

4.1.3　数据存储安全

存储与数据息息相关，数据离不开存储，因此，保障存储安全对数据安全尤为重要。应用数据库加密确保数据库存储安全；物理的存储介质安全确保常规数据存储和迁移过程中的安全性；逻辑存储安全针对数据存储容器和架构进行有效安全控制；数据备份和恢复措施确保数据的可用性和可恢复性。数据存储安全包括：

1）**数据库加密**。通过部署数据库加密设备，使明文的政务数据经过加密设备后，变成无意义的密文的数据，保存到数据库，待后续需要使用时，再将密文数据通过加密设备进行解密处理，恢复成原来的明文政务数据。

2）**存储介质安全**。使用加密存储介质，确保介质中存储的政务数据的安全性，防止介质丢失导致数据泄露。同时，使用介质净化工具对现有存储介质进行净化处理，避免非法人员通过技术手段对存储数据的介质工具进行数据恢复操作，从而造成数据泄露。

3）**逻辑存储安全**。使用逻辑存储扫描工具定期对政务数据的相关业务平台系统的安全配置进行扫描，以保证业务系统符合安全基线要求。同时，采集存储系统的操作日志，识别访问账号和鉴别权限，监测政务数据使用规范性和合理性。

4）**数据备份与恢复**。数据备份与恢复是指，为防止网络攻击、误操作、人为、物理故障等意外事件导致数据不可用，而对数据制作1份或多份副本并以某种方式保存在其他位置，以备需要时，可以通过副本进行数据恢复的一个过程。根据对政务数据的分级分类，结合政务数据的相关业务平台系统，使用数据备份和恢复的技术工具，对不同级别和类别的政务数据采取不同的数据备份与恢复机制，确保政务数据的可用性和完整性。且对已经备份的数据制定安全管理技术手段。针对涉及个人信息数据、敏感数据等核心数据需要在不同存储介质进行多副本存储，防止核心数据丢失及泄露。

4.1.4 数据处理安全

数据处理安全包括：

1）**数据脱敏**。数据脱敏分为静态脱敏技术和动态脱敏技术。静态脱敏技术一般用于数据在非生产环境中被使用的场景，通过静态脱敏系统或工具对数据中的敏感信息进行脱敏保护；动态脱敏技术一般用于数据在生产环境中被使用的场景，在使用未脱敏数据时，通过动态脱敏系统或工具，根据使用请求者的角色、权限以及被使用数据的级别和类型等信息进行判断，按脱敏规则实时对数据中的敏感信息进行脱敏保护，然后让使用请求者使用脱敏后的数据。根据政务数据的级别和类型以及不同业务场景，制定不同的数据脱敏策略，结合静态（或动态）脱敏系统或工具，在满足政务业务平台系统需求的同时，兼顾最小可用原则，实现最大限度防止敏感信息泄露。针对政务数据中涉及的个人信息做好去标识化与生物识别处理，保障个人信息安全。

2）**数据正当使用**。使用数据库权限管理工具，实现在访问政务业务平台系统时的统一身份及访问管理平台，确保对政务数据访问人员的统一账号管理、统一认证、统一授权、统一审计，确保政务数据权限管理制度的有效执行。

3）**数据处理环境安全**。采用堡垒机及检测设备通过数据处理平台进行统一管理，采取严格的访问控制、监控审计和职责分离，确保政务业务平台系统的政务数据处理环境安全。

4.1.5 数据交换安全

数据交换安全包括：

1）**数据导入导出安全**。根据政务业务平台系统的导入导出场景，建立数据导入导出审核流程的在线平台，制订数据导入导出过程的安全技术方案和数据导入导出日志相应的管理和审计方案，保障政务数据导入导出场景的数据安全。

2）**数据共享安全**。建立政务数据共享审核流程在线平台，利用数据加密、安全通道等技术措施保护政务业务平台系统的政务数据共享过程中涉及的个人信息、重要数据等敏感信息；建立政务数据共享过程的监控工具，对共享政务数据及政务数据共享服务过程进行监控，确保共享的政务数据未超出授权范围；建立部署政务数据共享审计和审计日志管理的工具，明确审计记录要求，为政务数据共享安全事件的处置、应急响应和事后调查提供帮助，使用DLP数据防泄露工具，解决政务数据共享过程中的数据泄露及风险，做到溯源可查。

3）**数据接口安全**。构建政务业务平台系统的数据接口安全，利用加密传输、身份认证的网络协议，解决信任主机和通信过程中的政务数据泄密和政务数据被篡改的问题；使用公私钥签名或加密机制提供细粒度的身份认证和访问、权限控制，防止政务数据防篡改和政务数据防泄露的安全风险；使用接口参数进行过滤和限制，防止接口特殊参数注入引发的安全问题，加固接口建设，使用接口调用日志收集、处理、分析，保障告警机制进行实时通知。

4.1.6 数据销毁安全

数据销毁安全包括：

1）数据销毁处置。由于政务业务平台系统的政务数据类型较多，为满足各种类型的政务数据销毁，需采取多样化的数据销毁工具，保障以不可逆方式销毁数据和副本内容。如采用消磁、复写等技术手段对数据进行销毁，加强数据销毁安全阶段的政务数据安全保障。

2）介质销毁处置。需要销毁的介质转交给专业部门进行处理，这是落实政务业务平台系统的数据安全保障的最后一步。

4.2 数据安全管理与运营保障管理平台

4.2.1 数据采集管理系统

通过部署业务和数据统一对接接口，支持各厂商、各安全设备的海量数据的接入，适配主流厂商的安全设备接口，并且可扩展、高可靠；通过业务和数据统一对接接口采集各安全设备的数据、各类服务器的日志，以及手动输入的数据，对应用层的业务提供数据支撑。

4.2.2 数据中台系统

建设数据中台系统，集中数据安全相关的监测数据、日志数据以及业务数据，并对采集到的数据安全相关的数据进行集中抽取、清洗、过滤、分析、建模，保障政务数据分析的精准度，减少网络安全预警信息的误报率；数据中台系统具备将大量冗余、价值密度低、关联性较弱的数据转化为价值较高的数据资产的能力。

4.2.3 业务服务系统

落实数据安全主要业务工作，为数据安全工作提供技术支撑手段，主要包括运营保障子系统、安全管理子系统以及自动化响应子系统。

1）**运营保障子系统**。主要包括数据资产管理、数据安全监测预警、数据安全检测、数据安全应急处置等功能，支持数据梳理以及数据分级分类的工作，并对数据类型和级别进行统计分析，摸清主要业务系统的重要数据，合规管理各业务系统的数据资产；支持从数据采集、数据存储、数据传输、数据共享、数据处理等数据全生命周期的数据安全状态的监测预警；支持对业务系统开展定期、突发和上线前安全检测；支持对安全事件和安全威胁落实应急处置工作，包括安全事件的先期处置、安全事件分级响应、安全事件和安全威胁应急处置等，以及在需要应急物资时，能够及时调动应急资源，及时处置安全事件和安全威胁，减少安全事件的影响范围。

2）**安全管理子系统**。通过安全指标下发、过程监控和安全检查等功能，监督各业务部门按要求落实数据安全相关工作，提高政务数据安全技术保障的管理手段，逐步落实整体的政务数据安全工作，提升整体的政务数据安全保障能力。

3）**自动化响应子系统**。具有告警分诊、告警调查、告警响应、告警库、案件流程处理、案件的工件管理、编排调查与响应、工单管理等功能，可实现应急场景的智能化识别和应急工作流程的脚本化，基于大量的数据分析和学习，通过智能化识别和流程脚本化实现自动化和半自动化执行的工作方式。

5 政务数据安全运营体系

为政务数据安全长期、稳定、高效运行保驾护航，政务数据安全运营体系应建设成规范化、流程化、智能化运营，以有效支撑数据资产管理、数据安全隐患发现及处置机制、数据安全风险评估机制、数据安全突发事件应急响应机制、数据安全监控与审计机制等数据安全运营工作的有效开展。

5.1 数据资产的管理

建立政务数据资产管理制度，建立自身数据资产管理组织，按照统一的规则制度管理自身数据资源，各政府机关单位配置具体人员负责自身业务范围内的数据资产管理工作，实施数据资产全生命周期监督管理，各政府机关单位数据资产管理责任人要按照相关要求及时划分等级、更新和定期维护自身数据资源。建立数据资产变更管理审批流程，实施监控数据资产的上线、变更、转移、共享、销毁等信息，并配置相对应的安全管控措施。建立数据资产等级划分制度，根据数据使用场景的重要程度，对数据资产划分等级。对不同等级的数据给予不同等级的保障，包括但不限于资源、监控、变更通知等，详细记录每个资产的信息，确保各政府机关单位能够"摸清家底"，实现数据资产的全生命周期管理。

5.2 数据安全隐患发现及处置机制

建立安全隐患发现及处置机制包括：完善基础监测和检测措施、建立数据安全隐患发现监测平台以及隐患发现和处置机制，帮助各政府机关单位及时发现数据采集、数据传输、数据存储、数据交换、数据共享和数据销毁各个阶段存在的安全隐患，并进行及时处置；采购专业的安全监测和检测服务，借助专业人员的能力实时分析威胁监测日志、定期检测安全漏洞，保障安全隐患被及时发现，并得到快速有效的处理。

5.3 数据安全突发事件应急响应机制

建立健全数据安全突发事件应急响应机制，对各类安全事件进行及时响应和处置；制订数据安全专项应急预案，明确数据安全事件的应急处置流程，使得在发生安全事件时能及时得到处置，降低造成的损失；完善数据安全的应急技术队伍建设和物资储备，发生安全事件时可以通过数据安全运营管理系统及时进行技术人员和物资的调度，快速解决数据安全事件。

5.4　数据安全风险评估机制

建立数据安全风险评估机制：通过专业的风险评估服务，定期针对数据采集、数据传输、数据存储、数据交换、数据共享和数据销毁各个阶段从管理和技术方面进行威胁识别和风险评估，有效发现数据各阶段面临的安全风险，并建立一套合适的风险接受准则，及时对不可接受的风险进行处置。

5.5　数据安全监控与审计机制

建立数据安全监控与审计机制。数据安全保护的一个前提是知晓数据在自身可控范围内，且处于安全状态才可开展安全监控和审计，以实现对数据安全风险的防控。在数据安全整体策略中规范数据安全监控审计策略，覆盖数据采集、数据传输、数据存储、数据处理、数据交换、数据销毁各阶段的监控和审计，在原有信息安全事件处置中通过新增监控审计发现的数据安全类事件的应急预案和处置流程。

6　结束语

政务数据是政府部门各种业务平台系统的基础，没有政务数据各种政务业务平台系统就犹如空中楼阁，因此，做好政务数据安全保障是政府部门的重点工作。本文根据政府部门的不同业务场景以及政务数据的使用场景，构建出政务数据安全组织能力框架，该框架从安全管理层面协助政府部门建立数据安全责任机制、完善数据安全管理组织架构、建立数据安全合规机制、制定数据安全管理制度及机制；从安全技术层面，结合政务数据的采集、传输、存储、使用、交换和销毁的全周期考虑，补充相应的防护、检测、监测和审计措施，保障政务数据安全；从安全运营层面，建立政务业务运营工作相应的运营标准规范，建立数据安全管理系统支撑整个数据安全运营工作，并通过专业数据安全运营服务，协助政府部门完成数据安全运营工作。该框架可以作为后续地方政府部门建立数据安全治理工作提供参考，为政府部门的政务数据安全建设体系提供助力。

《信息安全研究》2022 年 11 期

数据安全现状与发展趋势

雷 蕾

一、引言

当今的信息网络，互联网、移动互联网以及物联网飞速发展、日益普及，因此催生的以数据为核心的信息技术也在飞速发展，复杂且大量的数据蕴含的经济价值和社会价值逐渐提升，数据安全风险随之增加，数据安全问题不断涌现。数据的存储环境以及传输过程中的安全性较低或者网络边界越来越模糊直接导致了数据的直接或间接泄露，造成的损失不可估量。

早在 2015 年，我国就陆续发布了《促进大数据发展行动纲要》《大数据产业发展规划（2016—2020 年）》和《国家网络空间安全战略》等一系列重大文件，提出了大数据的发展战略，支持大数据相关技术和产业的发展，并提出涵盖了数据安全在内的国家网络空间安全战略，数据安全问题逐渐被重视。

2021 年 9 月，《中华人民共和国数据安全法》（以下简称《数据安全法》）正式施行，2021 年 11 月，《中华人民共和国个人信息保护法》颁布，数据安全相关的议题在我国被提到了非常重要的高度。2020 年 3 月，《关于构建更

作者系北京启明星辰信息安全技术有限公司产品经理。

加完善的要素市场化配置体制机制的意见》提出，数据对于个人、社会以及国家来说，其重要程度越来越高。在 2021 年相继发布的《中华人民共和国国民经济和社会发展第十四个五年规划和 2035 年远景目标纲要》以及《要素市场化配置综合改革试点总体方案》等文件中，数据已经作为第五大要素，成为信息网络普及不可或缺的资源，经济发展新的增长点，经济数字化、数字经济化已成为各地政府、各行各业投建的热点。这些都离不开数据安全的保驾护航，数据的多元、复杂和流通也带来了更多的威胁和挑战，促进了数据安全的不断发展。

本文对数据安全国内现状、问题和挑战进行了分析，提出了相应的数据安全治理架构和技术解决办法，并对未来的挑战进行了反思。

二、国内数据安全现状及问题

数据与信息化息息相关。互联网、移动互联网和物联网的飞速发展，让数据活了起来。从单一系统中产生、存储和使用的少量且离散的数据，发展成数据大集中、数据大流通的状态，数据扮演的角色日益重要。传统的网络安全、信息安全侧重于对信息资产的管理，企业或机构更多的是对信息或数据的承载网络和资产进行静态的防护和管理，而当数据不单属于某个企业或机构时，动态、大规模流转起来的数据需要进行海量数据处理，这时传统的网络安全、信息安全管理方式已无法满足现实需要。本文重点列出了现阶段数据安全面临的三方面问题和挑战。

（一）数据资产管理、分类分级问题

《数据安全法》中提出并强调了要进行数据分类分级保护制度建立，并贯彻落实相应的数据分类分级保护制度。数据分类分级保护是现有的针对数据安全保护最行之有效的措施。

依据数据所属不同的行业或主体，其内容、使用方式和重要程度不同，数据分类分级的思路、方法和路径也不相同的。各行各业在近几年也相继提出了数据分类分级的要求和相关指引规范。2018年9月，中国证券监督管理委员会正式公布实施《证券期货业数据分类分级指引》，给出了证券期货行业数据分类分级的原则、方法、流程和参考内容；2019年6月，工业和信息化部办公厅发布了《电信和互联网行业提升网络数据安全保护能力专项行动方案》，要求电信和互联网行业对数据进行分类分级保护，而中国电信和中国移动等运营商也对自身数据的分类分级建立了详细的实施指南；2020年2月，工业和信息化部发布了《工业数据分类分级指南（试行）》，对工业数据作出了相应的分类分级指导，但具体的执行方法尚不明确，由于工业领域行业众多，还需根据不同领域不同行业进行特定方式方法的分类分级；2020年9月，中国人民银行发布了《金融数据安全 数据安全分级指南》，对金融行业的数据分级工作进行了详细的指导。除上述行业发布了相关的数据分类分级指南外，其他行业也在数据分类分级这个问题上非常重视，如政务行业各省相继发布省级的政务数据或公共数据的分类分级指南，医疗行业发布的健康医疗数据安全指南也对健康医疗数据的分类分级作出了指导。

数据的分类分级是全行业都在关注的焦点，而数据的分类和分级离不开数据资产的识别和敏感数据的发现。数据分类一般是从业务角度出发，以业务的"实然"路径对数据进行分类，通过企业或机构涉及的数据，梳理这些元数据属于哪些业务范畴并进行真实的分类；数据分级一般性的是与安全息息相关的，将数据分级成为敏感数据分级，不同敏感级别的数据的保护策略也是不同的。由此可见，若想做好数据分类分级，应当先做好数据资产管理，对数据资产进行识别、对敏感数据进行发现，识别出元数据、敏感数据后才能对数据进行科学的分类和分级，为后续数据安全保护打好基础。因此，数据资产管理和数据分类分级是如今数据安全的必要前提，是整体数据安全能否落地的关键所在，也是现阶段数据安全面临的第一方面问题和挑战。

（二）数据安全集中管控问题

数据由量少且不具有联系性的状态转向数据离散但联系紧密、数据量迅速增加状态，因此传统的数据安全保护机制是无法满足现在的数据安全集中管控需求的。曾经数据安全管控者不会针对数据制定特定的安全保护措施，仅通过网络安全措施，采用传统的安全防护手段，如防火墙、数据库审计、堡垒机等相关安全产品，还欠缺数据安全相关的各项防护能力与手段。因此，仅依靠现有的安全防护能力，难以规范数据处理活动（数据的收集、存储、使用、加工、传输、提供、公开等），同时保障数据处于有效保护和合法利用的状态，存在运维、共享使用数据安全等问题。

面向海量的、离散的又具备连续性的客户数据、经营数据、个人数据等敏感信息，由于应用场景的区别，数据的类型和形态也不尽相同。面对此种情况，传统的网络安全管理手段无法就这样的数据进行有效的管控。传统的管控方式，数据安全策略零散地分布在各个安全设备之中，无法进行安全策略的统一展示和管理，没有形成统一的策略管理体系，一旦面向分布广、数据量大且类型众多的数据管控情况，则会带来管理困难、安全风险提高和效率下降等一系列问题。首先，策略分散极易造成头痛医头、脚痛医脚的问题，用户无法进行全局的数据安全策略管理，各类数据安全设备易形成"孤岛"；同时，临时开启或过期的安全策略，无法及时进行清理，极易造成策略冗余，增加数据安全风险；最后，基于纵深防御方针，建立立体的防御体系，这也会出现业务变更时，需要调整多台数据安全设备的策略，若管理不善，将会造成大幅增加管理员的工作量，降低工作效率的问题。因此，数据安全的集中管控是当前环境中应当解决的效率性问题，也是能够由上而下解决数据安全问题的重要保障。

（三）数据共享与流通安全问题

数据要产生价值，就必须共享和流通。但是，在数据共享和流通过程中，数据的权属、权限以及数据共享流通的权限和数据处理等问题就接踵而来，在技术、管理和合规层面均提出了挑战。

在技术层面，数据提供者无法信任数据购买或使用方的技术处理能力，数据这种易于传播的特点导致了数据极有可能在共享或流通的过程中遭到滥用或泄露，因此共享或流通过程中的技术手段成为解决共享数据泄露或滥用的保障。但由于新技术不成熟的原因，技术层面的落地实际上也是一大挑战。

在管理层面，数据流通的各方，其业务系统不同，因此数据的标准也不尽相同，因此数据安全的标准也是不同的，这可能会导致敏感数据的泄露问题。

在法律合规层面，可能数据权属问题是数据流通过程中较为复杂的问题，一是数据权属难以界定，不同的使用或流通方的数据权属应当不同，但当数据流通起来后，难以管束；二是数据在流通过程中很难从合规层面进行数据权属的约束，导致这方面问题很难厘清对错。

在数据共享与流通过程中，实际中也可以通过一定的技术手段，来解决技术、管理和合规层面的问题。

三、数据安全治理框架及关键技术

（一）数据安全治理总体架构

实践中可以使用"治理"的手段，从管理、技术、运营3个方面来解决数据安全问题。图1提供了一种数据安全治理体系的总图框架。

数据安全体系建设需要多方能力输出构建，因此在数据安全组织建设时，应该考虑数据安全管理和执行的团队，同时也要考虑业务、安全等部门的联动，这些均需参与到数据安全建设当中。以"管理"作为数据安全治理的标准和前提条件，通过管理手段，梳理相应的数据安全总体方针、制度体系、人员组织等问题，将数据安全建设作为"一把手"工程进行下去。

数据安全治理的核心落地即为数据安全技术体系，通过数据安全技术体系，完善数据识别、分类分级、数据安全管控、风险监测、隐私计算等一系列所需解决的问题，并通过技术手段对策略进行集中管理，有助于企业或机构构建数据安全有效的管控手段和防御机制。

当然，数据作为一种流动的资源，其安全风险也会随着数据的流动而动态变化，因此需要通过运营的手段，对数据安全风险进行监测和处置响应、对数据安全策略进行动态调整，以符合数据流动、数据合规以及数据策略变更的目标。

数据安全技术体系实际上贯穿了数据的汇聚到数据的共享流通整个过程，主要涉及数据采集、数据存储、数据使用以及数据共享流通几个阶段的数据安全技术实现。

（二）数据安全关键技术

上文概述了数据安全总体所需的技术，其中有几个关键的技术，以解决上文提出的技术性问题和挑战。

1.数据识别和分类分级技术：数据识别技术包括数据资产识别和敏感数据识别两个技术组成。

（1）数据资产识别技术按照相应的数据资产识别规则，对数据环境（如大数据平台）进行全量扫描，识别数据库、中间件数据，并根据识别的结果，建立数据资产之间的关系，数据的流转全景视图，为后续数据安全相关决策提供便利及指导。

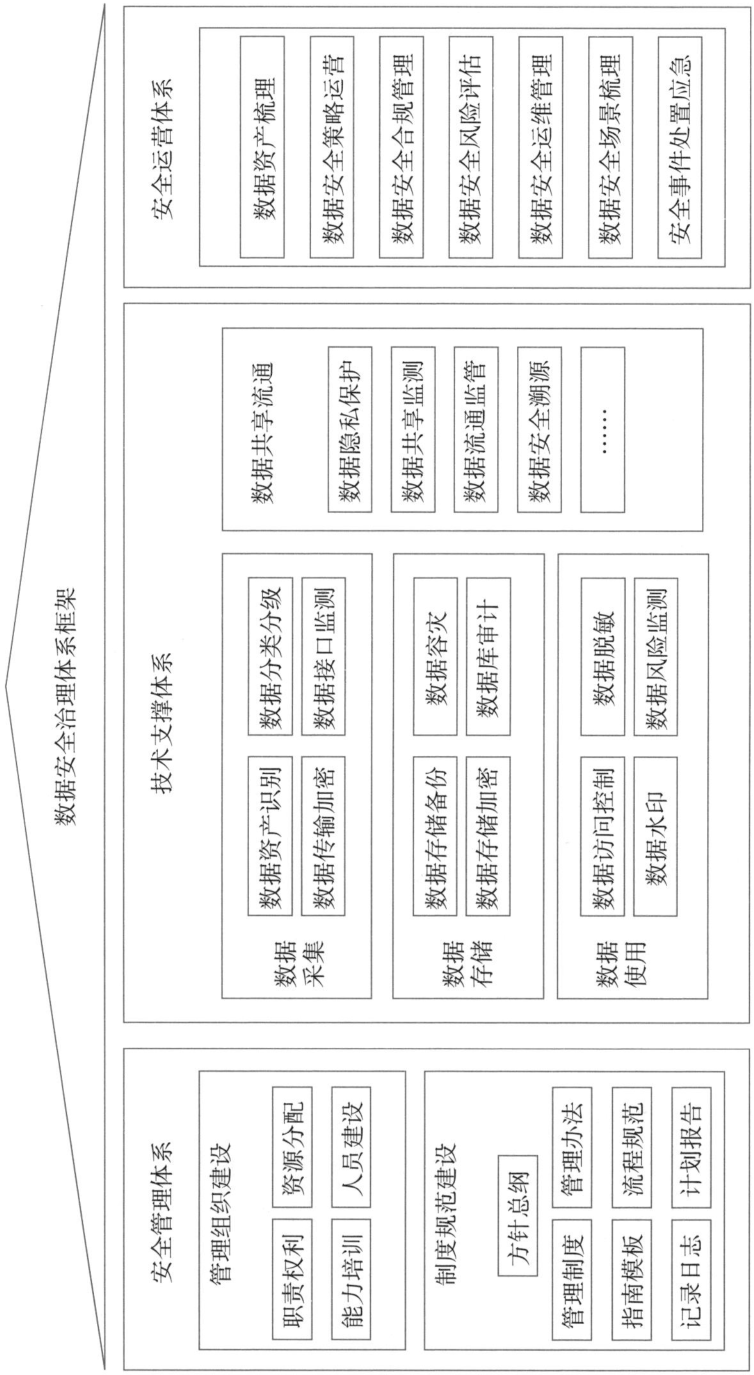

图 1 数据安全治理体系框架

（2）敏感数据识别包括结构化数据中的敏感数据以及文档、图片等非机构化数据中的敏感数据识别。其中，结构化数据的识别即扫描数据库，设置敏感数据字段的识别规则及敏感数据特征，通过规则和特征匹配的方式，识别出敏感数据字段（如身份证号码、手机号等）并进行敏感数据字段识别的校验和质量评估，最终输出敏感数据识别结果。非结构化数据的识别，目前比较常用的是文本数据的敏感数据识别：分词技术（中文语义识别可通过 PYHANLP 语言分析包实现）通过分词部件对文本进行分词，结合预置的敏感数据类型关键词库，将分词结果与关键词库进行碰撞，实现复杂文本的数据识别；基于命名实体识别（Named Entity Recognition，NER）的技术对文本中的数据类型尽心标记，在此基础上进行分词、识别；有监督机器学习、人工对数据打标，标注数据类型（可自定义），打标后形成训练样本，基于训练样本进行模型训练，利用训练后的模型对其他未打标的数据进行类型识别，解决对无法准确定义特征的数据的识别。图像、视频识别也是针对图像、视频中的文字，对文字进行提取并执行安全策略检查，进行光学字符识别内容分析，特别适用于网络传输、数据发现以及打印服务器的信息泄露。

数据分类分级依托于不同行业的分类分级标准以及敏感数据识别结果。通过模型和元数据、敏感数据的识别，对相应分类和分级数据进行标注，输出分类分级结果，并作为数据安全保护措施的输入，与数据安全策略执行进行关联。

2. 数据安全策略的集中管理，是解决数据分散、流动且数据量大的有效手段。数据安全策略的集中管理，可实现对发现的敏感数据分级分类，以及对数据安全技术手段的策略定义、任务下发、策略分析等工作。对数据安全的策略进行能力应用，可提供数据资产发现、数据脱敏、数据加密、数据水印等多种能力的集中调度和能力输出。通过数据安全策略管理技术，实现由上而下的数据策略集中管理，使不同数据级别、不同数据使用场景的数据安全管控策略具有一致性，策略基线的维护和管理也具有统一性和时效性。数据安全策略的集中管理，有助于针对场景化的管控措施落地，如运维场景、开发场景、数据使用场景、共享场景等，不同场景针对的用户和策略不同，通过数据安全策略的集中管理可妥善处置不同场景的策略基线。同时，策略的统一管理，也可以根据风险处置的结果，对相应策略进行集中的调整，以策略动态调整的方式对数据风险进行管控。策略集中管理，是将单一数据安全防护升级为数据安全治理的有效手段，也是数据安全升级成为一把手工程后的落地最佳实践。

3. 数据安全风险审计技术数据安全风险审计，需结合多方面的审计数据进行联合分析，包括数据库审计、API 审计、行为审计、数据安全事件监测等，并结合数据血缘，进行数据溯源、取证等风险管理工作。在数据安全风险审计技术中，近年来各数据安全厂商和数据运营企业和机构关注和投入的重点技术为 API 审计技术和数据溯源技术，下面就这两种技术展开介绍。

（1）API 监测审计一般性地通过端口镜像或 Agent 的方式，获取 PCAP 包，并通过 API 监测设备解析包的内容，对 HTTP、HTTPS、FTP、SMTP 等协议内容进行解析，综合分析这些协议包中是否有高风险数据请求、敏感数据泄露、异常访问行为等，结合历史数据和数据风险特征学习，对疑似数据脆弱性的接口进行告警。API 监测审计可以针对数据滥用的风险、数据泄露的风险以及隐私合规的风险等进行风险监测，提高企业或机构数据安全风险的感知能力。

（2）数据溯源技术数据溯源技术现有 3 种：一是数据标注法，即给数据进行相应的标注，把标注添加至原始数据之外（与分类分级的标注类似），在数据发生泄露时，可通过数据标注进行数据的溯源；二是数据水印技术，即通过给数据库加水印的方式，给数据库表中增加行、列或编辑数据指纹，后通过一定的算法识别这些嵌入的数据或标记来进行数据溯源；三是基于区块链的数据溯源技术，通过去中心化的数据库，对数据的使用信息进行不可篡改的分布式记账，当数据发生泄漏时快速检索溯源[12]。这3种技术可根据不同的数据存储、使用场景来进行选择。

4.隐私计算技术是面向数据共享、流通和交易过程的，对隐私信息通过计算模型或加密算法进行保护的一种技术手段。隐私计算技术能够保护数据在不对外泄露的前提下，实现模型、结果等内容的共享，实现数据的安全共享使用，解决数据共享流通过程中的权属、法律和技术问题，帮助实现数据价值的最大化。隐私计算技术现分为3类：一是以密码学为基础的多方安全计算技术；二是以分布式机器学习为基础的联邦学习技术；三是依托于硬件加密的可信执行环境技术。下面分别对3种技术做简要介绍。

（1）多方安全计算技术是姚期智教授在1982年通过百万富翁理论提出的，即在没有第三方参与的情况下，采用密码学知识，进行联合的多方共同计算同一函数，使得参与的每一方只能获得自己的计算结果而无法获取其他相关方的结果，且无法通过计算过程逆推其他相关方的输入数据。多方安全计算技术包括秘密分享、不经意传输、混淆电路、零知识证明等。目前，多方安全计算技术仍然着力于解决计算效率问题。

（2）联邦学习技术是一种多个参与方共同训练同一机器学习任务，并且参与方不共享自己的数据，而是在本地进行机器学习模型训练，共享中间结果和梯度，保障原始数据不出域，数据可用不可见，实现数据隐私保护和数据共享分析的平衡的技术。由于联邦学习是明文计算，且需不断传递中间结果和梯度，因此隐私安全和通信效率问题是联邦学习的短板问题。

（3）可信执行环境技术是基于密码学的隐私保护技术的现行替代方案，其基于硬件CPU进行内存隔离计算，划分可信的计算区域，敏感数据在此区域进行计算，其他计算不能访问此隔离区域，通过这种硬件隔离的方法实现隐私计算。可信执行环境技术依托于硬件CPU的功能，因此在云环境等情况下有所限制。

隐私计算技术尚在不断发展过程中，单一的隐私计算技术难以适配复杂的环境需求，因此通过多种隐私计算技术结合的形式，能够解决更多场景下的隐私计算需求。

四、结束语

数据安全是近年来各方关注的焦点，本文主要研究国内数据安全可能遇到的问题与挑战，并提出了相应的数据安全治理框架、数据安全技术体系以及几个核心的技术问题。对于数据安全领域来说本文所研究的问题远远不够，如数据出入境安全问题、基于不同行业的数据安全问题等本文尚未涉猎，但这些场景和问题在未来会越来越被政府和企业重视，也将为数据安全研究提供新的思路和方向。

《信息通信技术与政策》2022 年 10 期

05

五、优化数字发展环境

《数字中国建设整体布局规划》指出，要优化数字化发展环境。

一是建设公平规范的数字治理生态。完善法律法规体系，加强立法统筹协调，研究制定数字领域立法规划，及时按程序调整不适应数字化发展的法律制度。构建技术标准体系，编制数字化标准工作指南，加快制定修订各行业数字化转型、产业交叉融合发展等应用标准。提升治理水平，健全网络综合治理体系，提升全方位多维度综合治理能力，构建科学、高效、有序的管网治网格局。净化网络空间，深入开展网络生态治理工作，推进"清朗""净网"系列专项行动，创新推进网络文明建设。

二是构建开放共赢的数字领域国际合作格局。统筹谋划数字领域国际合作，建立多层面协同、多平台支撑、多主体参与的数字领域国际交流合作体系，高质量共建"数字丝绸之路"，积极发展"丝路电商"。拓展数字领域国际合作空间，积极参与联合国、世界贸易组织、二十国集团、亚太经合组织、金砖国家、上合组织等多边框架下的数字领域合作平台，高质量搭建数字领域开放合作新平台，积极参与数据跨境流动等相关国际规则构建。

数据托管促进数据安全与共享

姚 前

在数字经济时代，数据已成为新型生产要素，是推动经济转型升级的基础性、战略性资源。将数据转变为数据资产，使其有序流转并合规使用，是发展数字经济的重要课题。近年来，我国先后颁布施行《网络安全法》《数据安全法》《个人信息保护法》等相关法律法规，初步构建了数据法制保障体系。2022 年 12 月 2 日，中共中央、国务院发布《关于构建数据基础制度更好发挥数据要素作用的意见》，提出构建数据要素产权制度、流通交易制度、收益分配制度和治理制度等 20 条政策举措。上述纲领性文件对于探索数据确权、定价、流通、交易、使用、分配、治理的具体实施方案具有重要的指导意义。

一、数据权益分配面临的困局

作为全新的生产要素，如何对数据进行定价和收益分配，吸引了许多研究者和业内人士的关注。2022 年 2 月，图灵奖得主、中国科学院院士姚期智先生发布数据要素定价算法及要素收益分配平台。他认为，数据定价算法是

作者系中国证监会科技监管局局长。

一项非常新颖的交叉学科，涉及经济学、计算科学、人工智能，需要具备信息经济学、博弈论以及计算经济学等领域的理论基础。其中，信息经济学研究信息在经济活动中产生的价值和作用；博弈论中的合作博弈理论可以提供数据多方建模的理论基础；计算经济学涉及数据要素的联合建模、算力成本计算。姚期智先生的研究成果显示，可以根据博弈论的合作博弈理论，确立不同的数据对于决策模型的贡献度，贡献度越大的数据要素越具有价值。通过经济主体功效函数与决策模型贡献度的耦合，我们就可以对不同数据要素起到的经济价值进行合理公平的定量评估，从而对数据要素进行定价和收益分配。这就是数据要素定价的机理，在实践中则需要发挥市场机制的作用，实现数据资源的有效定价和合理配置。为此，理顺各方关系至关重要。数据相关方可分为两个层次：一个层次是与数据生产消费直接相关的数据主体、数据处理者和数据使用者；另一个层次则是与数据生产消费间接相关的监管机构、国家以及国际组织。与数据生产消费活动直接相关的业务场景是：数据主体产生原始数据，通常包括识别客户（KYC）数据、交易明细数据等；数据处理者采集并控制原始数据，通过加工形成数据产品和服务，如客户画像、统计分析等；数据使用者从数据处理者获取数据产品和服务，用于包括营销推广、识别风险等在内的商业目的。与数据生产消费活动间接相关的业务场景是：监管机构层面按职责对行业进行监管，比如反洗钱、反垄断等；国家层面对数据治理进行立法，比如网络安全法、数据安全法、个人信息保护法等，并对数据跨境流动进行管控；国际组织推动全球数据标准制定，比如数据报文标准 ISO 8583、ISO 20022 等。

目前数据相关方的权益分配存在诸多不合理现象，主要体现为数据处理者利用技术优势和应用场景优势垄断数据权益。数据使用者通过数据处理者获取数据产品和服务并支付对价；数据处理者垄断数据权益，导致数据主体无法获得转移原始数据带来的收益，国家也无法获取相应的数字税，监管机构也因"手中无数"而面临监管和执法困难。此外，数据处理者为了维持数据收益，往往会利用自身科技优势自建标准，形成数据孤岛和数据垄断。

二、数据托管基础设施重塑数据权益分配格局

在传统方式中，数据处理者包揽了数据存储和数据使用；而在数据托管新模式下，数据的存储、使用、管理相互分离，由数据托管者为各方提供公共可信的数据存储和托管服务。数据存储工作由专业的数据托管机构承担，早期可从高价值数据和数据库日志着手，以后逐步过渡到全量数据。数据处理者在监管条件下采集和加工数据，并向消费者提供数据产品和服务，加工后的数据也要交由数据托管机构统一存储。数据托管还支持监管机构和国家有关部门开展防止数据滥用、监控数据跨境流动、执法取证、征收数字税等方面的工作。数据托管新型基础设施改变了以数据控制者为核心的传统模式，建立以数据为中心的新型生产关系，从根本上改变了数据权益分配格局，有助于在数据消费者和数据处理者之间建立公平的定价机制（见图 1）。

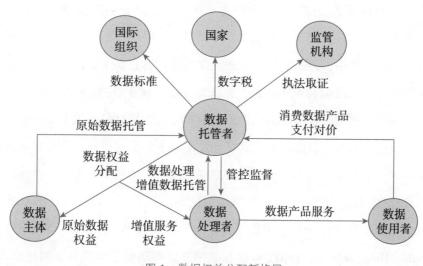

图 1　数据权益分配新格局

从数据处理和服务流程来看：数据主体将原始数据托管给数据托管者；数据处理者取得数据，加工数据，加工后的数据产品也需要被托管；数据托管者对数据处理者的数据使用和服务过程进行监督；数据处理者可以按照市场化的方式为数据使用者提供数据产品和服务。

从数据权益分配流程来看，数据使用者消费数据产品和服务并支付对价给数据托管者。数据托管者按照规则将原始数据权益分配给数据主体，将增值数据权益分配给数据处理者。数据托管者按照监管要求，报送监管数据并配合执法取证。数据托管者按照国家要求缴纳数字税；数据托管者按照通行标准进行数据治理。

三、数据托管的国际实践

近年来，国际上在数据托管方面已经展开了探索，并在某些领域取得了初步成效，其中版权托管方面的实践具有一定的参考价值。为了实现知识传播与版权保护两者的平衡，全球非营利组织知识共享（Creative Commons）推出了许可证模式，试图以一种自由、简单、标准化的版权授予方式，在允许他人复制、分发和使用知识作品的同时又确保版权不受侵害。许可证类型分为六种。其中，最宽松的许可证允许再使用者只要注明出处便可以通过任何媒介分发、改编和重构原著，并且允许用于商业目的；最严格的许可证则仅允许再使用者以未经改编的形式复制和分发作品且只能用于非商业目的并保留原创者署名。目前，知识共享已经汇集了各类支持知识开放共享的教育工作者、艺术家、技术人员、法律专家、社会活动家及相关国际团体。他们将作品版权托管至支持知识共享许可证的内容平台，以许可证的形式允许再使用者按照规定分发、重新混合、改编和重建原著。目前，Wikipedia、Google、Bing、Flickr、YouTube等互联网平台均集成了知识共享的许可证，超过14亿件作品被托管至这些平台，以许可证的形式开放共享，其中包含文学艺术、开放教育、科学研究等领域的视频或音频作品。基于许可证的作品托管及分享模式，较为有效地解决了创作者权利保护与知识开放共享之间的矛盾，本文提出的数据托管思路也与之不谋而合。但值得担忧的是，由于作品的托管机构中包括了 Google、YouTube 这类商业平台，其商业逐利性很可能最终会偏离知识开放共享的初衷。有鉴于此，为了避免可能的商业利益冲突，数据托管的较好方案是：要么将数据托管在可信的非营利性公共机构，要么将数据托管在基于可信技术的 Web3.0 平台。前一个思路已有相似案例。2001 年成立的美国科学公共图书馆（Public Library of Science，PLOS）是一家非营利性机构，其宗旨就是促进全球科学期刊开放共享。20 多年来，PLOS 组织了许多有影响力的期刊开放共享。研究人员可在经过同行严格评审后在 PLOS 上在线公开出版其研究成果，且成果可不受限制地被免费获取。此外，PLOS 还将与研究成果相关的基础数据托管存放在专用数据库，同研究文章一起发布，从而确保文章的数据可验证、可复制、可重用，此举有助于促进新的科学研究。总体而言，PLOS 打造的交流平台堪称一个可信的数据托管基础设施。后一个思路正在积极探索中。区块链技术在版权确权和维权方面具有独特优势，它可以不依赖特定机构又能有效规避商业利益与公共服务的冲突。目前知识共享正在积极研究如何将知识许可证模式与 Web3.0 技术融合起来，以便更好地实现知识的自由开放共享。

四、结语

数据托管机构作为所有数据主体的受托者，对数据资产进行集中托管，可以有效保证数据安全、数据可控且高效利用。就像前台的股票交易需要后台的股票登记存管一样，数据托管机构刚好承担了大数据交易所的后台基础设施角色，从而与大数据交易所一道，构成了完整的大数据基础设施体系。数据托管机构可以是由相关机构组建的数据托管行业联盟，推动数据共建共享；亦可利用区块链技术，基于联盟链或有管理的公链，实现数据的链上托管、确权、交易、流转与权益分配。哪种方式更好，有待在未来实践中进一步探索验证。

《中国金融》2023 年第 2 期

党建引领、数据赋能与信息惠民

——理解中国数字政府建设的三重界面

陈　潭

一、前言

随着互联网、大数据、云计算、区块链、虚拟现实、物联网、人工智能、元宇宙等新一代信息通信技术（即数字技术）的迅猛发展和推广应用，人类社会的思维方式、生产方式、生活方式、治理方式等不断发生重大变革。由于数字技术具有创新活跃、要素密集、辐射广泛、赋能超值的特征，当下世界数字经济发展如火如荼，数字政府建设也成为全球备受关注的重大政治议题。

数字政府建设是推进政府职能转变、构建服务型政府的必由之路，是提升政府治理能力的一场全方位、系统性、协同式的深刻变革。党的十八大以来，以习近平同志为核心的党中央高度重视数字经济发展和数字政府建设，将网络强国、数字中国和智慧社会建设上升为国家战略。党的十九大以来，中国数字政府建设进程不断加速并逐渐推向高潮，党

作者系广州大学公共管理学院院长，教授，博士生导师。

的十九届四中全会作出推进数字政府建设的重大决策部署，党的十九届五中全会再次要求加强数字政府建设，《中华人民共和国国民经济和社会发展第十四个五年规划和 2035 年远景目标纲要》明确了数字政府建设的任务。2022 年 4 月，中央全面深化改革委员会第二十五次会议审议通过了《关于加强数字政府建设的指导意见》（以下简称《指导意见》），习近平在主持会议时强调，"要全面贯彻网络强国战略，把数字技术广泛应用于政府管理服务，推动政府数字化、智能化运行"，这对加快转变政府职能，全面贯彻网络强国战略，建设法治政府、廉洁政府、服务型政府意义重大。《指导意见》系统谋划了中国数字政府建设的时间表、路线图、任务书，对政府数字化改革的基本原则、主要目标、重点任务和具体要求作出了统一部署和安排。

作为整个经济社会数字化改革历史性、全局性、战略性的任务，数字政府建设是落实智慧社会、网络强国、数字中国战略的重要举措。数字政府建设是当前推动政府治理体系和治理能力现代化的着力点和突破口，是推进"放管服"改革的重要抓手，是促进政府职能转变的重要动能。中国数字政府建设彰显了"让百姓少跑腿、数据多跑路"的鲜明特色，在创新政府治理方式和公共服务模式、降低行政成本和简化办事程序、提升管理效益和服务效率、提高履职能力和治理效能等方面发挥的作用越来越大。由是观之，加快数字政府建设既是全面深化改革、创新政府治理的需要，也是服务型政府自身建设和满足人民对美好生活向往的发展要求。显然，数字政府建设是一项复杂而又艰巨的系统工程，国务院印发《指导意见》为中国政府数字化改革和建设的"下一步"擘画了蓝图和未来、明确了目标和任务。然而，数字政府建设仍然存在地方发展水平不均衡、体制机制不健全、顶层设计不完善、创新应用能力不强、公众参与不够、干部队伍数字意识和数字素养与社会需求不匹配等诸多问题。

毋庸质疑，中共中央、国务院高度重视加强数字政府建设，强化顶层设计，自 2015 年以来颁布了一系列有关数字政府建设的文件（见表 1），明确了数字政府建设的方向和主要任务。而贯彻中共中央、国务院重大部署，解读当下中国数字政府建设，需要通过政府治理理念的历史、理论和实践等三维逻辑去省思，需要通过政府治理结构的宏观、中观和微观等三个层面去审视，需要通过政府治理过程的组织、技术和行动等三重界面去理解。一般而言，从组织界面来看，中国数字政府建设是通过党建引领不断开展组织再造和制度创新而形成"党建+"的过程；从技术界面来看，中国数字政府建设是通过数据赋能不断实施在线履职和融合协同而形成"技术+"的过程；从行动界面来看，中国数字政府建设是通过信息惠民不断达成智能普惠和泛在可及而形成"服务+"的过程。

表 1　中国数字政府建设的主要文件（2015—2022 年）

主要相关文件	颁发部门	时间
1.《关于积极推进"互联网+"行动的指导意见》	国务院	2015-07
2.《促进大数据发展行动纲要》	国务院	2015-09
3.《关于加快推进"互联网+政务服务"工作的指导意见》	国务院	2016-09
4.《"互联网+政务服务"技术体系建设指南》	国务院办公厅	2017-01
5.《关于促进移动互联网健康有序发展的意见》	中共中央办公厅 国务院办公厅	2017-01
6.《政府网站发展指引》	国务院办公厅	2017-05
7.《进一步深化"互联网+政务服务"推进政务服务"一网、一门、一次"改革实施方案》	国务院办公厅	2018-06
8.《关于加快推进全国一体化在线政务服务平台建设的指导意见》	国务院	2018-07
9.《政府网站集约化试点工作方案》	国务院办公厅	2018-10
10.《关于推进政务新媒体健康有序发展的意见》	国务院办公厅	2018-12

续表

主要相关文件	颁发部门	时间
11.《国务院关于在线政务服务的若干规定》	国务院	2019–04
12.《关于建立政务服务"好差评"制度提高政务服务水平的意见》	国务院办公厅	2019–12
13.《关于加快推进政务服务"跨省通办"的指导意见》	国务院办公厅	2020–09
14.《关于加快推进政务服务标准化规范化便利化的指导意见》	国务院	2022–03
15.《关于加强数字政府建设的指导意见》	国务院	2022–06

二、"党建+"：党建引领下的组织再造与制度重塑

众所周知，"集中力量办大事"是成就"中国之治"的制度保证和显著优势。"集中力量办大事"实现了在极端落后条件下的赶超发展、不断战胜前进道路上的各种风险挑战，能够有效实现好维护好发展好人民群众的根本利益。实质上，无论是从历史成就还是从实践经验来看，"集中力量"和"办大事"的关键都在于党的领导。《2020联合国电子政务调查报告》数据显示，中国电子政务发展指数排名居全球第45位，其中，"在线服务"排名跃升全球前十（第9位），这表明了我国数字政府建设的先进水平。需要指出的是，中国数字政府的建设成就同样离不开"集中力量办大事"的传统制度优势，同样离不开数字时代发挥"党建+"的新型链接功能。

"党建+"是数字时代"集中力量"的超链接，是迈向高质量发展而"办大事"的助推器。在数字政府建设进程中，"党建+"充分发挥总揽全局、引领一切、协调各方的领导核心作用，为数字政府建设提供充足而又有保障的制度资源、组织资源和人力资源。总体来说，全面履行党的领导责任，

"党建+"主要表现在以下三个方面：一是"党建+顶层设计"，即统筹安排政府数字化改革愿景、积极破解体制机制创新难题、建立数字政府治理模式；围绕全方位、全过程、全领域的数字政府建设重大问题开展广泛研讨、实行科学决策、强化政治引领。二是"党建+组织再造"，即坚持和加强党的全面领导贯穿于数字化改革全过程，将数字技术嵌入政府治理内部场域并全方位、系统性地推动政府治理流程再造、方式优化和工具更新；有效构建纵向贯通、横向协调、执行有力的数字治理体系，以前瞻性思考、全局性谋划、系统性布局、协同性推进的思路与方法统筹制度、组织、人员、技术和数据等各方面资源，统筹推进数字政府建设的各项工作。三是"党建+制度创新"，即不断健全科学规范的数字政府建设制度规则体系，为推进国家治理体系和治理能力现代化进程提供有力支撑；把党的政治优势、组织优势转化为高质量发展的工作优势、治理优势，为数字政府建设提供强大动能和坚强保障。

"党建+"通过全面深化党建制度和政府改革为抓手，不断释放数字时代党建引领政府自身建设的强大能量，不断提高政府数字化改革中自我净化、自我提升、自我完善、自我革新和自我发展的内生能力，不断激发地方政府开展组织再造和流程再造的创新活力。纵观中国数字政府建设发展历程，特别是在政务服务及其流程再造的发展过程中，经历了通过"部门摆摊、现场提单"方式并运用办公自动化技术开展窗口政务的"政务1.0"阶段（1992年—2001年）和通过"一窗受理、集成办理"方式并应用现代信息技术、互联网技术和政务服务设备开展电子"政务超市"的"政务2.0"阶段（2002年—2015年）之后，中国数字政府建设进入了全面提速的以智能装备为支撑、以数字技术为驱动、以智慧政务为目标的具有"一网通办、接诉即办"特色的"政务3.0"阶段（2016年至今）（见表2）。我们看到，在从"政务2.0"到"政务3.0"的发展过程中，"最多跑一次""只进一扇门""异地通办""一网通办""一网统管""一网协同""一站式服务""接诉即办""街乡吹哨、部门报到"等地方政务服务领域的创新实践不断涌现，成为中国数字政府建设过程中具有"锦标赛"特色的政府数字化改革和政府流程再造的新样态。

表2　数字政府建设的发展阶段及其特征

发展阶段	阶段名称	阶段时间	服务特点	服务前台	主要应用技术
政务 1.0	窗口政务	1992 年—2001 年	部门摆摊、现场提单	政务窗口	办公自动化
政务 2.0	电子政务	2002 年—2015 年	一窗受理、集成办理	政务超市	互联网、信息技术
政务 3.0	智慧政务	2016 年至今	一网通办、接诉即办	政务大厅	大数据、人工智能

"党建+"坚持全面领导、改革引领原则，着力强化改革思维、激发创新活力，在数字政府建设中注重"党建引领＋全员参与""顶层设计＋基层探索""技术创新＋制度创新"的有机结合。我们知道，制度创新是适应数字技术发展规律和技术创新实践的产物，为技术创新提供规范的法治环境，并提供长期而稳定的预期。在制度创新中，以全面建设数字法治政府为目标，通过数字政府建设推动政府行政权力运行的规范化、法治化，通过厘清数据生产者、管理者和使用者的责任，依法推进技术应用、流程优化和政务诚信建设，不断促进职能转变、提升履职效能、优化营商环境、消除技术歧视和保障个人隐私，从而为人民群众和市场主体创造更加公平、更加敏捷和更加便利的公共服务提供支撑。在制度创新中，坚持问题意识和顾客导向，从人民群众关注的焦点、堵点、痛点切入，不断改革各部门管理制度，善于破除业务壁垒和创新服务模式，从而达到"牵一发而动全身"的效果。在制度创新中，围绕深化"放管服"改革和人民群众的实际需求，坚持在法治轨道上和法治框架内提升人民群众的满意度和安全感，善于将具有长期指导意义、经过若干次实践检验且蕴含推广价值、行之有效的成

熟做法及时上升为制度规范，及时修订和清理与数字政府建设现实需求不相适应或者不一致甚至相悖的现行法律法规条款，不断完善与数字政府建设相适应的法律法规框架体系。同时，综合运用法律、制度、督查、监管等多种手段充分保障数据安全，推进可量化、可追溯、可评估的数据安全管理工作。

三、"技术 +"：数据赋能下的在线履职与协同融合

数字时代是一个万物互联的时代，是一个人、物、数据和流程等世间全要素趋于高度互联互通的智慧社会时代。美国学者马克·波斯特在《互联网怎么了？》一书中曾言，"互联网的虚拟世界将全世界的人类智能连接起来，在理论上建立起了一种新的交流结构"。然而，随着互联网、大数据、云计算、区块链、物联网、移动互联网、人工智能、元宇宙等诸多新兴技术的不断涌现和迅猛发展，"虚拟世界"馈赠的不只是"连接"，更多的是"赋能"。因为"连接"指涉的是"+"，而"赋能"除了"+"以外还有"×"；"连接"可能只是一个物理过程，而"赋能"则发生了化学反应。可见，在这个以互联网为基础、以大数据为关键、以人工智能为核心的数字时代里，数字技术给予人类社会生存、生产和生活的增量效果和乘数效应是显而易见的。

"技术 +"是当今时代技术叠加和数据赋能的主要特征。当下中国数字政府建设充分发挥了"技术 +"的连接功能和赋能效应，有效推进政府治理结构转型、行政流程优化、服务模式再造、内部体系整合和履职能力提升，构建起了迈向信息化、网络化、智能化和数字化的政府运行和实践新形态。在"技术 +"里，一方面既有大数据、云计算、区块链、人工智能等技术本身的内涵叠加；另一方面，又有技术之外物理空间和虚拟空间的外延拓展。在"技术 +"里，大数据成为数字政府建设的关键流量和核心驱动力，通过

全面感知、信息交换、流程整合、数据智能等处置方式，将社会治理与政府服务优化升级，不断推进政府决策科学化、社会治理精准化和公共服务高效化。总体来说，"技术+"主要表现在以下三个方面：一是"技术+平台"，主要任务是"建平台"，积极统筹数字政府关键基础设施建设，建立一体化的区域性和全国性基础数据库与综合管理信息在线平台，深化对政务大数据和社会数据的关联分析，推进统一开放的国家大数据中心和全国一体化大数据体系建设，强化政府部门数据管理职责，明确数据归集、共享、开放、应用、安全、存储和归档等责任，从而为政务信息化应用提供安全、稳定、可靠的计算和存储能力；二是"技术+履职"，主要任务是"强能力"，强调实现业务和技术的深度融合，发挥数字化在协助政府进行经济调节、市场监管、社会管理、公共服务、环境保护、政务运行和政务公开等方面的履职能力（见表3），提高政府治理的科学化、精细化、智能化水平；三是"技术+协同"，主要任务是"促协同"，强调坚持系统观念、整体观念、全局观念，统筹推进技术融合、业务融合、数据融合，提升跨层级、跨地域、跨系统、跨部门、跨业务的协同管理和服务水平。

表3　数字政府建设的主要履职能力与重点建设任务

履职能力	主要建设任务	重点建设途径
经济调节	加强经济数据整合、汇聚与治理	构建经济治理基础数据库
	运用大数据强化经济监测预警	加强覆盖经济运行全周期的统计监测和综合分析能力
	提升经济政策精准性和协调性	国家规划综合管理信息平台
市场监管	以数字化手段提升监管精准化水平	加快监管事项清单数字化管理
	以一体化在线监管提升监管协同化水平	构建全国一体化在线监管平台
	以新型监管技术提升监管智能化水平	运用非现场、物联感知、掌上移动、穿透式等新型监管手段

履职能力	主要建设任务	重点建设途径
社会管理	提升社会矛盾化解能力	提升网上行政复议、网上信访、网上调解、智慧法律援助等水平
	推进社会治安防控体系智能化	加强"雪亮工程"和公安大数据平台建设
	推进智慧应急建设	优化完善应急指挥通信网络
	提高基层社会治理精准化水平	实施"互联网+基层治理"行动
公共服务	打造泛在可及的服务体系	充分发挥全国一体化政务服务平台"一网通办"枢纽作用
	提升智慧便捷的服务能力	推行政务服务事项集成化办理
	提供优质便利的涉企服务	深化"证照分离"改革,探索"一业一证"新途径
	拓展公平普惠的民生服务	探索推行"多卡合一""多码合一"
环境保护	提升生态环保协同治理能力	打造生态环境综合管理信息化平台
	提高自然资源利用效率	完善自然资源三位一体"一张图"和国土空间基础信息平台
	推动绿色低碳转型	加快构建碳排放智能监测和动态核算体系
政务运行	提升辅助决策能力	统筹推进决策信息资源系统建设
	提升行政执行能力	加快一体化协同办公体系建设
	提升行政监督水平	优化完善"互联网+督查"机制
政务公开	优化政府信息数字化发布	完善政务公开信息化平台
	发挥政务新媒体优势做好政策传播	构建政务新媒体矩阵体系
	紧贴群众需求畅通互动渠道	优化政府网站集约化平台统一知识问答库

"技术+"是运用大数据技术开展在线履职的平台超链接。"技术+"充分发挥数字政府的平台功能,放大互联网洪流的增量效应和大数据赋能的乘数效

应，不断提升政务服务和政府治理的履职动能和治理效能。实质上，数字政府是一个多功能融合的超强平台，具有数据采集、数据处理、数据利用和数据交流等能力，能够"为政务服务减流程、减环节、减时间提供有效的载体和渠道，体现数字政府高效、智能、便捷的服务本色"。在英国，通过政府颁布的《政府转型战略（2017—2020）》强化"数字政府即平台"的理念，促进跨政府部门建设共享平台，提高政府数字服务效能，改善民众与政府之间的关系。因此，加强政府平台数据汇聚与数据的挖掘、服务和监管，充分发挥数据的战略性基础资源作用和创新驱动作用，不断激发数据要素新动能和释放数据要素价值，实现技术、业务与数据要素的深度融合，能够提高政府在线履职能力，能够提高政府决策科学化水平和管理服务效率，能够提高各行业各领域运用公共数据推动经济社会发展的能力。比如，运用大数据技术及时开展市场分析、形势研判、政策模拟、效果反馈等宏观经济监测，能够实现对宏观经济运行状态的实时跟踪和精准研判。显然，运用大数据技术能够揭示公共事务的关联性、公共决策的逻辑性和公共治理的复杂性，利用数据融合、数学模型、仿真技术等大数据技术可以提高公共决策和国家治理的信息汇集与数据分析能力，提高公共治理的精确度和靶向性，不断推动国家治理走向数据化、标准化和精细化。

"技术+"是数据赋能条件下数字技术的叠加、迭代和融合，是政府开展协同治理的多功能融合协同工具。在这一过程中，政务数据的开放与共享是数字政府建设中开展技术融合和协同治理的基础和前提，是纾解数字政府建设"堵点"的要件和关键。如果没有政务数据的开放和共享，那么也就难有提供资源整合和行动协调的公共平台，也难以构建流程持续优化、数据无缝流动、线上线下融合的业务协同联动体系。毫无疑问，建立以数据资源整合共享为基础的数字协同治理体系，有利于破除部门间的数据垄断和数据壁垒，有利于降低政府内部沟通与协调的制度性交易成本，有利于跨层级、跨系统、跨部门的数据互通共享与协同联动，有利于推动全要素的数字化转型。特别是在数字政府建设中，通过依托一体化协同办公体系建设，既能够实现政府履职能力的系统性和数字化重塑，推进政府内部层面的部门间横向协同、层级间纵向协同、中间层面的云端业务协同以及外部层面的政府与市场、社会等多元主体协同，也能够实现政府部门内部和部门之间"一件事"的高效办理。进而言之，助推数字政府建设，需要全力打破"信息孤岛"和"数据壁垒"，打破专业分工、纵向分权的传统科层制桎梏，破除部门保护主义、行业保护主义和地方保护主义障碍，从而推进技术融合、业务融合、数据融合等"三个融合"，实现部门通、网络通、数据通、业务通等"四个流通"，提升跨业务、跨系统、跨部门、跨层级、跨区域等"五个跨界"的协同管理水平，确保"一网通办""异地可办""跨省通办"等协同管理方式的顺利实现。

四、"服务+"：信息惠民下的智能普惠与泛在可及

满足人民对美好生活的向往既是中华民族和中国人民共同的奋斗目标，也是党和国家进行数字政府建设的出发点和落脚点。新一代信息技术在政府公共服务供给过程中的运用与嵌入，能够实现全流程在线支持、全过程智能辅助、全方位信息公开，能够打造泛在可及、智慧便捷、公平普惠的数字化服务体系，能够不断提升社会服务数字化普惠水平、推动数字城乡融合发展、实现智慧共享的新型数字生活。这种"以人民为中心"的数字化服务和服务数字化，增强了"服务+"的内涵质量和外延能量，让公共服务的"最后一公里"蜕变成为"最后一米"甚至"零距离"，切切实实地让"百姓少跑腿、数据多跑路"变成数字红利。在韩国，融合新兴通信技术、计算机技术和网络信息技术的政府组织在经过"以政府为中心"的"政府1.0"阶段和"以国民为中心"的"政府2.0"阶段之后，正在步入"以每个人为中心"的"政府3.0"阶段。"政府3.0"倡导公民参与，围绕公民提供个性化服务。在这个过程中，积极参与的公民通过相互交流与政府形成更加积极的可预测关系。

　　"服务 +"是服务数字化和数字化服务的技术叠加和服务增值，是传统政府迈入现代政府的"政府 3.0"阶段的工作常态，是公共产品供给和公共服务提供的政府数字在线方式。"服务 +"依托数字化手段，通过政务服务集成改革和流程再造，打造了"一网通办""掌上办事""移动服务"等新模式，实现了"服务 +"的一站式办理、精准化匹配、智慧化体验、高效率集成，提高了靠前服务能力、主动服务能力、人性服务能力、精准服务能力、协同服务能力、整体服务能力。总体来说，"服务 +"主要体现在三个方面：一是"服务 + 平台"，通过搭建跨平台、多元化的数字技术支撑系统，不断深入推进政务服务"一网、一门、一次"改革和政务服务实时化、标准化、规范化、便利化、有效化，建设贯通上下、联通左右、打通内外的全国一体化政务服务平台与政务服务 APP，持续优化全国一体化政务服务平台功能，加快地方各级政府部门政务服务业务系统与国务院有关部门政务服务平台、国家政务服务平台无缝对接与全面融合，全面提升公共服务数字化和智能化水平；二是"服务 + 智能"，运用大数据、区块链、云计算技术创建全国一网通用的用户基础数据库和顾客导向系统，自动辨识和精准对接用户的习惯、偏好等显性需求以及和时空、身份、工作生活状态相关联的隐性需求，通过捕捉用户的原始工作站信息和系统后台积累的数据，构建与数据库关联的需求结构模型和计算公式，进行数据清洗、统计、挖掘和智能分析，从而主动提供心连心、零距离的精准服务和高效服务；三是"服务 + 文化"，培育和弘扬社会主义核心价值观，建设温馨、平等、规范、廉洁、诚信的政务服务文化，推进市场化、法治化、国际化的一流营商环境创新，打造优质的政务服务大厅品牌，建立健全群众需求反馈机制，把群众满意度作为检验政务服务工作的首要标准，真正把政务服务大厅和政务服务中心建成服务基层、惠及百姓的民心工程，推动人们形成向上向善的精神追求和健康文明的生活方式。

　　"服务 +"是数字化全面转型条件下通过打造泛在可及、智慧便捷、公平普惠的数字化服务体系，进一步推进政务服务的标准化、规范化、便利化

（见表4）。在数字政府建设过程中，由于政务数据的统计参数、口径、标准不一，给数据的采集、定价、共享、交易、开发利用带来困难，也由于政务服务运行不规范、区域和城乡政务服务发展不平衡、线上线下服务不协同、数据共享不充分等问题仍然不同程度地存在，给当前政务服务工作带来了一定的困难。因此，按照国务院《关于加快推进政务服务标准化规范化便利化的指导意见》要求，充分应用存储与检索技术、特征识别技术、行为分析技术、数据挖掘技术、人工智能技术、视频采集技术、语音采集技术、环境感知技术、位置感知技术、多媒体呈现技术、自动化控制技术等各种数字技术，不断推进智能服务的标准化、规范化、在线化和无缝化。我们知道，基于能够随时提供无缝式网络连接服务的5G技术、各种智能终端设备创新、超强计算能力及集成化的云计算平台、智能化算法的软件程序为人工智能提供了强力的"智慧支持"，使智能终端和智能服务融入人们的社会生产与生活中。不可回避的是，数字素养和数字治理能力也是制约在线履职和标准作业的重要因素，是当前数字政府建设的重要组成部分和关键内容。因此，数字政府建设作为数据治理的重要基础设施，需要在知识、技术和能力等方面不断提高领导干部的数字意识和数字技术素养，在决策、管理、服务和监督等方面不断提升数字领导和数字执行能力。

表4　政务服务的标准化、规范化、便利化

名称	总体要求	一般要求
政务服务标准化	政务服务事项标准化	明确政务服务事项范围
		建立国家政务服务事项基本目录审核制度
		建立健全政务服务事项动态管理机制
	政务服务事项实施清单标准化	
	政务服务标准体系	

续表

名称	总体要求	一般要求
政务服务规范化	规范审批服务	规范审批服务行为
		规范审批监管协同
		规范中介服务
	规范政务服务场所办事服务	规范政务服务场所设立
		规范政务服务窗口设置
		规范政务服务窗口业务办理
	规范网上办事服务	统筹网上办事入口
		规范网上办事指引
		提升网上办事深度
	规范政务服务线上线下融合发展	规范政务服务办理方式
		合理配置政务服务资源
	规范开展政务服务评估评价	
政务服务便利化	推进政务服务事项集成化办理	
	推广"免证办"服务	
	推动"就近办"	
	推动"网上办、掌上办"	
	推行告知承诺制和容缺受理服务模式	
	提升智慧化精准比，个性化服务水平	
	提供更多便利服务	

资料来源：表中内容根据《国务院关于加快推进政务服务标准化规范化便利化的指导意见》而整理。

"服务+"是数字时代的民生工程和民心工程，体现了"以人民为中心"思想的物在反映。"服务+"坚持问题导向原则，抓住民生领域的突出矛盾和急难愁盼问题，深度开发各种类型的便民应用，不断满足企业和群众多层次和多样化需求，着力破解群众和企业反映强烈的"办事难""办事慢""办事繁"

问题，让"网上办、掌上办、就近办、一次办"更加好办、易办，不断提升公共服务均等化、普惠化和便捷化水平。同时，聚焦社会关注、群众关切、影响较大的高频率、高需求、高综合监管事项，推行"综合查一次"组团执法，运用部门联合"双随机、一公开"以及信用监管等机制，经过数字化再造监管流程，减少重复执法和扰民扰企。"服务+"坚持数字普惠和促进数字包容，消除"数字鸿沟"和各种形式的数字不平等以及"数字歧视"现象，推进基本公共服务数字化应用，提升普惠性、基础性和兜底性的数字服务能力，让数字政府建设成果真正发挥实效，更多、更好、更公平、更成功地惠及全体人民。"服务+"坚持传统服务方式与智能化服务创新并行方针，能够为小微企业、农户、低收入者和空巢老人、留守儿童、残障人士等特殊群体提供具有可触达性、多样式、定制化的高质量服务，能够不断提升基层、相对边远和经济欠发达地区政务服务能力，推动政务服务在不同群体、不同区位、不同地域的均等化、均衡化发展。近几年，"浙里办""粤省事""渝快办"等一大批移动政务服务平台以亲民化方式既起到了便企利民的功效，也强化了公民政治参与和政民互动，还集中反映了政府服务无障碍化供给"一个都不能少"的人本理念。

五、结语

数字政府建设是实现两个一百年目标和全面建设社会主义现代化国家新征程上具有前瞻性、全局性和战略性意义的历史任务。数字政府建设是数字时代政府治理理念和方式全面转型的必然要求，是推动高质量发展、实施高水平治理和创造高品质生活的必由之路，对推进国家治理体系和治理能力现代化进程具有重要的理论意义和实践价值。中国数字政府建设顺应数字技术革命浪潮，适应经济社会发展变革需要，呈现了"党建+""技术+""服务+"等三重界面叠加、迭代和融合的中国式现代化场景。其中，"党建+"是核心，充分体现了党建引领在数字政府建设中的全面领导和组织优势；"技术+"是关键，充分展现了技术嵌入在数字政府建设中的功能链接和数据赋能；"服务+"是目的，充分实现了数字服务在数字政府建设中的泛在可及和信息惠民。

数字政府是数字中国的重要组成部分和核心枢纽，能够有效引领数字经济、数字文化、数字生态、数字社会的全方位协同发展，能够有效引领人类社会走向伟大的数字文明阶段。国家主席习近平在致2021年世界互联网大会乌镇峰会的贺信中指出，要"激发数字经济活力，增强数字政府效能，优化数字社会环境，构建数字合作格局，筑牢数字安全屏障，让数字文明造福各国人民"。毋庸置疑，中国数字政府建设是超大型国家开展集约式治理的现代化方式，提供了走向人民满意的服务型政府建设的中国案例，能够为全球数字政府建设提供中国样本，能够为构建"互联互通，共享共治"的人类网络空间命运共同体提供中国方案，能够为推动全球互联网发展与治理贡献中国智慧，彰显了中国作为互联网大国对于人类共同福祉的高度关切。

伴随着大数据和人工智能广泛应用，机器学习能力快速增强，数据、代码和算法愈来愈多地决定着每位公民在信息方面的可知与不可知、在资源分配中的可得与不可得、在社会活动中的可为与不可为。数字技术如果被滥用，就会违背公共利益和社会价值观，例如，由于收入、地域、民族、宗教、性别等因素被机器"识别"而导致的各种歧视行为。同时，加强数字政府建设和实现政府数字化全面转型工作是一项跨部门、跨层级、跨区域的系统工程，具有牵涉面广、技术密集度高、业务关联性强、协调需求大、工作周期长和投资成本高的特征，因此，必须牢固树立科学的数字观、正确的政绩观，必须摒弃数字官僚主义、数字形式主义，不断推进数字化全面转型和数字中国建设的健康有序发展。

《行政论坛》2022年第5期

大国战略竞争时代全球数字治理
新态势及中国的应对方案

张高原

当今时代，人工智能、大数据、区块链、云计算等数字技术迅猛发展，不仅彻底革新了人类社会科技发展形态，更深层次影响着主权国家间的权力关系，数字技术日益成为左右大国兴衰的关键变量。党的十八大以来，以习近平同志为核心的党中央高度关注全球数字治理议题，提出了一系列关键性论述，特别是 2021 年 10 月，习近平总书记在中央政治局集体学习时强调，"要开展双多边数字治理合作，维护和完善多边数字经济治理机制，及时提出中国方案，发出中国声音"。当前，数字领域已成为大国战略竞争的焦点领域，形成了多方竞争国际数字领导权的全球数字治理新态势，在此背景下，中国进一步有效应对并积极推动全球数字治理的秩序构建有着重要的战略意义。

一、数字领域已成为大国战略竞争新焦点

当前，大国在数字领域中的竞争具体体现为数字基础设施、数字供应链、

作者系北京大学国际关系学院讲师、博士后。

数字规则以及数字意识形态四个核心领域的竞争。

（一）国际数字基础设施竞争

数字技术在全球层面的深度应用，依托于5G基站、超算中心、大数据存储等一系列数字基础设施建设的高标准推进。但现阶段，全球数字基础设施建设尚处于起步阶段，数据存储、数据传输、数据运算以及数据分析等各关键环节的基础设施仍有极大拓展空间，而国际数字基础设施领域的建设需求也吸引了大国的目光，成为大国战略竞争的关键环节。在俄乌冲突中，美国SpaceX公司旗下星链网络就介入了美俄两大国围绕乌克兰危机所进行的博弈，SpaceX公司的CEO埃隆·马斯克宣布星链将为乌克兰方面提供数字网络支持，这在很大程度上对俄罗斯的军事安全构成了威胁。同时，现阶段发达国家与发展中国家在国际数字基础设施竞争中各自呈现出不同的特点。一方面，发达国家数字基础设施具有先发优势，在全球层面保持领先地位，但随着数字技术的快速发展，发达国家数字基础设施面临更新换代的迫切需求，发达国家对于中国等新兴经济体参与其国内数字基础设施建设存在偏见，从而引发两者之间的矛盾和摩擦。另一方面，在国际数字基础设施竞争中，发达国家也充分认识到了发展中国家市场的巨大潜力。长期以来，发展中国家与发达国家之间在数字基础设施方面的巨大差距，导致全球数字鸿沟的存在，进而影响数字全球化的深入推进。当前，发展中国家有着发展自身数字基础设施的强烈愿望，这也成为全球性数字大国竞相争夺的关键性市场。

（二）国际数字供应链竞争

在国际数字经济发展方兴未艾的今天，有效保障自身的数字供应链安全对于主权国家而言至关重要，因而国际数字供应链成为大国战略竞争的重要领域。在数字化时代，数字经济成为推动全球经济发展的最新动力，围绕数字经济所展开的数字供应链也得以在全球层面布局，形成效率最优化的产业集合。但近年来，伴随着大国战略竞争态势的不断演化，西方大国为实现遏制中国国家实力增长、打压中国数字科技头部企业发展的目标，假借国家安全理由对中国数字科技企业采取了芯片断供、进出口制裁等一系列胁迫行为。俄乌冲突发生后，西方跨国企业大规模撤出俄罗斯市场，停止对俄罗斯进行数字服务。当前，由于美国等西方大国对中国等新兴经济体国家的持续打压，全球数字供应链安全的信任基础遭到严重削弱，国际数字供应链领域的竞争已成为大国数字竞争的重要战略领域。

（三）国际数字规则竞争

数字时代的到来，对国际关系运行规律也产生了深刻影响，使国际规范演进打上了深刻的数字烙印。当前，全球数字秩序正处于构建的关键阶段，世界主要大国争相加入国际数字规则的竞争行列，试图对国际数字规则的形成施加更大的影响。特别是近年来，美国等西方国家在数字领域不断强化自身战略规划，力图抢占先机，主导未来世界的数字秩序走向。一方面，美国等西方国家基于自身利益考量，正在试图构建排他性的国际数字规范，以谋求国际数字领域制度霸权，遏制新兴经济体国家在数字领域的迅速崛起。为具体实现这一图谋，美国等西方国家不仅注重通过 WTO、APEC 等多边机制宣介其主导下的国际数字规则，更是发挥美日同盟、美韩同盟、"五眼联盟"等安全同盟的作用，试图率先在其同盟国之间形成统一的数字贸易规则。另一方面，美国等西方国家也试图通过"长臂管辖"的方式来垄断对国际数字规则的解释权。"长臂管辖"是美国惯用的干涉他国国内事务的方式，其要义在于通过美国国内立法来"定义"和"约束"他国的国际行为。在美国试图掌控国际数字规则的过程中，其也在国内通过了《澄清域外合法使用数据法》（CLOUD 法案）等数字领域的法案，并以此作为其干预国际数字事务的重要工具。

（四）国际数字意识形态竞争

在大国战略竞争背景下，国际数字治理领域的意识形态倾向不断凸显，国际数字意识形态竞争成为大国战略竞争的重要组成部分。近年来，西方在意识形态领域对中国等新兴经济体的战略敌视不断深化，从美国特朗普政府时期对华为、TikTok 等中资数字科技企业的战略打压，到拜登政府力图拉拢欧盟构建将中国排除在外的美欧科技联盟，当前，中国正面临着西方在意识形态领域的封锁与围堵。除了在国际层面构建反华意识形态联盟，西方国家还试图依托各种尖端数字技术对华进行意识形态攻击。一种是运用推荐算法对华开展意识形态渗透，这一方式主要表现为，借助搜索门户和社交平台，在数据推送方面构建"算法黑箱"，逐步影响受推荐对象对特定问题的认识甚至价值观。另一种是在网络空间大肆运用社交机器人等"数字水军"，对涉华舆论进行歪曲和恶意引导，意图营造反华政治氛围。除此之外，西方国家还通过"假新闻""深度伪造"等数字技术，对中国进行规模化的数字攻击，其最终目的是通过歪曲报道的方式，在意识形态上对中国形成消极影响。在美国等西方国家的政治操纵下，现阶段国际数字空间的意识形态风险空前加剧，大国间的国际数字信任基础几乎销蚀殆尽，国际数字空间日益成为关乎大国数字主权、安全和发展利益的重要领域。

二、全球数字治理呈现多方竞争国际数字领导权的新态势

近年来，在西方国家逆全球化思潮和国际性新冠疫情的影响下，全球经济发展遇到极大阻碍，各类全球性问题的治理难度进一步加大。特别是全球数字治理领域，成为现阶段大国战略竞争的焦点，呈现出多方竞争国际数字领导权的新态势。

（一）国际领导权及其历史演进

国际领导权是国际关系互动中的核心理念，特别是对于大国而言，其可以作为衡量自身在国际事务中的威望的重要参考。按照层次划分，国际领导权可分为结构性领导权、组织性领导权和知识性领导权三个方面，这些方面是大国战略竞争的关键环节。自近代国际关系体系形成以来，英国、美国和苏联均在一定时期内、一定程度上拥有领导世界的实力，并对国际规则构建施加了自身的影响力。特别是冷战结束后，美国凭借自身的"一超"地位，长期牢牢把控国际领导权，给国际规则构建贴上了鲜明的美式标签。但近年来，随着美国自身实力的衰退，加之中国等新兴经济体国家综合国力和国际影响力的迅速提升，国际领导权开始出现在大国间转移的趋势，这成为影响当前全球治理整体架构的关键性因素。

（二）国际数字领导权竞争是当前全球数字治理的核心议题

近年来，国际数字领导权之争已经成为全球数字治理的核心议题，其原因在于：一方面，牢牢掌握全球数字治理的走向成为关乎大国战略竞争胜负的关键。现阶段，数字领域已成为全球安全与发展的焦点领域，大力发展数字经济更是世界各国应对全球性经济衰退的战略选择。在此背景下，掌控全球数字治理的走向不仅会左右大国自身的国家安全，更会对人类社会的安全与发展产生全局性影响。另一方面，左右全球数字治理发展方向的关键在于掌握国际数字领导权。当前，新冠疫情对全球经济的影响持续深化，俄乌冲突更对国际局势产生了深刻影响，与此同时，逆全球化思潮也在不断瓦解全球合作的信任基础，全球数字治理的持续推进面临严峻挑战，亟须世界性大国发挥自身在理念引领、机制构建以及基础设施等公共物品供给方面的作用。因此，全球数字治理能否持续向好，在很大程度上取决于大国数字领导权的更好使用。

（三）国际数字领导权的多方竞争态势

当前，国际数字治理领域正在形成不同模式的治理架构，其核心是大国在国际数字领导权层面的战略竞争。总体而言，现阶段已经形成了以美国、欧盟、中国为代表的三种国际数字领导权模式雏形，其成为左右国际数字治理未来走向的关键。

1. 美国模式：价值观诉求下的单边主义模式。美国作为数字技术和数字经济发展最早、最为活跃的国际行为体，其对于全球数字治理的关注由来已久。早在 2013 年，美国国际贸易委员会就发布了《美国和全球经济中的数字贸易报告》，首次提出"数字贸易"概念，并指出数字贸易将成为美国数字经济战略的重点。此后，美国进一步参与全球数字治理进程，并通过《数字贸易十二条》等一系列重要的指导性规章，在一定程度上推动了全球数字治理的深化发展。但需要注意的是，近年来，美国在全球数字治理中日益谋求排他性的单边主义决策地位，试图构建以美国为核心的全球数字霸权。究其原因，一方面是美国将自身处理国际事务的霸权思维移植到了新兴的数字领域，另一方面则是美国充分认识到了获得数字领域领导权对其继续谋求全球霸主地位的重要支撑意义。美国谋求自身在国际数字领域单边主义霸权的行为，反映了自身的价值观诉求，即拉拢欧盟、日本等行为体对迅速发展的中国进行打压，这在拜登就任美国总统后体现得更为明显，已成为美国在国际数字领域谋求单边主义霸权地位最为核心的战略手段。

2. 欧盟模式：力图以平衡谋利的有限多边模式。欧盟试图获得全球数字治理领导权的方式具有其自身的独特性，带有明显的平衡性外交特点。当前，在国际数字技术和数字贸易格局中，中美两大国的实力超越了所有国家，但随着美国对华科技战愈演愈烈，中美两国在国际数字领域的合作空间遭到严重挤压，这为欧盟作用的发挥创造了客观条件。现阶段，欧盟在国际数字治理中的主导思想便是在中美两大国之间推行平衡政策，谋求自身的自主性并获利。一方面，拜登就任美国总统后，欧盟选择同拜登政府合作，打造美欧"跨大西洋贸易和技术理事会"机制，以打压中国等新兴经济体数字科技的迅猛发展势头。另一方面，欧盟同美国在数字税等关键议题上存在着根本性的分歧，因此，加强同中国等新兴经济体国家在数字领域的合作也是欧盟对美国全球数字霸权进行约束的重要手段。总体而言，欧盟在全球数字治理中试图构建的是一种以自身为领导核心的有限多边模式，其最终诉求仍是希望通过平衡大国关系来谋求自身利益。

3. 中国模式：共商共建共享的开放性多边模式。中国是全球数字治理中最具开放性的大国。近年来，随着自身数字经济的不断发展，中国在全球数字治理中的作用也明显提升，推动着全球数字治理架构不断完善。特别是相较于美国和欧盟更为注重自身私利的立场而言，中国在全球数字治理中更多充当着新兴国家数字利益代言者的角色，努力推动国际社会共同形成开放性的多边数字治理模式。中国所倡导的国际数字领导权具有鲜明的"弱中心"特性，虽仍注重发挥大国在国际数字机制和数字基础设施等公共物品供给中的重要推动作用，但更加注重广大发展中国家特别是新兴经济体的作用，力图使共商共建共享成为全球数字治理的理念基础，因而获得了大多数国家的肯定和支持。

三、全球数字治理多方竞争态势下中国的应对方案

大国战略竞争时代，数字领域成为大国战略竞争的关键性领域，全球数字治理呈现出中、美、欧盟等多方竞争国际数字领导权的新态势，其中，中国倡导的是共商共建共享的开放性多边模式，美国等西方国家则更加强调全球数字治理中的意识形态特性，试图推进自身在数字空间的霸权。在此背景下，不仅中国国家安全将面临严峻挑战，全球数字治理的发展也将遭遇极大阻碍，因此，中国必须积极有效应对这一新态势。

（一）引领开放性全球数字治理的深入推进

当今时代，数字技术正以前所未有的改造能力深刻影响着国际关系的未来走向，不断塑造着数字时代背景下的国际秩序。但需要注意的是，在全球数字治理不断积极推进的今天，美国等西方国家仍秉持原有的霸权主义国际义利观，企图构建不公正、不平等的国际数字治理秩序，特别是美国，更是试图在国际数字治理中谋求自身的单边主义霸权地位。面对国际数字治理被美国等西方国家引入歧途的危险局面，中国作为全球数字领域最具活力的新兴经济体和最大的发展中国家，需要发挥自身的建设性作用，引领开放性全球数字治理的全面发展。具体而言，一方面，中国需要将自身所倡导的共商共建共享理念进一步在国际数字治理领域推广开来，使其成为国际数字领域不可动摇的根本理念；另一方面，中国也可以同相关国家一起打造人类数字领域命运共同体，将共商共建共享的根本理念加以具体落实，齐心协力共同解决国际数字领域的治理难题，使世界各国能够更好地利用数字技术，增进各国的数字利益。

（二）筑牢参与全球数字治理的实力基础

当前，在全球数字治理体系中，中、美、欧盟三方是最有力的竞争者。其中，美国在数字领域具有极强的先发优势，掌控着大量全球性数字媒体平台，并不断以此强化自身在全球数字治理体系中的单边主义地位；欧盟虽然在全球性数字平台和数字科技研发实力上相比于美国处于劣势地位，但长期以来，欧盟借助自身在国际科技标准化层面的优势，成为现阶段全球数字标准的主要提供者，掌握着极强的国际数字规则定义权，影响力巨大。相较于美国等西方发达国家，中国的数字产业发展近年来虽有了迅猛的进步，但在尖端数字技术研发和数字标准制定等层面与其相比仍有极大的差距，特别是在数字芯片等方面存在严重短板，在西方国家的打压下容易出现数字供应链安全问题，因此，现阶段，中国为更好地参与和推动全球数字治理，须筑牢自身的实力基础，不仅要着力解决数字技术"卡脖子"问题，更要充分调动多元社会主体投入数字科技研发的积极性，做大做强中国数字产业。此外，还需要鼓励中国数字企业走出去，打造具有国际影响力、话语权和标准制定能力的全球性数字科技企业，夯实中国在全球数字经济中的重要地位。

（三）构建双边多边结合的国际数字合作网络

中国在全球数字治理体系中的影响力、塑造力、领导力的进一步提升，有赖于多层次国际数字合作网络的构建，这是提升中国在国际数字领域整体实力的重要路径。一方面，中国需要充分发挥国家间双边互动的重要作用，就国际数字领域规则构建、数字贸易税收监管等焦点问题进行充分协商。双边层面国际数字合作的优点在于，可以在有限范围内对关键性问题进行充分而深入的协商，进而协调两国在该问题上的对外立场，有助于形成国家间在国际数字谈判中的伙伴关系。在现阶段的国际数字领域中，中俄、中印、中日等双边层面均存在巨大的共同利益，可以通过双边谈判方式加强彼此在数字领域的互信与合作。同时，中美之间或者中国同欧盟国家之间在推动数字技术研发和国际数字产业发展这一根本性问题上也存在一定程度的共同诉求，因此，也需要通过双边沟通来协调各自立场。另一方面，国际组织、国际论坛等多边舞台也为中国构建更为立体化的国际数字合作网络提供了契机。近年来，随着数字技术对国际秩序产生的深层次影响，诸如 WTO、APEC、博鳌亚洲论坛、达沃斯会议等国际组织和国际论坛开始越来越多地将注视的目光投向国际数字领域，就国际数字秩序走向和数字问题治理进行深层次的探讨。现阶段，中国也需要充分借助此类多边舞台，积极宣介自身关于国际数字治理的开放性治理思路和共商共建共享治理理念，推动形成关于国际数字治理的广泛共识。

（四）统筹国际数字治理中的发展与安全

党的十八大以来，以习近平同志为核心的党中央提出了总体国家安全观的重要理念，深刻剖析了统筹发展与安全的重要意义。当今世界正经历百年未有之大变局，大国在国际数字领域的战略竞争走向激烈化，在此背景下，进一步统筹国际数字治理中的发展与安全是中国能持续参与国际数字秩序构建的重要保障。一方面，要明确合作与发展仍是国际数字治理的主流方向。当前，国际数字治理虽面临一系列挑战，但数字技术的不断发展符合世界各国人民最广泛的利益需求，进一步以合作方式推动国际数字秩序构建是各国的根本利益所在。另一方面，在新冠疫情持续肆虐、美欧国家价值观外交死灰复燃、数字技术安全隐患频发的今天，中国在参与全球数字治理的进程中需要牢牢树立安全思维，有效保障我国数字安全。特别是面对美国等西方国家构筑数字领域反华联盟、运用数字平台实施对华意识形态攻击等行径，更要给予有力回击，坚决维护中国在国际数字治理中的合理利益和国家安全。

《领导科学》2023 年第 1 期

加强数字经济国际合作
推动全球数字治理变革

李　涛　徐　翔

一、数据互通合作为数字经济发展奠定要素基础

党的十九届四中全会首次提出将数据作为生产要素参与分配，探索建立健全由市场评价贡献、按贡献决定报酬的机制。数据作为数字经济的关键要素，在进入 21 世纪后呈现出爆发增长、海量集聚的趋势，成为实现创新发展的重要力量，事关各国安全与经济社会发展。

与其他生产要素相比，数据要素更容易进行跨境流动，数据要素的价值会随着流动不断增加。在数据跨境流动过程中，国家安全、企业利益与个人隐私都面临诸多风险，数据权属问题成为一个绕不过、避不开、必须回答的关键问题。近年来，由数据跨境流动引起的国际争端有增加趋势。2020 年7 月 16 日，欧洲法院推翻了欧盟与美国 2016 年达成的"隐私盾"数据传输协议，要求全球企业必须停止在美国的服务器上存储欧盟居民的信息。2021年 12 月 16 日，法国国家信息自由委员会要求美国 ClearviewAI 公司停止收集和使用来自法国的数据。类似的数据跨境流动争端层出不穷，数据流通协

李涛系中央财经大学副校长，北京市习近平新时代中国特色社会主义思想研究中心特约研究员；徐翔系中央财经大学副教授，北京市习近平新时代中国特色社会主义思想研究中心特约研究员。

议与共同开发机制的缺失导致数据要素的巨大价值难以被充分释放。与此同时，与美国、欧盟等发达经济体相比，我国在数据流动与隐私保护领域的相关立法与制度设计主要侧重于国内数据安全。我国如果不能尽快建立数据跨境流动的相关制度，将可能被边缘化为"数据孤岛"，失去数据要素资源流通与开发领域的主动权。

积极参与数据要素的国际互通合作，一是加快构建具有中国特色的数据跨境流动政策制度体系。统筹好国内数据治理与跨境数据流动、数据流动自由化与存储本地化、数据流动安全与发展之间的关系，在数据安全与流动技术上积极与国际接轨。二是与同我国一样坚持"数据安全、自由流动"基础原则的国家尽快建立数字伙伴关系，积极开展双多边数据互通合作，共同开发数据要素资源。三是结合我国发展经验积极参与国际数据安全规则制定。目前，国际社会尚未就跨境数据流动的基础性规则达成共识，各国的立法模式和数据标准之间存在严重分歧。2020年9月我国发起《全球数据安全倡议》，表达了对于数据安全与合作的基本主张。未来应以此倡议为基础，积极参与国际组织的数据流通议题讨论，呼吁国际社会加强数据互联互通，弥合数据流通分歧。

二、技术创新合作为数字经济发展提供内在动力

以互联网、大数据、人工智能、云计算等为代表的数字技术是数字经济的实现基础和动力来源。数字技术的迅速发展是数据要素得以充分使用的前提条件，数字技术与实体经济的深度融合为传统产业转型升级赋能。伴随各国数字经济迅速发展，数字保护主义和技术民族主义在一些主要发达国家出现抬头趋势。这些国家强行从战略、安全和国家间竞争的角度看待科技议题，过度保护本国科技市场、技术资源和比较优势，阻碍知识传播与创新合作，形成技术垄断与数字壁垒。

数字技术代表着数字经济时代的先进生产力，围绕数字技术展开的国际合作有利于数据要素的高效配置、各类市场主体的加速融合以及数字经济的协调发展。我国应通过积极参与数字技术创新合作，推动数字技术和实体经济深度融合。一方面，与其他国家的数字技术合作应以建设数字基础设施和搭建技术创新平台为重要抓手。近年来，我国与共建"一带一路"国家开展了跨境光缆等基础建设合作，保障网络基础设施互联互通，进而推动信息通信技术发展。我国还应积极参与搭建数字技术国际创新合作平台，强化资源优势互补，维护全球协同一致的创新体系，进而促进不同制度、不同民族和不同文化在网络空间包容性发展。另一方面，参与制定国际技术标准不仅是主权国家的责任所在，也是保障国际标准多样性和公平性的重要举措，在数字技术的国际标准制定上，我国政府、企业与研究机构应担当更加积极的角色。国际技术标准对于相关技术与行业的发展具有引领作用，主动参与数字技术标准的制定是我国持续增强数字经济全球市场竞争力的重要布局。在国际标准的制定过程中，国内科技企业与研究机构应担当更加积极的角色。

三、产业发展合作促进数字经济发展互利共赢

数字产业化与产业数字化是数字经济发展的两大核心业态，也是我国加强数字经济国际合作的重要内容。在数字产业化方面，我国目前面临关键领域创新能力不足、产业链供应链受制于人的现实困难；在产业数字化方面，面临大量工业企业技术能力有限、基础配套能力不足与研发人才资源匮乏等问题。更大规模、更深层次的产业发展合作是解决这些困难的有效手段。

大力发展数字贸易，推进高质量对外开放。数字贸易是各国在数字产业发展上展开合作的重要抓手，也是实行高水平对外开放的内在要求。应加大服务业开放力度，探索放宽数字经济新业态准入。加快建设数字口岸、国际信息产业和数字贸易港，构建国际互联网数据专用通道、国际化数据信息专

用通道和基于区块链等先进技术的应用支撑平台。大力发展跨境电商，扎实推进跨境电商综合试验区建设，积极鼓励各业务环节探索创新，培育壮大一批跨境电商龙头企业、海外仓领军企业和优秀产业园区，打造跨境电商产业链和生态圈。

积极参与国际数字经济伙伴关系建设。通过主导和参与数字经济领域双多边合作协议推动电子商务便利化、数据转移自由化与个人信息安全化，有效弥合数字鸿沟，积极开展数字能力建设和政策实践分享，明确数字经济的合作方向和重点领域，为推动数字经济合作作出重要制度性安排。通过与各国更深层次的产业发展合作，寻求更多利益契合点、合作增长点、共赢新亮点，推动彼此互补共进、协同发展。

四、加强数字经济治理合作，推动构建全球治理新秩序

目前全球范围内尚不具备统一规范的数字经济治理框架，各国在数字经济治理上缺少足够共识，相关规则孤立且零散，无法形成有效治理模式与完整治理体系。原有全球治理体系无法充分应对时代新挑战，数字经济领域的国际合作面临政治考量、意识形态和文化安全等多方面的重大考验。习近平总书记强调，"全球数字经济是开放和紧密相连的整体，合作共赢是唯一正道，封闭排他、对立分裂只会走进死胡同"。我国应积极开展双多边的数字治理合作，推动建立开放、公平、非歧视的数字营商环境，破解当前的全球数字治理赤字。

积极参与国际组织数字经济议题的谈判与体制建设。目前，包括联合国、世界银行、国际货币基金组织、世界贸易组织等在内的各大国际组织均在开展数字经济治理相关工作，以制定网络空间国际规则、提升全球治理能力、促进经济文化和社会的可持续发展、消除数字鸿沟和数字壁垒为主要目标。中国应积极参与相关议题的讨论与治理体制的建设工作，并基于中国数字经

济发展实践建言献策，积极维护发展中国家群体的正当权益。

进一步完善和维护以区域性机制为主的双多边数字经济治理机制，深化政府间数字经济政策交流对话。我国应积极主动向世界提供数字治理公共产品，有效弥补现有国际数字经济治理体系存在的缺陷，秉持共商共建共享的全球治理观，促进推动建设开放型世界经济，开创国际数字经济合作新局面。

面向未来，我国应加快构建数字合作新格局，推动数字经济不断迈向新台阶，让更多国家和人民搭乘信息时代的快车，共享数字技术发展成果。通过积极倡导"数字多边主义"，推动双多边数据跨境流动和数字合作协定谈判，参与制定数字技术和网络安全的国际标准，我国将不断提升全球数字规则框架的话语权和规则制定权，与各国合作伙伴共同推动形成一个繁荣发展的人类命运共同体。在开启人类数字文明新时代的征程中，中国应发挥更加重要的建设性作用，坚定践行"对话而不对抗、包容而不排他，努力扩大利益汇合点、画出最大同心圆"的全球治理观，激发数字经济合作的潜能和活力，造福全世界人民。

《光明日报》（2022年09月06日11版）

做好数据流通的全价值链赋权
筑基数字化发展环境

于　洋　杨祖艳　林彦熹

近期，国家提出组建国家数据局，负责协调推进数据基础制度建设，统筹推进数字中国、数字经济、数字社会规划和建设等。这标志着我国数字经济经过二十年蓬勃而自发的发展后，进入了有为政府赋能有效市场的新阶段。数字经济新阶段首当其冲的治理难题，就是数据要素治理。自党的十九届四中全会正式将数据列为生产要素以来，各界关于数据要素理论的思考和讨论日益增多，各行各业已广泛开展试点实践，但仍需从国家层面统一加强对数据的管理、开发、利用。2022年12月党中央国务院发布《关于构建数据基础制度更好发挥数据要素作用的意见》（以下简称"数据二十条"），从数据产权、流通交易、收益分配、安全治理等方面构建数据基础制度，着力推动我国做强做优做大数字经济，应对科技革命和产业变革，构筑国际竞争新优势。在国家数据局成立背景下，更进一步讨论应如何构建与数字生产力发展相适应的生产关系，不断解放和发展数字生产力的治理框架显得十分重要。

于洋系清华大学交叉信息研究院助理教授；杨祖艳系华控清交信息科技（北京）有限公司副总裁；林彦熹工作单位：清华大学交叉信息研究院。

一、数据流通的全价值链治理：数字经济可持续发展的基石

数据要素治理的体系建设面临一系列难题：一是线头多但缺系统化的思路，问题治丝益棼。基于数据的经济活动中的利益攸关者众多，其中的问题不仅相互交织，而且还分散在不同行业、领域，因此亟须一个系统化的思路来厘清重点。二是有市场，缺交易。目前数据要素市场上成熟可交易的品类少，市场无法对基于数据的很多经济活动定价，比如数据收集和标签、模型构建等还需进一步明确交易标的。三是有理论，缺工具。"数据二十条"已明确数据要素上存在着资源持有权、加工使用权、产品经营权等不同权利，数据流通对信息安全和隐私保护的影响也被广泛研究，但落实治理责任还需要具体的工具和抓手。

本文认为，数字经济治理要以数据流通为抓手，在数字经济全价值链上对各种要素的投入进行赋权。这一判断基于以下三个理由：首先，数据不是孤立形成价值的，数据只有通过流通进入到社会化大生产，和多重要素相结合才能形成经济价值。因此，对数据要素进行赋权定价不应孤立来看，必须同时对算法建模、数据收集和加工等环节的其他要素投入同时赋权定价。以人工智能内容自动生成（AIGC）为例，其商业化运作不仅要对数据定价，也要为数据清洗和标签定价赋权，还要为模型定价和赋权。其次，数据要素贯穿整个数字经济。数据要素的流通串联起了其他要素、筑基了数字经济的价值链。数字经济中的活动就是通过资本、劳动、知识要素的投入，不断在数据要素上形成附加值的过程。因此，以数据流通为线索，能够溯源数字经济价值链上的利益攸关方、厘清数字经济的有效激励机制。最后，数字经济治理的一系列关键问题——例如信息安全和隐私保护等，都发生在数据流通的全价值链上。因此，全价值链的要素投入进行赋权，也就赋能了定责、风险节点管理等治理。

数据流通的全价值链赋权是一个完整的治理体系。它包括了数字经济发

展所需要的新型基础设施规划和建设、数据流通中的各类无形资产赋权和市场定价机制构建、数据安全和侵权审计等一系列制度构建。数据作为信息的载体，具有多方可以同时使用、使用后自身不减少，并且产生新数据等特征，具有明显的非竞争性和非排他性，缺乏工具无法赋权。同时，数据的外部性也阻碍了对数字经济中其他要素投入的赋权和定价、阻碍了信息安全等的定责和防风险。因此，数据流通的全价值链赋权需要构建相应的基础设施，并在基础设施之上形成完整的治理体系。

二、全价值链的多种资产赋权和监管是数据治理的基础

数据流通是数字经济价值链的基础。数字经济是基于数据要素流通、多要素多主体分工合作的复杂经济。从数据产生到服务和产品的供给，整个过程通常涉及数据产生、数据采集、数据加工、数据使用等不同环节。在每个环节中，劳动要素、资本要素、知识要素和数据要素相结合，形成各种与数据相关的服务或中间产品。数据价值链提供了一种框架图景，将这个过程中的数据流向、参与主体、要素投入清晰展现，由数据产生至应用结果的记录下形成一条链。过程中的每次附加价值加入对应数据价值链上的一次劳动（或智力劳动）要素、知识要素或技术要素加入，以箭头指向数据价值链表示。图1展现了数据流通价值链的基本模型。其中每个节点是一个数据记录，数据记录A指向数据记录B，当B是A的一个加工结果；每条边对应一份合约和对该合约的不可伪造、不可篡改的记录，如智能合约与一个要素投入记录或一个应用提案记录。数据价值链就是在数据流通过程中，不同要素通过组合增加附加值的过程。

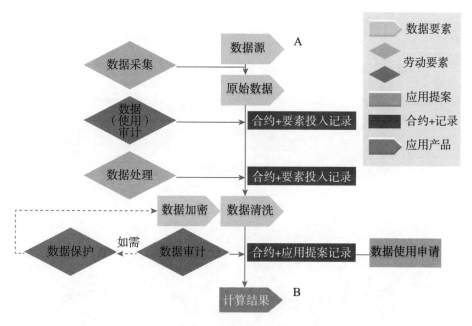

图 1 数据要素流通的价值链示意图

　　数据流通的全价值链管理是政府赋权和治理的基础。数据价值链各环节的各个要素必须先赋权才能实现可估值、可定价。由于多要素、多主体构成的复杂性，他们共同构成数据价值链的利益攸关者，见图 2。数据价值链上的这些利益攸关者主要存在自身权益的保护需求，包括资源持有权、加工使用权、产品经营权等。数据流通可能涉及国家安全或公共安全，也可能影响他人的隐私安全等数据权益。因此，政府需要制定数据流通的审查和定责框架。与此同时，数据外部性治理的定责，也必须建立在权属明晰的基础上。

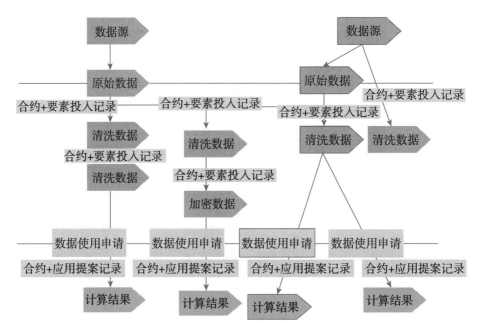

图 2　数据要素流通的利益攸关者图结构

在这些要求下，数字经济治理，需要政府基于数据流通全价值链，形成三项制度：数据权限许可证制度、利益攸关者／分红凭证管理制度、数据合规证明制度（见图 3）。数据权限许可证，是许可相关市场主体参与数据要素流通交易的准入证，类似于市场管理部门的工商登记证明。利益攸关者／分红凭证则是数据要素、劳动要素、资本要素、知识要素等要素持有者参与数据要素流通交易后，评凭证获取回报的权证。数据合规证明文件是数据提供方、结果使用方在数据流通过程中，其业务符合国家相关法律法规的证明文件。通过这三项制度，政府一方面保护了数据全价值链上利益攸关方的权益、保障了数字经济市场的有效性和获利；另一方面也能管理好信息安全风险等数据外部性，明确数字经济中各个主体的责任边界，做好定责追责。

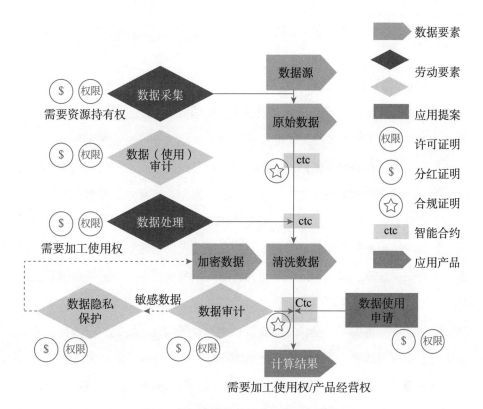

图 3　基于数据价值链梳理的治理流程

数字经济的发展需要多层次的要素流通体系：其中既要有市场化流通如数据交易，以货币为对价、以市场供需为基本定价机制；也有非市场化流通方式如公开、赠予、继承、划拨、司法判决等。数据流通的全价值链赋权是构建和支撑数字经济估值体系的基础，这体现在：赋权有凭证，市场主体之间在此基础上才能形成交易，基于此构建数据流通交易市场；权益可溯源，数据流通全价值链上的要素价值才能够被评估；可溯源的赋权能够厘清不同要素的贡献，明确权益分配和归属，从而支撑市场化的议价和定价，也才可以支撑数字和数据资产的股权和债券化，从而形成可具流通性、更为敏锐和灵活的、由价格发现和市场化定价的机制。

三、全价值链的多种资产赋权和监管需要新型基础设施

数据要素的特点造成数字经济治理的复杂性，因而基于数据流通价值链的数据赋权需要特殊的基础设施。数字经济治理的复杂性主要在于以下三个方面：一是数字经济涉及多种要素组合和多利益主体，每种要素投入和每个利益主体都期待确保自身投入的回报，这需要有完整的要素流动和组合的记录和追踪系统。二是数据的非竞争性、非排他性的要素特点，导致了数据要素和其他数据价值链上的要素投入的赋权，需要能够有效记录及追溯数据权利的技术手段，如区块链和非同质化通证等数字赋权记录技术。敏感数据的计算和使用还需要多方安全计算、零知识证明等可控计算环境的构建技术。三是数据要素负外部性治理的公共服务提供需要智能合约等技术，控制数据用途和用量不伤害相关主体、不危害国家安全，并能实现社会利益最大化。因此，以数据流通的价值链上赋权为基础，整个数字经济治理需要一套完整的基础设施体系。

首先，数据流通的价值链特性，明确了数字治理基础设施需要具备合同可记录、利益攸关者可追踪的功能。政府对利益分享权益的保护、对数据安全责任的划界、定责、追踪，以及对数据使用权限的保护和滥用的监管，也都发生在要素组合、附加值变化的环节。然而，数据流通往往存在全价值链长、合同关系复杂的特点，数字治理的基础设施只有能够记录和溯源数据流通过程中的要素组合和对应的合同，才能够实现全价值链上各种要素投入的赋权，也才能够做好信息安全治理等监管的划界和定责。因此，数据流通的全价值链赋权需要合同可记录、利益攸关者可追踪的数字基础设施体系，区块链和非同质化通证等技术能够支撑上述数字赋权需求功能实现。智能合约等区块链技术解决了合同可记录、利益攸关者可追踪、要素投入可记录的基本问题。非同质化通证技术能够让不同要素在各个环节的投入方式、特点、合同关系被差异化、可追踪地记录。

其次，数据价值链上的多要素赋权，需要要素投入可控可计量的数字记录

和监管环境。数据价值链上的多要素赋权，首先要能解决数据非排他性造成的数据使用不可控的问题。由于数据的非排他性，数据要素和其他要素结合后，其他要素也难以被计量、被赋权。因此，数据资源持有权、加工使用权、产品经营权等的界定和保护，都需要首先对数据非排他性进行处理。例如，在生成人工智能（AIGC）的版权争议中，大量艺术工作者创作的内容被无偿地用于模型训练、形成人工智能模型的内容生成能力，但是缺乏可控可计量的工具，核算和标记艺术工作者创作内容对模型的贡献，导致了艺术工作者们的权益受到了损害、无法通过市场化的机制定价和保护艺术工作者们对生成人工智能的贡献。此类数据的使用应通过数据所有权等权利追溯的技术手段和管理手段，减少其因非排他性造成的使用后损害著作人权益的问题。对于敏感数据，可应用多方安全计算、零知识证明等技术构建可控计算环境，通过分离数据的持有权和使用权，提供让数据使用可控的先决条件，从根本上筑基数据全价值链上各种要素的赋权。这些技术应用密码学方法对数据做密文处理，控制数据的使用，使得数据要素可以只被用于根据法规和合同所规定的事项，为数据价值链上的多要素投入赋权奠定基础。具体而言，数据中"可见"的明文数据转化为"不可见"的密文计算因子，使得计算因子和原始数据本身分离，同时又承载数据的计算价值，从而实现数据计算价值的流通，为数据使用可控、数据要素赋权提供条件。

最后，通过智能合约技术，各参与方可提前约定计算的目的、方式、次数，从而限制可能引起数据要素负外部性的用途，鼓励引起正外部性的用途。具体地，智能合约对数据价值链上的交易参与方进行权限控制、把数据使用精确限制到只针对具体的算法和使用次数，同时也可对投入的其他要素价值进行精确的贡献计量，实现了可计量。在这个过程证辅以全流程存证，对各方操作进行记录并防止篡改，实现数据操作行为的"事后可查"，避免出现风险后的责任不明，实现了可溯源。

随着国家数据局的筹备推进，新型数字基础设施的顶层设计具有重要意义。本文提出的基于数据价值链赋权基础设施框架（见图4），既实现了数据要素的安全可信流通，又可标定数据流通过程中相结合的不同的要素投入，从而使得数据要素具备了和其他要素类似的可交易性、可赋权性、可管理性，为推动数据要素市场建设找到了一些"可行解"。此外，本文认为，数据全价值链赋权的基础设施也将为"数据二十条"规定的数据三权进一步证券化提供基础，为市场化定价数据流通全价值链上的多重要素投入形成技术支撑。非同质化通证记录了数据价值链上的要素投入；智能合约技术明确界定和记录了数据价值链上各个要素的定价机制；多方安全计算技术则保证了敏感数据无法被滥用。这使得非同质化通证、智能合约所承载的权益等都可以被估值、进而证券化。例如，在生成人工智能（AIGC）的案例中，大量艺术工作者创作的内容一旦被人工智能模型使用，就可以被非同质化通证所记录。艺术工作者和模型开发者之间的交易合同则界定了收益分配方案，使记录这一使用关系的非同质化通证有了可估值的依据，从而具备了可交易的属性，由数据要素供需市场衍生出来的数据金融市场更值得各方期待。

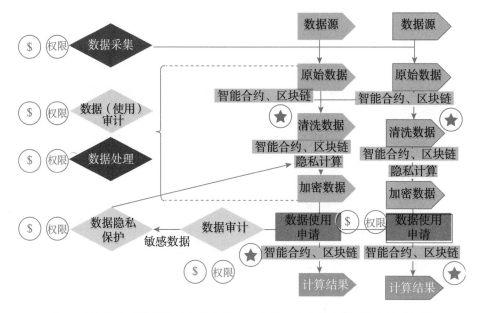

图 4　基于隐私保护计算、智能合约、区块链等技术构建新型数字基础设施

附录：

数字中国发展报告（2022 年）

2023 年 4 月

党的二十大报告指出，要加快建设网络强国、数字中国。建设数字中国是数字时代推进中国式现代化的重要引擎，是构筑国家竞争新优势的有力支撑。中共中央、国务院印发《数字中国建设整体布局规划》，按照夯实基础、赋能全局、强化能力、优化环境的战略路径，明确了数字中国建设"2522"的整体框架，从党和国家事业发展全局的战略高度作出了全面部署。2022 年，各地区、各部门、各领域积极探索实践，深入推进数字基础设施、数据资源体系建设，促进数字技术与经济、政治、文化、社会、生态文明建设各领域深度融合，加快数字技术创新步伐，提升数字安全保障水平，营造良好数字治理生态，积极拓展数字领域国际合作，数字中国建设进入整体布局、全面推进的新阶段。

【第一篇】数字中国建设基础加快夯实

一、数字基础设施规模能级大幅提升

数字基础设施是数字中国的底座。2022 年，我国网络基础设施、算力基础设施、应用基础设施规模和服务能力快速增长，一体化协同发展水平稳步

提升。"双千兆"网络深度覆盖进程加速，网络基础设施覆盖区域持续下沉。算力基础设施规模世界领先，"东数西算"工程全面开展。工业互联网、车联网、能源互联网等应用基础设施加速赋能高质量融合发展。

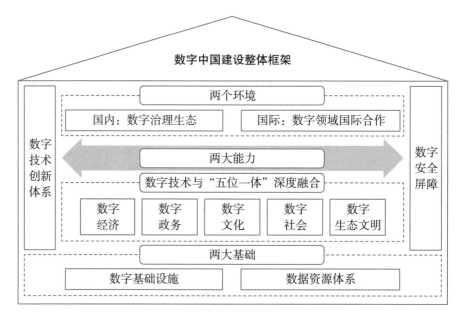

图 1　数字中国建设"2522"整体框架

（一）网络基础设施适度超前部署取得重要进展

我国已实现"市市通千兆、县县通 5G、村村通宽带"。截至 2022 年底，5G 基站数量达 231.2 万个，较 2021 年新增 88.7 万个，总量全球占比超 60%。5G 网络覆盖全国所有地级市城区、县城城区以及 96% 的乡镇镇区，5G 用户达 5.61 亿户。互联网宽带接入端口数达 10.71 亿个，同比增加 5320 万个，具备千兆网络服务能力的 10GPON 端口数达 1523 万个，同比增加 737.1 万个。达到千兆城市建设标准的城市增至 110 个，千兆用户突破 9000 万户，千兆光网已经具备覆盖超过 5 亿户家庭的能力。互联网带宽达 38T，互联网骨干网总体性能迈入世界前列。我国移动物联网终端用户数达 18.45 亿户，净增 4.47 亿户，成为世界主要经济体中首个实现"物超人"国家。

IPv6 规模部署与应用深入推进，IPv6 活跃用户数达 7.28 亿，移动网络 IPv6 流量占比近 50%，我国互联网加快向 IPv6 演进升级。北斗系统已全面服务交通运输、公共安全、应急管理、农林牧渔等行业，融入电力、通信、金融等基础设施。

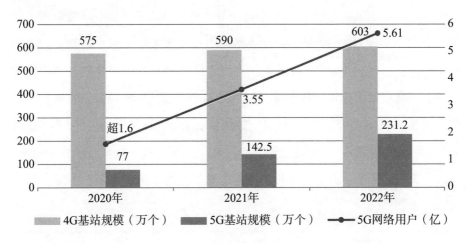

图 2　2020 年—2022 年我国移动通信基站和 5G 用户规模情况

数据来源：工业和信息化部

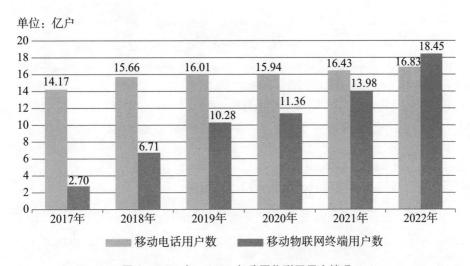

图 3　2017 年—2022 年我国物联网用户情况

数据来源：工业和信息化部

（二）算力基础设施进入全面建设阶段

算力基础设施规模加速提升。截至 2022 年底，我国数据中心机架总规模已超过 650 万标准机架，近 5 年年均增速超过 30%，在用数据中心算力总规模超 180EFLOPS，位居世界第二。"东数西算"工程从系统布局进入全面建设阶段。2022 年，京津冀等 8 个国家算力枢纽建设进入深化实施阶段，新开工数据中心项目超 60 个，新建数据中心规模超 130 万标准机架。西部数据中心占比稳步提高，"东数西算"干线光纤网络和兰州等中西部国家互联网骨干直联点加快建设，推动全国算力结构不断优化。超算发展水平位于全球第一梯队，2022 年最新发布的全球超级计算机 500 强中，我国共 162 台上榜，总量蝉联第一，"神威太湖之光"和"天河二号"持续位居榜单前十。上海、天津、武汉、合肥、深圳、成都等城市加快推进智算中心建设。

单位：万架

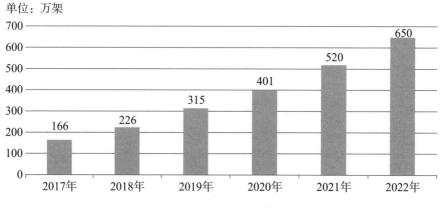

图 4　2017 年—2022 年我国在用数据中心机架规模

数据来源：工业和信息化部

（三）应用基础设施融合赋能效应逐步显现

工业互联网向网络、平台、安全一体化发展，已覆盖 45 个国民经济大类和 85% 以上的工业大类。截至 2022 年底，工业互联网标识解析体系全面建成，全国顶级节点累计接入二级节点 265 个，新增 97 个，服务近 24 万家企业。全国具备行业、区域影响力的工业互联网平台超过 240 个，重点平台连接设备超过 8000 万台（套），服务工业企业超过 160 万家。车联网基础设施建设全面提速。全国累计建设 17 个国家级测试示范区、4 个国家级车联网先导区、16 个智慧城市基础设施与智能网联汽车试点城市，完成智能化道路改造超过 5000 公里，从单条道路测试扩展到区域示范。能源互联网和智能充电设施快速发展。

二、数据资源体系加快建设

数据资源是数字中国建设的核心要素。2022 年，我国数据基础制度加快构建，数据资源规模稳步提升，公共数据资源流通共享能力加强，推动数据要素价值充分释放，助力数字经济高质量发展。

（一）数据基础制度加快构建

2022 年 12 月，中共中央、国务院印发《关于构建数据基础制度更好发挥数据要素作用的意见》，系统提出我国数据基础制度框架，从数据产权、流通交易、收益分配、安全治理等四方面加快构建数据基础制度体系。各地区加快制定出台数据开发利用的规则制度，已有 22 个省级行政区、4 个副省级市出台数据相关条例，促进地方规范推进数据汇聚治理、开放共享、开发利用、安全保护等工作。多地积极探索数据管理机制创新。截至 2022 年底，全国已有 26 个省（自治区、直辖市）设置省级大数据管理服务机构，广东、天津、江苏等地区探索建立"首席数据官"机制。

（二）数据资源供给能力不断提升

2022 年我国数据产量达 8.1ZB，同比增长 22.7%，占全球数据总产量 10.5%，位居世界第二。截至 2022 年底，我国存力总规模超 1000EB，数据存储量达 724.5EB，同比增长 21.1%，占全球数据总存储量的 14.4%。我国大数据产业规模达 1.57 万亿元，同比增长 18%。政务数据开放共享有序推进。国务院办公厅印发《全国一体化政务大数据体系建设指南》，深入推进政务数据共享开放和平台建设。截至 2022 年底，全国一体化政务数据共享枢纽已接入各级政务部门 5951 个，发布各类数据资源 1.5 万类，累计支撑共享调用超 5000 亿次。我国已有 208 个省级和城市的地方政府上线政府数据开放平台，其中省级平台 21 个（含省和自治区，不包括直辖市和港澳台），城市平台 187 个（含直辖市、副省级与地级行政区），较 2021 年新增 1 个省级平台和 14 个城市平台。

图 5　2017 年—2022 年我国数据产量及全球占比情况

数据来源：中国信息通信研究院、中国网络空间研究院

（三）数据资源流通利用加快探索

公共数据授权运营探索不断深入。北京、上海、广东、浙江等地区以地方法规形式推动构建公共数据授权运营基本规则，加速推动落地实践。北京授权建设运营公共数据金融专区，充分发挥工商、税务、公积金等公共数据对金融服务的支撑作用；上海授权开展公共数据运营业务，推动以公共数据为牵引，加快实现公共数据、行业数据、社会数据资源的整合布局。各地加快探索推进数据交易机构建设，多地交易机构联合开展数据要素流通标准体系研究，促进数据要素价值释放。截至 2022 年底，全国已成立 48 家数据交易机构。上海数据交易所引导多元主体加大数据供给，积极构建数商生态体系；北京建成国内首个基于自主知识产权的数据交易平台，将数据交易全过程上链存储，推动实现数据合规流通；深圳数据交易所以深港数据交易合作机制为抓手，积极推动数据跨境交易。

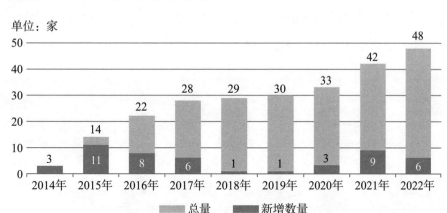

单位：家

图 6 2014 年—2022 年我国数据交易机构数量增长情况

数据来源：中国信息通信研究院

【第二篇】数字中国建设全面赋能经济社会发展

三、数字经济成为稳增长促转型的重要引擎

发展数字经济是构建现代化经济体系的重要支撑。2022 年，我国数字经济规模达 50.2 万亿元，总量稳居世界第二，同比名义增长 10.3%，占国内生产总值比重提升至 41.5%。数字产业规模稳步增长，数字技术和实体经济融合日益深化，新业态新模式不断涌现，数字企业加快推进技术、产品与服务创新能力提升，不断培育发展新动能。

（一）数字产业规模稳步增长

2022 年，电子信息制造业实现营业收入 15.4 万亿元，同比增长 5.5%。软件业收入跃上十万亿元台阶，达 10.81 万亿元，同比增长 11.2%。其中，信息技术服务收入达到 70128 亿元，同比增长 11.7%，占全行业收入的比重达 64.9%；云计算、大数据服务共实现收入 10427 亿元，同比增长 8.7%，占信息技术服务收入的比重达 14.9%；集成电路设计收入 2797 亿元，同比增长 12.0%；电子商务平台技术服务收入 11044 亿元，同比增长 18.5%。电信业务收入达 1.58 万亿元，同比增长 7.5%。

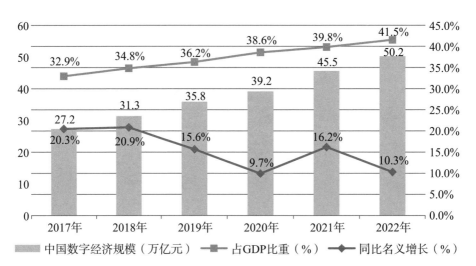

图 7　2017 年—2022 年我国数字经济规模、同比名义增长及占 GDP 比重

数据来源：中国信息通信研究院

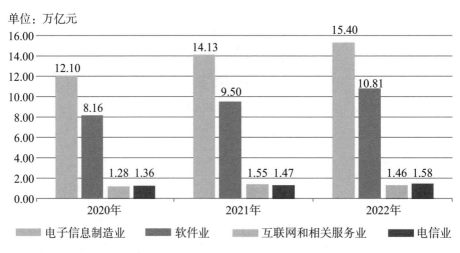

图 8　2020 年—2022 年我国数字产业营收增长情况

数据来源：工业和信息化部

（二）数字技术和实体经济融合深入推进

农业数字化加快向全产业链延伸，农业生产信息化率超过25%，智能灌溉、精准施肥、智能温室、产品溯源等新模式得到广泛推广。基于北斗系统的农机自动驾驶系统超过10万台（套），覆盖深耕、插秧、播种、收获、秸秆处理等各个环节。制造业数字化转型提档升级。2022年全国工业企业关键工序数控化率、数字化研发设计工具普及率分别增长至58.6%和77.0%，同比分别提升3.3和2.3个百分点。工业互联网核心产业规模超1.2万亿元，同比增长15.5%。5G融合应用深入发展，已融入52个国民经济大类，"5G+工业互联网"全国建设项目超4000个。智能制造应用规模和水平大幅提升，四成以上制造企业进入数字化网络化制造阶段，制造机器人密度跃居全球第五位，智能制造装备产业规模达3万亿元，市场满足率超过50%。启动产业主数据标准生态体系建设，浙江、江苏、山东等地开展分行业试点。服务业数字化转型深入推进，线上消费在稳消费中发挥积极作用，全国网上零售额达13.79万亿元，同比增长4%。其中，实物商品网上零售额达11.96万亿元，同比增长6.2%，占社会消费品零售总额的比重达27.2%，创历史新高。线上办公、在线旅行预订、互联网医疗用户规模分别达5.4亿人、4.2亿人、3.6亿人，增长率分别达到15.1%、6.5%、21.7%。

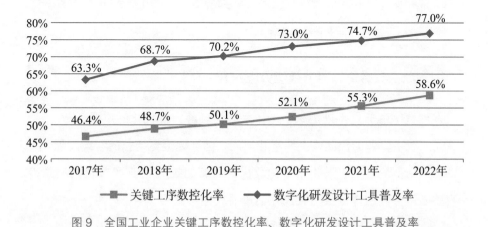

图9 全国工业企业关键工序数控化率、数字化研发设计工具普及率

数据来源：国家工业信息安全发展研究中心

（三）数字企业创新发展动能不断增强

数字企业加大创新研发投入，2022年我国市值排名前100的互联网企业总研发投入达3384亿元，同比增长9.1%。研发投入前1000家民营企业中，计算机、通信和其他电子设备制造业，以及互联网和相关服务业平均研发强度分别为7.33%和6.82%，位居行业排名前两位。创新型数字企业融资支持力度持续加大，科创板、创业板已上市的战略性新兴产业企业中，数字领域相关企业占比分别接近40%和35%。工业互联网领域新增上市企业53家，首发累计融资规模581.34亿元。

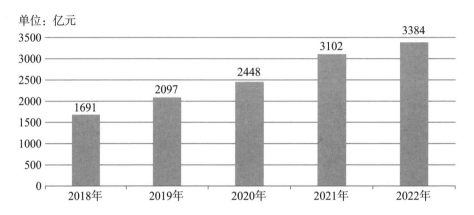

单位：亿元

图10　2018年—2022年我国市值排名前100互联网企业总研发投入

数据来源：根据上市互联网企业财报统计

四、数字政务协同服务效能大幅提升

发展数字政务是推进国家治理体系和治理能力现代化的重要任务。2022年，我国数字政务加快向线上线下相协同、标准规范更统一的方向发展，"一网通办""跨省通办"服务体系持续优化，有力提升企业和群众的满意度、获得感。政务新媒体已成为政民互动重要渠道。

（一）顶层设计和制度规则加快健全

2022年，国务院印发《关于加强数字政府建设的指导意见》，加快数字技术在政府管理服务中的广泛深入应用，推进政府数字化、智能化转型；印发《关于加快推进政务服务标准化规范化便利化的指导意见》，进一步推进政务服务运行标准化、服务供给规范化、企业和群众办事便利化。各地积极推进数字技术应用与政府职能转变协调配套，探索打造"线上＋线下"协调管理模式。北京坚持从办好"一件事"入手，打造"无事不扰、无处不在"的一体化综合监管体系；天津打造一批应用示范场景，强化"双随机、一公开"监管；浙江全面推进极简审批许可，加快实现商事主体登记"零干预、零材料、零费用、零跑动"。

（二）党政机关数字化服务能力不断增强

国家电子政务外网覆盖范围持续扩大，已连接 31 个省（自治区、直辖市）和新疆生产建设兵团，实现地市、县级全覆盖，乡镇覆盖率达到96.1%。全国人大代表工作信息化平台正式开通，汇集办理议案建议群组超2 万个，推动提升人大代表履职工作和沟通效率。全国各级政协以信息化赋能委员履职，省级政协普遍开发履职应用程序，积极开展网络议政、远程协商。中央纪委国家监委机关推动基层小微权力"监督一点通"信息平台建设完善，已覆盖 16 个省份 836 个县（市、区），累计办结群众投诉 68.7万件。智慧法院服务能力覆盖 100% 高院中院和 97% 基层法院，全国法院电子诉讼占比从 2021 年的 24% 提升至 2022 年的 28%，全国统一司法区块链平台累计完成 28.9 亿条数据上链存证固证，率先出台人民法院在线诉讼、在线调解、在线运行"三大规则"。全国检察机关数字检察工作正式启动，全年提供律师互联网阅卷服务超 7 万次，同比增长 159%。数字技术有力支撑群众信访办理，7 日内程序性回复基本达到 100%。"互联网＋督查"深入推进，平台累计访问量上亿次，成为覆盖面最广、影响力最大、社会参与度最高的政府监督平台。

（三）在线服务标准化、规范化、便利化水平稳步提升

从 2012 到 2022 年，我国电子政务发展指数国际排名从 78 位上升到

43 位，是上升最快的国家之一。其中"在线服务"指数排名保持全球领先水平，上海在全球 193 个城市综合排名中位列第 10 名，城市数字化服务达到国际领先水平。截至 2022 年底，全国一体化政务服务平台实名注册用户超过 10 亿人，国家政务服务平台总使用量超过 850 亿人次，已初步实现地方部门 500 万余项政策服务事项和 1 万多项高频应用的标准化服务，大批高频政务服务事项实现"一网通办""跨省通办"，有效解决市场主体和群众办事难、办事慢、办事繁等问题。全国 96.68% 的办税缴费实现"非接触式"办理，电子发票服务平台用户数量突破千万级。电子证照共享服务体系持续完善，已汇聚 31 个省份、新疆生产建设兵团和 26 个部门 900 余种电子证照、56.72 亿条目录，累计提供电子证照共享服务 79 亿次，有效支撑"减证便民"。国家政务服务平台"助企纾困服务专区""民生保障服务专区"等针对企业和特殊个人群体提供精准保障服务，助力各地复工复产。广东全面推广数字政府填表报数系统，推进"目录之外无填报、目录之内系统报、数智赋能少填报"，大幅压减基层填报的表格数量、数据项和工作量。

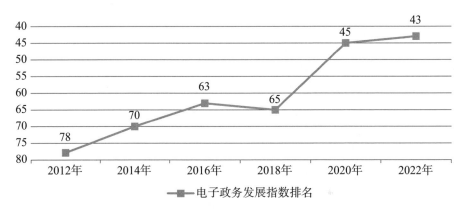

图 11　2012 年—2022 年我国电子政务发展指数全球排名变化情况

数据来源：《联合国电子政务调查报告》

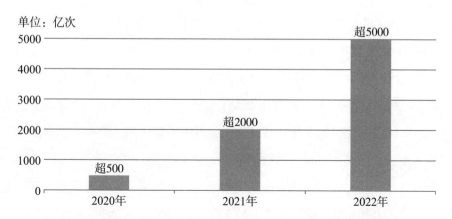

单位：亿次

图12　2020年—2022年国家政务服务平台累计数据共享调用次数

数据来源：国务院办公厅电子政务办公室、中国互联网络信息中心

（四）政务公开支撑践行全过程人民民主

社会各界借助网络媒体平台积极为党中央、国务院重要工作建言献策。党的二十大报告起草过程中，中央有关部门专门开展了网络征求意见活动，收到854.2万多条留言。2022年《政府工作报告》起草收到网民建言近百万条，报告起草组对1100多条代表性建言中的重点意见予以吸收。政府门户网站交流互动能力持续增强。2022年，70%以上的政府网站已迁入集约化平台运行，为企业和群众提供统一便捷的交流访问渠道。各省市政府通过重要网站平台拓宽重大文件发布征求意见的渠道，重点围绕"六稳""六保"、优化营商环境等重要工作发布政策解读。政务新媒体发展至11万个账号，年发文量超过2000万篇，形成了一批引导力强的优质头部账号。整体联动、同频共振的政策信息传播格局正在构建。

五、数字文化提供文化繁荣发展新动能

发展数字文化是坚定文化自信、提升国家文化软实力和中华文化影响力的重要举措。2022年，我国深入推进国家文化数字化战略实施，数字文化资源不断丰富，公共文化场馆数字化转型取得积极成效，数字文化产业培育壮大，网

络文化蓬勃发展，数字文化消费进一步提升，助推文化强国建设迈上新台阶。

（一）文化数字化转型加速推进

2022 年，中共中央办公厅、国务院办公厅印发《关于推进实施国家文化数字化战略的意见》，推动打造线上线下融合互动、立体覆盖的文化服务供给体系。文化场馆加快数字化转型，全国智慧图书馆体系、公共文化云建设项目深入推进。公共图书馆智慧化服务能力显著提升，国家公共文化云和 200多个地方性公共文化云平台服务功能不断完善，数字文化资源不断丰富。全民阅读、艺术普及数字化服务能力显著提升，我国数字阅读用户达到 5.3 亿。传统村落数字博物馆建设取得积极进展，2022 年新增 126 个村落单馆，累计完成 839 个村落单馆建设，形成了涵盖全景漫游、图文、影音、实景模型等多种数据类型的传统村落数据库。云演艺、云展览、沉浸式体验等新应用场景不断涌现。第十三届中国艺术节、纪念毛泽东同志《在延安文艺座谈会上的讲话》发表 80 周年舞台艺术优秀剧目展演、新时代舞台艺术优秀剧目展演等各类展演展示活动，均采用线上线下同步方式打造"第二剧场"，让舞台艺术"破屏穿云"，进一步扩大传播力影响力。2022 年全国"村晚"示范展示活动以网络直录播、短视频等形式呈现，线上线下参与约 1.18 亿人次。

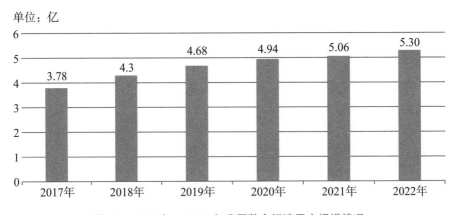

图 13 2017 年—2022 年我国数字阅读用户规模情况

数据来源：中国音像与数字出版协会

（二）网络文化创作活力进一步激发

网络文化正能量更加充沛，"中国这十年""沿着总书记的足迹"等网上重大主题宣传，聚焦宣传阐释习近平新时代中国特色社会主义思想、展示新时代伟大成就，为党的二十大胜利召开营造了浓厚热烈的舆论氛围。"文艺中国2022新春特别节目"全网累计话题关注量达3亿，直播观看量突破1000万人次，视频总观看量达8135万人次，赢得海内外广泛赞誉。网络文化精品力作迭出，《人世间》《我们这十年》《思想耀江山》《我和我的新时代》等一批主旋律网络电影、网络纪录片、网络综艺节目、纪实文艺节目、网络剧等作品热播，获得观众青睐。数字内容创作蓬勃发展，广大网民积极创作生产向上向善的网络文化产品。全国重点网络文学企业作品超过3000万部，网络文学用户超过5亿，发展势头稳健。我国网文出海吸引约1.5亿用户，成为传播中国文化的重要力量。2022年，我国网络音乐用户规模达6.84亿，网民使用率64.1%。动漫、互联网文化娱乐平台等文化新业态特征较为明显的16个行业实现营业收入43860亿元，同比增长5.3%。

（三）数字技术与媒体融合深入推进

数字技术应用增强文化服务能力。全国广电机构积极推进8K超高清、云转播、自由视角、VR节目制作、数字人等高新视听制播呈现技术示范应用，不断提升观众视听体验。北京、上海、浙江等地开展有线电视智能推荐服务试点，更好满足人民群众对高质量、个性化视听节目的需要。2022年1月，中央广电总台开播我国第一个8K超高清电视频道CCTV-8K，开通了"百城千屏"超高清传播平台，对北京冬奥会开闭幕式及赛事进行直播。国家文物局联合中央广电总台推出《中国考古大会》《中国国宝大会》《古韵新声》等系列节目，应用VR/AR等数字技术生动展示文物的文化内涵与时代价值。数字文化市场用户规模不断壮大，截至2022年底，我国网络视频用户规模近10.31亿，网民使用率达96.5%，其中短视频用户规模首次突破10亿，网民使用率达94.8%。网络直播用户规模达7.51亿，同比增长6.7%。网络游戏用户规模超过 6 亿，占网民整体的六成以上。

六、数字社会建设推动优质服务资源共享

建设数字社会是保障和改善民生、扎实促进共同富裕的有效路径。截至 2022 年底，我国网民规模达到 10.67 亿，较去年同期增长 3549 万人，互联网普及率达 75.6%。国家教育数字化战略行动全面实施，数字健康加速发展，社保就业等领域数字化服务水平不断提升，智慧城市和数字乡村建设深入推进，全民数字素养与技能提升行动取得积极成效，适老化、无障碍改造迈上新台阶，数字社会发展更加均衡包容。

（一）国家教育数字化战略行动全面实施

数字化教学条件加速升级。99.89% 的中小学（含教学点）学校带宽达到 100M 以上，超过四分之三的学校实现无线网络覆盖，99.5% 的中小学拥有多媒体教室。国家教育数字化战略行动全面实施，国家智慧教育公共服务平台正式开通，建成世界第一大教育教学资源库，优质教育资源开放共享格局初步形成。国家中小学智慧教育平台自改版上线以来，汇聚各类优质教育资源 4.4 万余条，其中课程教学资源 2.5 万课时。国家职业教育智慧教育平台接入国家级、省级专业教学资源库 1014 个，精品在线开放课程 6628 门，平台现有各类资源 556 万余条。慕课数量快速增长，国家高等教育智慧教育平台提供了 2.7 万门优质慕课，以及 6.5 万余条各类学习资源，用户覆盖 166 个国家和地区。教师信息技术应用能力稳步提升，教育部先后实施两轮全国中小学教师信息技术应用能力提升工程，"三个课堂"应用、"一师一优课、一课一名师"活动深入推进。

（二）数字健康服务资源加速扩容下沉

优质医疗资源向基层延伸拓展，数字化向医疗健康全领域加速渗透。远程医疗服务平台已覆盖全国 31 个省份及新疆生产建设兵团，地市级、县级远程医疗服务实现全覆盖，全年共开展远程医疗服务超 2670 万人次。据初

步统计，截至 2022 年 10 月，全国设置超过 2700 家互联网医院，开展互联网诊疗服务超过 2590 万人次。1.65 万家基层中医馆接入中医馆健康信息平台。医保信息化平台覆盖范围持续扩大。全国统一的医保信息平台全面建成，接入约 40 万家定点医疗机构和 40 万家定点零售药店，有效覆盖全体参保人。国家医保服务平台实名用户达 2.8 亿，涵盖 100 余项服务功能。数字技术在辅助诊断、康复、配送转运、医疗机器人等方面的新应用快速普及，互联网直播互动式家庭育儿、线上婴幼儿养育课程、父母课堂等新形式不断涌现。全国体育系统举办全民健身线上运动会，直接参加人次 1396 万，全网总曝光量超 56.2 亿次。

（三）社保就业数字化服务持续拓展

数字社保服务实现规模化覆盖。截至 2022 年底，全国电子社保卡领用人数达 7.15 亿，月活跃用户超 1.27 亿，增速达 40% 以上，已开通服务渠道 486 个、全国服务 86 项，全年累计访问量达 112.85 亿次。全国人社政务服务平台、国家社保公共服务平台、掌上 12333、电子社保卡等全国人社线上服务渠道持续完善，提供服务 140.98 亿人次。建成企业职工基本养老保险全国统筹系统，全国基金"一本账"基本形成，累计办理业务 4.49 亿笔。在线就业服务支撑作用进一步发挥。"就业在线"平台覆盖全国公共就业人才服务机构和经营性人力资源服务结构，提供近 4000 万岗位信息，为 2865 万人提供求职招聘服务 1.57 亿人次。中国公共招聘网与全国 503 家公共就业人才交流服务机构实现联网，日均发布招聘岗位 26 万条，日常岗位招聘人数约 100 万人。残疾人联合会开展盲人多元就业网络培训活动，"心光绽放助盲项目"学员超过 7000 人。数字技术职业认定标准与培育不断扩展。人力资源社会保障部修订公布《中华人民共和国职业分类大典（2022 年版）》，首次增加数字职业标识（标识为 S），共标识数字职业 97 个，将其中的大数据、区块链、云计算、集成电路、人工智能等 13 个数字技术新职业纳入职称评审范围。

（四）信息惠民建设取得有力进展

道路客运电子客票服务持续推广普及，全国超 2200 个二级以上客运站累计生成电子客票超 2.82 亿张。住房公积金数字便民成效初步显现，全国住房公积金小程序全年累计服务 4.25 亿人次，办理住房公积金异地转移接续业务 314 万笔，划转资金 310 亿元。社会救助精准化水平不断提升，特殊群体便捷办事服务范围持续扩展。民政部建成全国低收入人口动态监测平台，归集完成 6300 多万低收入人口信息。民政一体化政务服务平台服务能力持续提升，上线残疾人两项补贴"全程网办""社会救助申请专栏"等，70 项服务事项累计提供服务超过 1100 万次，持续打造"惠民直通车"。适老化、无障碍改造行动加速推进，与老年人、残疾人生活密切相关的 648 家网站和APP 完成了改造，60 岁以上老年人激活或使用医保电子凭证实现由家人代办的人数超过 1981 万。电子社保卡推出"亲情服务""长辈版"等服务，为老年人提供便捷服务 8400 多万人次。各主要网约车平台公司在近 300 个城市上线"一键叫车"功能，累计为 930 余万老年人乘客提供 5300 余万单服务。

图 14　2017 年—2022 年我国网民规模及互联网普及率增长情况

数据来源：中国互联网络信息中心

（五）新型智慧城市发展更加集约高效

数字技术在智慧城市建设中由单项应用向集成融合转变。新型城市基础设施建设试点在 21 个市（区）稳步推进，城市信息模型（CIM）基础平台、智能化市政基础设施加速建设。上海、雄安新区等地积极推动数字孪生城市建设，数字孪生技术在城市规划建设管理、城市公共设施建设等领域深入应用。北京昌平区、上海临港新区等 19 个地区加快数字家庭试点建设。住房城乡建设部以"一网统管"为目标，推动国家、省、市三级城市运行管理服务平台互联互通，加快推进城市服务治理业务集成联动，支撑北京、上海等超大型城市提升城市感知、风险预警、科学决策能力。国务院安全生产委员会办公室推进深圳、南京、西安、青岛等 18 个城市安全风险综合监测预警体系建设试点，构建城市生命线、公共安全、生产安全和自然灾害等领域安全监测感知网络，建设综合监测预警平台，提升城市安全风险防范、化解、管控的智能化水平。基层数字治理加快创新探索，中央网信办等 8 部门联合推进 92 家国家智能社会治理实验基地建设，科技部支持建设 18 个国家新一代人工智能创新发展试验区，持续开展长周期、宽领域、跨学科的人工智能社会实验工作。智慧城市建设标准逐步完善，《城市信息模型基础平台技术标准》《城市大脑标准体系建设指南（2022 版）》《新型智慧城市评价指标》《体育场馆智慧化标准体系建设指南》等一批智慧城市标准规范相继出台。

（六）数字乡村建设迈向规模化部署阶段

截至 2022 年底，我国农村网民规模达 3.08 亿，农村地区互联网普及率达到 61.9%，城乡地区互联网普及率差异较去年同期缩小 2.5 个百分点。数字乡村试点深入推进。中央网信办、农业农村部支持浙江建设数字乡村引领区。首批国家数字乡村试点完成终期评估，浙江省德清县、北京市平谷区、天津市西青区、江苏省南京市浦口区、浙江省平湖市、重庆市渝北区等地区试点建设水平位居全国前列。数字乡村标准化建设步伐加快。中央网信办等 4 部门印发《数字乡村标准体系建设指南》。国家标准化管理委员会发布 23

项以数字（智慧）农业为重点的国家农业标准化示范区项目名单。智慧农业建设快速起步，农业农村部累计支持 8 个国家数字农业创新中心、分中心以及 41 个国家数字农业创新应用基地建设。农村电商蓬勃发展，县乡村电子商务体系和快递物流配送体系加快贯通，2022 年全国农村网络零售额达 2.17 万亿元，全国农产品网络零售额达 5313.8 亿元，同比增长 9.2%，增速较 2021 年提升 6.4 个百分点。乡村数字化治理效能不断提升，全国基层政权建设和社区治理信息系统覆盖全国 48.9 万个村委会。数字惠民服务体系不断完善，促进城乡居民共享数字化发展成果。

（七）全民数字素养与技能持续提升

中央网信办等 4 部门印发《2022 年提升全民数字素养与技能工作要点》，部署 8 个方面共 29 项任务，构建系统推进工作格局。举办"全民数字素养与技能提升月"，在全国范围内组织开展数字技能进社区、数字教育大讲堂、数字助老助残志愿活动等各类主题活动 2.6 万场，直接参与人次超过 2 千万，覆盖人数 4 亿以上，开放各类数字资源 22.2 万个，相关内容网上浏览量近 12.6 亿次。中央网信办等 13 个部门联合评选认定 78 个全民数字素养和技能培训基地，打造协同一体、各具特色、服务群众的全民数字素养与技能培训网络。黑龙江等地区深入实施全民数字素养与技能提升行动，从供给侧、需求侧、环境侧采取务实举措，快速提升全民数字工作、数字生活、数字学习、数字创新的素养和技能。"全民数字素养与技能提升平台"建设上线，汇聚重点院校、科研机构、社会组织等多方资源，推动数字教学资源开放共享。人力资源社会保障部创新实施数字技术工程师培训项目，制定颁布国家职业标准，开发新职业培训教程，公布培训和评价机构目录 93 家，初步搭建起数字技术人才自主培养链。依托二十国集团（G20）数字经济工作组，提出提升全民数字素养技能相关倡议，将倡议核心内容纳入 G20 数字经济部长会主席总结。2022 年世界互联网大会乌镇峰会上成功举办弥合数字鸿沟论坛，搭建高水平对话交流平台。

七、数字生态文明建设促进绿色低碳发展

建设数字生态文明是实现绿色低碳发展的必然要求。2022 年，数字技术持续赋能生态文明建设，基于数字技术的生态环境监测预警能力、自然资源管理和国土空间治理能力进一步提升，在生产、生活、生态治理等多领域深入践行绿色低碳发展理念，有效助力高质量生态文明建设。

（一）生态环境智慧治理水平不断提升

人工智能、大数据、遥感、物联网、云计算等数字技术在生态环境保护和治理中应用不断深化。生态环境数据资源体系持续完善，新接或补充更新空气质量乡镇站监测数据、入河入海排污口信息、危险废物处置转移信息等 33 类数据，新增数量 17.72 亿条，数据总量达到 169 亿条。国家民用空间基础设施大气环境监测卫星、陆地生态系统碳监测卫星相继发射并在轨稳定运行，我国天基碳监测体系建设迈出重要一步。首个国家碳计量中心成立，开展碳计量重大问题攻关，加强碳计量数据的采集、分析、评价和应用。16 个城市开展大气温室气体及海洋碳汇监测试点工作，已建成 26 个高精度和 90 个中精度大气温室气体监测站点，上海、深圳等城市基本完成碳监测网络建设，初步形成城市碳监测评估能力。自然资源"一张图"和国土空间基础信息平台建设持续完善，"一张图"数据内容超过 246 类，国土空间基础信息平台可提供以统一底图、统一底线服务为主的主题数据服务 1176 项、专题应用服务 196 项、数据产品 181 项，为自然资源审批、监管、决策提供一体化支撑。数字孪生助推新阶段水利高质量发展。以数字孪生流域、数字孪生水网、数字孪生水利工程为主的数字孪生水利框架体系基本形成，七大江河和 11 个重点水利工程数字孪生建设方案编制完成，启动实施 94 项数字孪生流域先行先试任务。

（二）数字化绿色化协同转型取得初步成效

中央网信办等 5 部门确定在河北省张家口市、黑龙江省齐齐哈尔市等 10

个地区开展首批数字化绿色化协同转型（双化协同）综合试点。数字基础设施绿色化改造加速推进。截至 2022 年底，我国已累计建成 153 家国家绿色数据中心，全国规划在建的大型以上数据中心平均设计电能利用效率（PUE）降至 1.3，5G 基站单站址能耗比 2019 年商用初期降低 20% 以上。市场监管总局组织对 49 家数据中心开展能源计量审查并提供计量技术帮扶，有效促进数据中心能源计量管理规范化和精细化，提升能源计量能力和水平。数字化支撑工业节能减排降碳作用日益凸显。钢铁行业加快推进超低排放改造工作，截至 2022 年 10 月底，全国已有 34 家企业 1.82 亿吨粗钢产能完成全流程超低排放改造。数字化有力支撑能源结构绿色化转型。国网系统内智能电网调度控制系统超 400 套，智能变电站超 5000 套，电力调度控制专用物联网实时测点达 2 亿多个，推动构建与新能源相适应的新型电力系统。

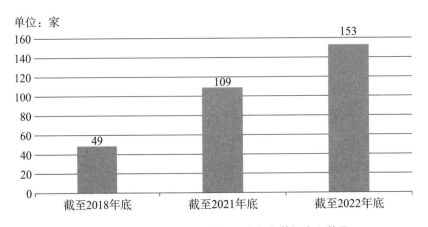

单位：家

图 15　2018 年—2022 年我国国家绿色数据中心数量

数据来源：工业和信息化部

（三）数字技术促进绿色低碳生活方式普及

数字技术助力打造绿色宜居生活环境。深圳等城市引导鼓励数字企业创新，研发垃圾清扫、分类、运输、检测等自动化设备，开发从投放垃圾分类、转运到处理全链条的智慧化、平台化管理体系。多地探索利用碳账户、碳积分等形式，推动普及绿色生活理念。北京、山西、四川、安徽等地上线个人碳账本，利用大数据、区块链等技术，将群众多场景碳减排数据汇总量化为碳积分，予以相关兑换奖励，充分调动公众减排降碳积极性。共享出行推动公众交通更加绿色低碳。互联网租赁自行车成为越来越多人的出行选择，全国 460 余个城市共投放互联网租赁自行车 1500 余万辆，日均订单量 3300 余万单。

【第三篇】数字中国关键能力逐步强化

八、数字技术创新能力持续提升

数字技术创新是数字中国建设的核心动力。2022 年，集成电路、人工智能、软件、量子信息技术等领域技术创新应用取得积极进展，数字技术研发能力持续提升，企业创新主体地位进一步强化，创新联合体等新型组织模式释放创新动能。

（一）关键数字技术研发应用取得积极进展

我国 5G 实现技术、产业、网络、应用的全面领先，6G 加快研发布局。我国在集成电路、人工智能、高性能计算、电子设计自动化（EDA）、数据库、操作系统等方面取得重要进展。人工智能芯片和开发框架加速发展，基本形成 AI 基础软硬件支撑能力。国产操作系统加速规模化推广应用，鸿蒙总装机突破 3.2 亿。

（二）前沿数字技术创新日益活跃

"科技创新 2030—重大项目"、国家重点研发计划、国家自然科学基金进一步加大对高端芯片和集成电路、操作系统和关键软件、人工智能、量子信息、类脑智能等领域的基础研究和战略前瞻布局。数字技术研究探索能力持续提高。2022 年，我国信息领域相关 PCT 国际专利申请近 3.2 万件，全球占比达 37%，数字经济核心产业发明专利授权量达 33.5 万件，同比增长

17.5%。信息技术管理、计算机技术等领域有效发明专利增长最快，分别同比增长 59.6% 和 28.8%。信息领域研究前沿核心论文份额和施引论文被引频次份额位居世界第二，计算机科学论文被引次数持续位列世界第一。

单位：件

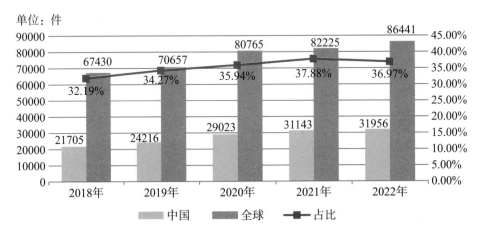

图 16 2018 年—2022 年我国信息领域相关 PCT 申请专利增长情况

数据来源：根据世界知识产权组织数据统计

注：本图中信息领域相关 PCT 专利申请量，指音视频技术、电信技术、数字通信、基本通信过程、计算机技术、信息技术管理方法、半导体技术等领域的 PCT 专利申请数量之和。

（三）数字技术协同创新生态不断优化

数字技术企业创新主体地位持续强化，数字领域产学研用生态蓬勃发展。2022 年，各地加快推进数字技术创新联合体建设，湖北成立新一代网络和数字化产业技术创新联合体，南京成立未来网络创新联合体，推动提升数字技术创新成果转移转化成效。数字企业开放创新平台加快建设，有力推动联合攻关。中关村企业融通创新联合体、3C 智能制造创新联合体等一大批创新联合体启动运行。数字开源社区协同开放创新生态日益健全完善，操作系统、云计算、软件开发等各类开源社区已超 500 个，涌现出大批具有核心技术的开源平台与项目。

（四）数字人才培育支持力度加快提升

数字领域高水平人才创新研究支持力度加快提升。2022 年，国家自然科学基金委数字与数字交叉领域资助国家杰出青年科学基金项目 64 项、优秀青年科学基金项目 98 项、青年科学基金项目 2634 项、地区科学基金项目 262 项。数字人才培育体系更加健全，国务院学位委员会、教育部发布《研究生教育学科专业目录（2022 年）》《研究生教育学科专业目录管理办法》，进一步引导高校加强数字领域学科建设和专业设置。数字人才供给能力持续提升。2022 年通讯和互联网领域相关专业毕业生人数达 159 万，占毕业生总数的 15%，在全部 19 个分行业中位列第一。

九、数字安全保障体系不断完善

数字安全是数字中国建设的基本保障。2022 年，我国网络安全政策法规持续健全，标准规范建设体系化推进，保障能力显著增强，数据安全管理和个人信息保护成效显现，安全产业发展迈向新阶段。

（一）网络安全法律法规和标准体系逐步健全

2022 年，《网络安全审查办法》修订出台，对网络平台运营者开展数据处理活动提出要求，提升关键信息基础设施供应链安全保障水平。《网络安全法》《网络安全等级保护条例》等加快修订制定。出台《网络产品安全漏洞收集平台备案管理办法》，为网络产品安全漏洞管理工作的开展提供依据。修订《通信网络安全防护管理办法》，强化数字基础设施安全保障能力。发布《关键信息基础设施安全保护要求》等 30 项网络安全国家标准，研制《软件供应链安全要求》《软件产品开源代码安全评价方法》《网络安全产品互联互通框架》等网络安全领域亟需标准。工业互联网、车联网、物联网等融合领域网络安全标准研制加快推进，推进数字安全标准从"单一到多元"的系统突破。

（二）网络安全保障能力显著增强

网络安全防护能力大幅提升，工业互联网、车联网等新型融合领域网络安全保障能力明显增强。圆满完成北京冬奥会、党的二十大等重大活动网络安全保障。网络安全产业规模不断扩大，2022年我国网络安全产业规模预计近2170亿元，同比增长13.9%，从业企业数量超过3000家。网络安全人才队伍不断壮大，全国超500所本科和高职院校开设网络与信息安全相关专业。连续9年举办国家网络安全宣传周，深入开展常态化的网络安全宣传教育。2022年国家网络安全宣传周期间，话题阅读量累计38.6亿次，主要短视频平台视频播放量超5亿次。

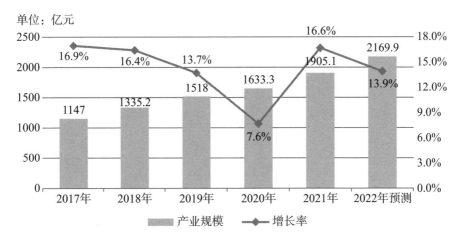

图17　2017年—2022年我国网络安全产业规模增长情况

数据来源：中国信息通信研究院

（三）数据安全管理和个人信息保护有力推进

数据安全管理制度体系加快构筑，数据出境安全评估、数据安全管理认证等《数据安全法》配套制度加快建立。《个人信息出境标准合同规定（征求意见稿）》公开征求意见，推进规范个人信息出境活动，保护个人信息权益。《数据出境安全评估办法》明确应当申报数据出境安全评估的情形，提出数据出境安全评估具体要求。《数据安全管理认证实施规则》推动规范网络数据处理活动，加强网络数据安全保护。持续组织开展App违法违规收集使用个人信息专项治理。市场监管总局、国家网信办联合发布《关于实施个人信息保护认证的公告》，鼓励个人信息处理者通过认证方式提升个人信息保护能力。

【第四篇】数字中国发展环境不断优化

十、数字治理营造良好发展环境

数字治理是数字中国健康可持续发展的基本支撑。2022 年，我国坚持促进发展和监管规范并重，加快制定修订数字领域法律法规体系，健全数字标准体系，积极推进数字市场秩序规范，深入开展网络空间生态治理，持续提升数字治理能力。

（一）数字治理法律法规体系不断完善

《反电信网络诈骗法》审议通过，对预防、遏制和惩治电信网络诈骗活动，加强反电信网络诈骗工作作出全面制度安排。国家网信办制定修订《互联网用户账号信息管理规定》《互联网信息服务深度合成管理规定》《互联网弹窗信息推送服务管理规定》《移动互联网应用程序信息服务管理规定》《互联网跟帖评论服务管理规定》，持续完善互联网信息服务管理制度，依法规范新技术新应用新业态发展。最高人民法院、最高人民检察院、公安部制定《关于办理信息网络犯罪案件适用刑事诉讼程序若干问题的意见》，最高人民法院制定《关于审理网络消费纠纷案件适用法律若干问题的规定（一）》《关于加强区块链司法应用的意见》《关于规范和加强人工智能司法应用的意见》等，进一步明确信息网络犯罪案件、网络消费纠纷案件法律适用，完善区块链、人工智能司法应用规定。

（二）数字领域标准建设稳步推进

数字领域行业标准建设稳步推进。2022 年，全国信息技术标准化技术委员会发布国家标准 74 项，在研标准 207 项，涉及基础软硬件、大数据、云计算、人工智能、物联网、智能制造、智慧城市等方面。全国信息化和工业化融合管理标准化技术委员会在两化融合管理体系、数字化供应链、工业互联网平台、制造业数字化仿真、工业软件等领域开展 200 余项标准研究，其中 2 项国际标准、16 项国家标准以及 2 项行业标准发布实施，在全国 30 余万家企业广泛应用。全国区块链和分布式记账技术标准化技术委员会组织制修订 7 项国家标准，推动区块链标准体系建设。全国数字计量技术委员会和全国人工智能计量技术委员会成立，推进构建数字计量、人工智能领域计量技术规范体系。我国积极推进中外标准互认、中国标准与国际标准体系兼容，深度参与国际电信联盟（ITU）、国际标准化组织（ISO）、国际电工委员会（IEC）等国际标准组织标准研制，积极参与第三代合作伙伴计划（3GPP）等全球知名标准化组织活动，在自动驾驶、大数据、工业互联网、智慧城市和 5G 卫星通信等方面，牵头推动多个数字领域国际标准通过立项审议或正式发布。

（三）数字治理水平持续提升

数字市场竞争制度建设取得重要进展。2022 年 6 月，全国人大常委会通过《反垄断法》修订，进一步明确反垄断相关制度在互联网平台领域的具体适用规则，明确经营者不得利用数据和算法、技术、资本优势以及平台规则等从事法律禁止的垄断行为，排除、限制竞争。11 月，《反不正当竞争法（修订草案征求意见稿）》公开征求意见，细化了互联网专条和传统不正当竞争行为的网络化表现及损害竞争情形，系统回应数字平台新型不正当竞争行为的挑战。平台治理进入常态化监管阶段。2022 年 7 月，市场监管总局对 28 起未依法申报违法实施经营者集中案件作出行政处罚决定，涉及多个互联网平台企业。12 月，市场监管总局对知网涉嫌实施垄断行为作出行政处罚决定。

（四）网络空间综合治理效能提升

2022 年，网络生态治理工作扎实推进。"清朗"系列专项行动深入开展，集中打击网络谣言和虚假信息、整治 MCN 机构信息内容乱象、整治网络直播和短视频领域乱象、整治未成年人网络环境、治理算法滥用、整治移动互联网应用程序领域乱象、规范传播秩序，有效清理违法和不良信息 5430 余万条，处置账号 680 余万个，下架 APP、小程序 2890 余款，关闭网站 7300 多家，有力维护网民合法权益。加强网络内容从业人员管理，从行为规范、教育培训、监督管理等方面作出明确要求。开展打击网络侵权盗版"剑网 2022"专项行动，严厉打击文献数据库、短视频和网络文学等重点领域侵权盗版行为。网络执法力度持续加大。2022 年，全国网信系统累计依法约谈网站平台 8608 家，警告 6767 家，罚款处罚 512 家，暂停功能或更新 621 家，下架移动应用程序 420 款，会同电信主管部门取消违法网站许可或备案、关闭违法网站 25233 家，移送相关案件线索 11229 件。国家网信办印发《关于切实加强网络暴力治理的通知》，拦截清理涉网络暴力信息 2875 万条，提示网民文明发帖 165 万次，向 2.8 万名用户发送一键防护提醒，从严惩处施暴者账号 2.2 万个，有效防范热点事件网络暴力风险，进一步压实网站平台主体责任。

十一、数字领域国际合作凝聚广泛共识

数字领域国际合作是推动高水平对外开放的重要纽带。2022 年，我国积极参与国际组织和多边机制下数字议题磋商研讨，围绕数字领域重要议题积极贡献中国方案，深入拓展"丝路电商"，大力发展数字贸易，持续深化数字领域国际交流与合作。

（一）中国主张国际影响力显著提升

2022 年，习近平主席在多个场合深入阐述数字领域国际合作的中国主张、中国方案，在二十国集团领导人第十七次峰会上呼吁合力营造开放、包容、公平、公正、非歧视的数字经济发展环境；在亚太经合组织第二十九次领导人非正式会议上提议加速数字化绿色化协同发展；在金砖国家领导人第十四次会晤上提出着眼数字时代人才需要，为加强创新创业合作打造人才库；在全球发展高层对话会上提出我国将在包括数字经济在内的 8 个重点领

域与国际合作伙伴特别是发展中国家开展务实合作。《携手构建网络空间命运共同体》白皮书发布，介绍新时代我国互联网发展和治理理念与实践，分享我国推动构建网络空间命运共同体的积极成果。2022 年世界互联网大会国际组织正式成立，为全球互联网共商共建共享提供平台，会员已覆盖 6 大洲 20 余个国家，包括 100 余家机构、组织、企业及个人。世界互联网大会乌镇峰会成功举办，围绕"共建网络世界共创数字未来—携手构建网络空间命运共同体"主题，开展对话与交流，引发全球各方高度关注和热烈反响。

（二）多双边和区域数字合作积极推进

积极推动数字领域多边交流与合作。2022 年，我国积极参与联合国、世界贸易组织（WTO）、二十国集团（G20）、亚太经合组织（APEC）、金砖国家（BRICS）、上海合作组织（SCO）等机制下数字领域议题磋商研讨，提出《二十国集团数字创新合作行动计划》，推动达成《"中国＋中亚五国"数据安全合作倡议》，推动 WTO 第十二届部长级会议继续就电子传输临时免征关税达成共识。围绕数字领域热门话题，举办 APEC 数字能力建设研讨会、中国—上海合作组织数字贸易圆桌研讨会、"携手构建网络空间命运共同体"精品案例展示、世界互联网领先科技成果发布和"直通乌镇"全球互联网大赛等重要活动，推动数字领域国际交流合作。深入推进金砖国家数字领域务实合作。举行金砖国家数字经济对话会、金砖国家工业互联网与数字制造发展论坛等重要活动，推动达成《金砖国家数字经济伙伴关系框架》和《金砖国家网络安全务实合作路线图》进展报告，发布《金砖国家制造业数字化转型合作倡议》。数字经济领域对外投资合作不断深化，截至 2022 年底，已与 13 个国家签署数字经济领域投资合作备忘录。"丝路电商"伙伴关系不断拓展，已与 28 个国家建立双边电子商务合作机制。

（三）数字化成为国际贸易增长的新动力

数字技术持续赋能我国对外贸易创新发展。2022 年，我国跨境电商进出口规模达 2.11 万亿元，同比增长 9.8%，高于同期外贸增速 2.1 个百分点，规模五年增长近 10 倍。全国设立 165 个跨境电商综合试验区，覆盖 31 个省（自治区、直辖市）。区内服务生态持续完善，截至 2022 年底，区内跨境电商产业园区数量超 690 个，举办创业大赛等"双创"活动超 3500 场，培训超 5000 场，培训人次超 17 万。业务模式加快创新，各大跨境电商平台大力发展直播电商、社交电商等业务，加快出海步伐。独立站数量超 20 万，已成为我国企业与产品出海重要渠道。海外仓实现从无到有、从小到大发展，服务范围辐射全球，截至 2022 年底，我国企业建设运营海外仓数量超 2400 个，面积超 2500 万平方米。数字贸易开放合作持续深化，2022 年，可数字化交付的服务贸易规模达到 2.3 万亿元，比五年前增长了 62.6%。积极参与 OECD、WTO、IMF、UNCTAD 联合开展的《数字贸易测度手册》修订工作，提交关于数字交付贸易测度的中国案例。

【第五篇】数字中国发展成效评价

十二、2022 年数字中国发展地区评价

国家网信办组织开展 2022 年数字中国发展评价工作，围绕数字中国建设"2522"整体框架，结合相关部门和机构数据，以及数字中国发展情况网络问卷调查结果，重点评估 31 个省（自治区、直辖市）在夯实基础、赋能全局、强化能力、优化环境以及组织保障等方面的进展成效。评价指标如表 1 所示。

表 1　数字中国发展评价指标体系

一级指标	二级指标	重点评估要素
数字基础底座	数字基础设施	5G 用户普及水平、千兆宽带接入用户情况、互联网省际出口带宽、重点网站 IPv6 支持水平、算力规模、工业互联网发展情况等
	数据资源	政务数据共享与数据开放水平、数据产量情况等

一级指标	二级指标	重点评估要素
数字全面赋能	数字经济	ICT 相关产业营业收入情况、IT 项目投资情况、农业生产信息化水平、制造业数字化转型情况、网上零售交易情况等
	数字政务	在线政务服务实名用户情况※、省级行政许可事项网上办理水平※、网上政务服务能力※、党政机关数字化建设感知情况*、政务网站和新媒体建设情况等
	数字文化	文化场馆数字化服务情况※、经营性互联网文化单位数量、公共数字文化服务感知情况*、网民数字化阅读情况*等
	数字社会	数字化在教育、医疗*、社保、交通*、法律、生活缴费*、城市管理等重点领域的应用成效
	数字生态文明	智慧国土空间规划水平、排污单位自行监测数据公开情况等
数字关键能力	数字技术创新	ICT 相关产业 R&D 人员及经费投入情况*、ICT 相关高新技术企业情况、ICT 领域学术成果影响力等
	数字安全保障	网络安全保障能力建设情况、网络安全制度体系建设和责任制落实情况等
数字化发展环境	数字治理生态	法律法规建设情况、网络内容管理从业人员管理情况等
	数字领域国际合作	数字贸易情况等
组织实施保障	组织领导	统筹协调工作情况等
	资金、政策支持	资金项目投入、政策支持情况*等
	示范引领	重点领域先行先试情况等

注：*表示该项指标数据使用了数字中国发展情况网络问卷调查统计结果。

※表示该项指标 2022 年数据暂未发布，评价使用 2021 年数据结果。

2022 年，我国 31 个省（自治区、直辖市）深入贯彻党中央、国务院关于加快数字中国建设的战略部署，加快构建数字中国建设一体化推进格局，结合地区基础条件和优势特色，统筹发展和安全，加快夯实数字化发展基础底座，推动数字技术全面融入经济、政治、文化、社会和生态文明建设，优化数字化发展环境，形成了各具特色的发展模式，积累了一批优秀实践成果经验。

综合评价结果显示，**浙江、北京、广东、江苏、上海、福建、山东、天津、重庆、湖北等地区数字化综合发展水平位居全国前 10 名**。这些地区将数字化发展摆在地区发展的重要位置，坚持改革创新和系统推进，建立强有力的组织推进机制，前瞻谋划布局数字化发展的整体战略，加强整体设计，积极推动跨部门跨行业协同联动，全面提升地区数字化发展的整体性、系统性、协同性，争创数字中国建设先行区。

浙江省全力打造数字变革高地，高质量打造一体化智能化公共数据平台，以党政机关整体智治推动省域全方位变革、系统性重塑，积极探索开展平台经济监管"浙江模式"，打造全球数字贸易中心，搭建高级别全球数字交流合作平台，以数字化改革驱动共同富裕先行和省域现代化先行。**北京市**大力推动全球数字经济标杆城市建设，加快推进数据专区建设和开发利用，推动政务服务数字化水平明显提升，布局战略新兴产业集群，以国际科技创新中心建设为抓手加快关键核心技术突破，打造自主可控软硬件技术体系，持续有力有效捍卫首都数字安全防线。**广东省**加快数字化发展，巩固提升数字经济核心产业优势，建强鹏城国家实验室等技术创新平台，持续提升全省一体化政务服务能力，推进数字政府改革向基层延伸，开展数据要素市场化配置改革、"数据海关"等试点建设，加快推进粤港澳跨海智慧通道等重大工程建设。**江苏省**高质量推进数字江苏建设，深入推进"双千兆"网络建设，加快布局工业互联网、智能交通、城市能源互联网、智慧教育等应用基础设施，加快智能机器人、工控系统等领域技术产业化，建设工业大数据应用示范区。**上海市**全面推进城市数字化转型，率先试点金融、交通等公共数据授权运营，积极布局数字经济新赛道，推动公共服务更加普惠包容，创新打造数字文化平台，大力推动数字贸易蓬勃发展，加快建设具有世界影响力的国际数字之都。**福建省**将数字福建建设作为基础性先导性工程，强化政务公共平台一体化建设，发展贴近社会、民生、企业需求的数字化应用体系，高标准举办数字中国建设峰会，加快构建跨境电商综合示范区集群，成为深化数字领域国际交流合作的重要对外窗口。**山东省**大力实施数字强省战略，高标准建设国家级骨干直联点"双枢纽"省份，构建一体化大数据平台体系，全面推行"免证办事""一码通行"，加快建设"爱山东"政务服务、"文物山东"文化服务等平台，建成全面覆盖山水林田湖草沙的地形级实景三维一张图。**天津市**统筹发展和安全，加快用"创新力"增强"防护力"，在集成电路、自主软件、人工智能等关键数字技术持续攻坚，围绕全产业链布局信息技术创新产业生态体系，建立市区一体的数据安全和个人信息保护工作协调机制，为群众安居乐业和企业安全有序运行提供坚强保障。**重庆市**坚持以数字化改革引领系统性变革，加快推进数字经济、人工智能国家级试验区"双区"建设，依托汽车制造、医疗产业等工业基础，建立起"软硬结合"的高质量数字经济发展路径，搭建互联云川、通达国际的专用网络通道，加快建设西部国际数据门户。**湖北省**以数字湖北为抓手，推动5G、工业互联网等数字技术融合发展，引导钢铁、石化等传统产业智能化改造，发挥全国重要数字技术智力密集区作用，高标准建设光谷科创大走廊，加速光电子信息、空天科技、集成电路等关键核心技术突破，积极在光电子信息领域打造具有国际竞争力的标志性产业链和数字产业集群。**其他地区**积极顺应数字时代发展趋势，结合发展实际和特色优势，加快运用数字思维、数字认知、数字技能，推进经济社会发展和治理能力的质量变革、效率变革和动力变革，数字基础设施建设水平明显提升，数据资源加快汇聚利用，数字产业培育壮大，数字化转型迈入快车道，数字社会治理和服务水平稳步提升，地区资源禀赋进一步转化为数字化发展动能，数字化发展取得了积极成效，成为驱动引领区域高质量发展的重要抓手和关键路径。

同时，我们也要看到，各地区在推进数字中国建设中还有一些重点问题值得关注。部分地区还尚未形成数字化与经济社会协同互动、良性互促的发展格局，区域间数字化发展水平差距有进一步拉大的风险；在推进数字化发展过程中还存在不同程度的形式主义，重建设、轻应用，重数量、轻质量等现象时有发生，不同部门、不同行业数字系统建设自成体系，难以有效共享和互联互通，增加财政负担，造成资源浪费；部分地区发展思路不清晰，照搬先进地区数字化建设经验和发展模式，数字化建设热度高、赋能成效少，难以发挥自身比较优势。需要加快形成数字中国建设横向打通、纵向贯通、协调有力的一体化推进格局。

十三、2022 年数字中国发展网民感知情况分析

为了解各地区群众在数字中国建设中的感受情况和意见建议，2022 年国家网信办持续开展数字中国发展情况网络问卷调查。调查范围覆盖我国 31 个省（自治区、直辖市）的 18 至 70 岁网民，回收有效样本超过 18 万份。问卷从数字化学习工作、数字化转型、数字公共服务、数字化公共治理、数字素养与技能等方面对公众的感知情况进行统计分析。参与调查的网民普遍认为，2022 年在数字中国发展中的获得感、幸福感和安全感持续提升，数字化学习工作广泛普及，数字公共服务更加普惠便捷，数字治理成效更加明显，期盼未来能享受更便捷、更高效、更普惠的数字服务。

数字化学习工作广泛普及。过去一年中，受新冠肺炎疫情影响，数字技术在学习、工作中的应用广度和深度加速提升。**在线上学习方面**，超过半数受访者认为"上网课"有效支撑了疫情期间的课程学习。其中，55.8% 的受访者表示网课画面清晰、稳定流畅，50% 以上受访者对课堂互动和老师沟通反馈满意。**在线上办公方面**，线上会议成为工作会议的重要形式，约 45% 的受访者参加线上会议次数占总参会次数的比例超 20%。

数字化转型加快推进。在企业数字化转型方面，分别有 57.0%、43.2%、

34.7% 的受访者认为企业较多运用了数字化办公技术、数字化管理技术和网络化协同技术，较 2021 年调查结果分别提高 9 个、10.7 个和 10.5 个百分点。**在农业数字化转型方面**，超过 50% 的受访者认为，相较于 2021 年，身边有更多人在农业销售、种植等领域运用数字技术。**在政府支持方面**，46.9% 的受访者表示了解"本地政府对数字产业的投资发展提供融资贷款、税费减免等支持"，30% 以上受访者了解"本地政府为数字技能培训项目、企业数字化转型提供补贴"。

数字公共服务更加普惠便捷。在数字医疗服务方面，80% 左右的受访者了解本地提供线上缴费、自助机缴费、线上查询检验报告、线上预约挂号等数字医疗服务，67.7% 的受访者表示在本地使用过线上医疗缴费服务。**在数字交通服务方面**，受访者中对公共交通扫码支付、交通信息实时推送服务表示非常满意的占比相较 2021 年分别提高 9.8 和 7 个百分点。**在数字文化服务方面**，在关注数字文化服务的受访者中，近 90% 的受访者表示本地能够提供线上文化活动，超过 80% 表示本地能够提供数字图书馆、数字博物馆服务。**在数字适老化服务方面**，近 65% 的受访者知晓本地采取多种举措促进老年人融入数字生活，在上述受访者中，80.6% 表示本地社区开展过针对老年人的防诈骗宣讲、网络安全讲座等活动，近 60% 表示在政务大厅等场所有专人帮助老年人线上 / 自助业务操作。

数字化公共治理取得明显成效。在数字化能力建设方面，78.3% 的党政机关 / 事业单位受访者表示所在部门内部服务事项能线上办理，78.2% 的受访者表示所在部门非涉密业务支持移动办公软件处理，近 60% 的受访者表示所在部门已将数字素养和技能水平作为干部选拔的考量因素。**在政务新媒体影响力方面**，在关注政务新媒体账号的受访者中，75% 以上受访者对政务新媒体更新频率和发布内容质量表示满意，65% 以上的受访者认为政务新媒体账号与粉丝互动活跃。**在基层数字化治理方面**，超 70% 的受访者了解居住地社区（村委会）数字化基层治理举措，超 50% 的受访者对居住地社区（村委会）线上服务表示满意，超 75% 的受访者对数字化治安防控表示满意。

数字素养与技能有待提升。 在数字领域基本概念方面，调查围绕大数据特点、数据类型、芯片、计算机进制、物联网、云计算等设置若干认知判断题。调查显示，对于大数据特点、计算机芯片和计算机进制的作答准确率分别达 66.1%、56.0% 和 53.0%，但数据类型、云计算的作答准确率低于 30%。**在数字常用技能方面，** 调查了解了公众关于数字设备操作、数字工具编辑、数字程序开发等技能的自评估情况。调查显示，56.2% 的受访者认为具备数字设备基础操作技能（智能手机使用、网络搜索及软件下载、网络语音或视频聊天工具使用等），33.8% 的受访者认为具备基础编辑技能（编辑文档与音视频、使用电子邮件等），15.1% 的受访者认为具备数字程序基础开发能力。

数字中国发展网民建议。 通过对调查收到的 10 万余条有效建议的大数据词频分析，"便捷""生活""数据"等成为公众建议最热关键词。受访者普遍反映，希望进一步加强互联网基础设施建设，完善政府数据联通并简化网上办理流程，加强各级政府信息公开和政策发布的权威性、一致性和便民性，增加对数字素养和技能的培训指导，在数字化建设中更加重视老年群体和农村偏远地区等。

图 18　数字中国发展建议关键词

【第六篇】数字中国发展形势与展望

十四、2023 年数字中国发展形势与展望

（一）深刻把握以数字中国建设推进中国式现代化的使命与任务

党的二十大报告指出，要加快建设网络强国、数字中国。建设数字中国是从基本国情出发实现现代化的必然选择，我国网民规模超过 10 亿，实现现代化的过程也是全体人民共享更高质量数字化发展成果的过程。建设数字中国是扎实推动共同富裕的必然要求，通过加强数字技术在社会生活各领域各场景的运用，创造更多岗位，提供更多产品与服务，不断满足人民对美好生活的向往。建设数字中国是实现物质文明和精神文明相协调的重要助力，在发展数字经济不断提高人民物质生活条件的同时，通过数字化手段提高思想道德素质和科学文化素质，实现物质和精神文明全面发展。建设数字中国是促进人与自然和谐共生的重要途径，通过数字中国与美丽中国建设的互动互促，推进绿色低碳发展，加快生态保护修复和环境治理数字化转型，提升生态文明建设质量和水平。建设数字中国是走和平发展道路的重要一环，以数字化促进提升发展水平是各国人民的共同追求，数字中国建设为其他国家和地区推进数字化转型提供重要经验和借鉴，为全球经济稳定和合作发展创造机遇和条件。

党的十八大以来，以习近平同志为核心的党中央深刻洞察新一轮科技革命和产业变革趋势，牢牢把握全球数字化发展与数字化转型的重大历史机遇，坚持以数字中国建设作为国家数字化发展总体战略，作出系列重要论述、重大部署，深刻论述了数字中国建设的重大理论和实践问题，深刻阐明了在社会主义现代化建设全局中的重要地位和作用，引导数字中国建设不断取得新成就、迈上新台阶，形成了具有中国特色的数字化发展道路。数字中国建设丰富了中国式现代化的时代背景、实践路径和建设目标，将为数字时代推

进中国式现代化提供强劲动力，为构筑国家竞争力新优势提供有力支撑。

（二）数字中国发展面临的形势挑战

当前，以信息技术为代表的新一轮科技革命和产业变革突飞猛进，为转变发展方式、增进人民福祉、丰富精神文化生活、促进绿色化转型、推动交流合作提供了重要契机，为加快建设数字中国，推进中国式现代化提供了强大发展动能。与此同时，世界之变、时代之变、历史之变正以前所未有的方式展开，单边主义、保护主义、霸权主义对世界和平与发展的威胁居高不下，数字中国建设面临着愈发纷繁复杂的发展形势。

从外部看，一是关键核心技术之争加剧数字产业链动荡局势。围绕关键核心技术和产业实力的国际竞争日趋激烈，各主要经济体纷纷聚焦数字领域加强战略部署，提升本国创新能力，强化关键产业发展的主导权，全球数字产业的产业链供应链的发展与稳定面临多重风险。**二是数字领域国际标准体系和治理规则面临深刻变革。**传统与非传统安全问题交织频发，数据跨境流动、数字主权、数字安全与数字税等领域的理念、制度、规则之争愈加激烈，数字领域国际合作格局面临更大幅度调整。**三是新技术、新应用持续涌现带来新挑战。**以 Web3.0、量子计算、卫星通信、生成式人工智能（AIGC）等为代表的新技术加快实现从研究探索到商业落地的跨越，在驱动生产生活方式变革的同时，也进一步放大和凸显了隐私泄露、技术滥用、价值渗透等科技伦理问题，为社会组织架构、劳动力市场、治理监管等带来了严峻挑战。

从内部看，一是数字技术创新潜能有待深入挖掘。关键领域核心技术"受制于人"的局面尚未根本改变。数字创新体系整体效能不强，创新资源存在分散、重复、低效等问题，制约创新成果转化。数字人才基础薄弱、缺口巨大，重引进轻培育较为明显。**二是数字化发展的系统性、整体性、协同性亟需提升。**数字中国建设横向打通、纵向贯通、协调有力的一体化推进格局尚未形成。数字基础设施互联互通、共享利用还面临众多堵点难点，数据要素潜能有待充分释放，数据基础制度和标准体系尚不完善，数据质量参差不齐，可利用性不足。数字技术与经济、政治、文化、社会、生态文明建设的全方位、系统化融合有待深化，数字技术、数字安全等关键能力还不能充分满足新形势新要求，统筹利用国内国际两个市场、两种资源的数字化发展环境有待健全完善。**三是数字治理体系有待深度优化。**网络空间经济和社会组织方式发生深刻变革，随着网络空间活动的进一步深入，其影响将愈发凸显。数字技术在社会治理中的应用深度、广度有待深化，公共政策感知的动态化、管理的智能化、施策的精准化水平有待提升。数字治理方式手段相对滞后，"事后管理""多头管理"还未向"过程治理""协同治理"转变。**四是数字包容体系尚需健全完善。**数字鸿沟从"接入鸿沟"转向"能力鸿沟"，城乡间、地区间、领域间、人群间的数字化发展应用差距依然较为明显。特别是近期生成式人工智能成为全球热点，可能显著改变工作、生活、学习、创新方式，对人的数字素养与技能提出更高要求，数字技能培育体系建设与数字应用适老化、适残化、适农化、简约化改造需有序有力、双管齐下。

（三）2023 年数字中国发展展望

2023 年是全面贯彻落实党的二十大精神的开局之年，也是全面推进《数字中国建设整体布局规划》实施的起步之年。数字中国建设必须坚持以习近平新时代中国特色社会主义思想特别是习近平总书记关于网络强国的重要思想为指导，加强组织领导、健全体制机制、保障资金投入、强化人才支撑、营造良好氛围，全面提升整体性、系统性、协同性，以数字化驱动生产生活和治理方式变革，推动高质量发展迈上新台阶，为全面建设社会主义现代化国家提供有力支撑。

一是夯实数字中国建设基础。打通数字基础设施大动脉。按照适度超前原则，深入推进 5G 网络、千兆光网规模化部署和应用，着力提升 IPv6 性能和服务能力，推动移动物联网全面发展，大力推进北斗规模应用。统筹布局绿色智能的算力基础设施，推动东西部算力高效互补和协同联动。深化重点领域基础设施数字化改造，深入打通经济社会发展的信息"大动脉"。**畅通**

数据资源大循环。加快健全数据管理体制机制，构建数据基础制度体系，推动数据资源跨地区跨部门跨层级整合归集、共享利用。建设完善国家基础数据库，建设公共卫生、科技、教育等领域国家数据资源库，健全国家公共数据开放平台，促进公共数据高效共享和有序开发利用。完善数据产权制度，开展数据资产计价研究，建立数据要素按价值贡献参与分配机制。

　　二是全面赋能经济社会发展。**做强做优做大数字经济**。培育壮大工业互联网、区块链、人工智能等数字产业，打造具有国际竞争力的数字产业集群。加快传统产业数字化转型，积极发展智慧农业，深入实施智能制造工程，大力推进工业数字化转型，持续深化金融、贸易、教育、医疗、交通、能源等领域数字技术创新应用。支持数字企业发展壮大，推动平台企业规范健康发展。大力发展数字贸易，加快推动出台促进数字贸易发展的顶层设计，稳步推进数字贸易示范区建设，加强数字领域规则对接，推进高水平对外开放。**发展高效协同的数字政务**。加快制度规则创新，完善与数字政务建设相适应的规章制度。统筹推进党政机关数字化建设，促进信息系统互联互通、数据按需共享、业务高效协同。健全大数据辅助决策机制，提升政府科学决策水平。持续优化全国一体化政务服务平台功能，深入推进"一网通办"，着力构建全时在线、渠道多元、全国通办的一体化政务服务体系，针对老年人、残疾人等特殊群体需求深入推进信息无障碍建设，全面提升政务服务能力。**打造自信繁荣的数字文化**。引导各类平台和广大网民加强优质网络文化产品创作，强化网络版权保护。加快建设国家文化大数据体系，积极构建中华文化数据库。稳步推进智慧图书馆、智慧博物馆、智慧美术馆、公共文化云建设。创新发展线上演播、沉浸式体验、数字演艺、数字艺术等新兴业态。发挥国家对外文化贸易基地作用，推动数字文化产品、服务、技术、品牌、标准"走出去"。**构建普惠便捷的数字社会**。促进数字公共服务普惠化，纵深推进国家教育数字化战略行动，完善国家智慧教育平台，积极发展数字健康，规范互联网诊疗和互联网医院发展。推进数字社会治理精准化，深入实施数字乡村发展行动。普及数字生活智能化，加快建设数字家庭，构建智慧便民生活圈，打造新型数字消费业态。扎实推进全民数字素养与技能提升行动，构建能力发展培养体系，提高全民数字化适应力、胜任力、创造力，促进全民畅享美好数字生活。**建设绿色智慧的数字生态文明**。打造"实时、动态、立体、鲜活"的生态环境综合管理信息化平台。强化数字技术在山水林田湖草沙一体化保护和系统治理中的应用。完善自然资源三维立体"一张图"和国土空间基础信息平台。加快推进智慧水利体系建设。深入实施数字化绿色化协同转型发展行动。积极倡导绿色智慧生活方式。

三是强化数字中国关键能力。**构筑自立自强的数字技术创新体系**。加快推进数字领域关键核心技术突破，健全社会主义市场经济条件下关键核心技术攻关新型举国体制，加速完善以市场为主导、以企业为主体、产学研用高度协同的创新体系。充分发挥科技型骨干企业在数字技术创新体系中的引领支撑作用。加强知识产权保护，健全知识产权转化收益分配机制。**筑牢可信可控的数字安全屏障**。推动网络安全法律法规和政策体系持续完善，不断增强网络安全保障能力。建立健全数据分类分级保护基础制度，持续完善网络数据监测预警和应急处置工作体系，切实保障数据安全。

四是优化数字化发展环境。**建设公平规范的数字治理生态**。及时调整不适应数字化发展的法律制度，持续完善数字领域法律法规体系。健全数字领域技术标准体系，以标准化带动数字技术产业创新。完善网络综合治理体系，构建科学、高效、有序的管网治网格局。深入推进"清朗""净网""剑网"系列专项行动，强化网络内容治理，加强网络空间行为规范，强化网络内容管理从业人员管理，推动网络空间持续净化。**构建开放共赢的数字领域国际合作格局**。积极参与联合国、世界贸易组织、二十国集团、亚太经合组织、金砖国家、上海合作组织、"中国—中亚五国"等多边和区域机制框架内的数字领域国际合作，持续推进《全球数据安全倡议》，积极参与数据跨境流动等国际规则和标准制定，营造开放、包容、公平、公正、非歧视的数字经济发展环境。建立多层面协同、多平台支撑、多主体参与的数字领域国际交流合作体系，推动"数字丝绸之路"建设走深走实，积极发展"丝路电商"。继续与有关国家商签数字经济领域投资合作备忘录，培育数字经济投资合作新动能。

国家互联网信息办公室 www.cac.gov.cn